＼事例でわ

任意後見の
専門職後見
初めて受任す
ポイントと書式

司法書士 勝 猛一 著

日本加除出版株式会

はじめに

本人の尊厳を守るための制度「任意後見」

任意後見制度は、自分の判断能力がしっかりしている間に将来の認知症など、判断能力の衰えに備える制度です。本人が決めた受任者にどのような事務処理をしてほしいかを決めておきます。そして将来、判断能力が衰えた後に監督人の監督の下で、本人が事前に定めたとおりに代理権を行使してもらう制度です。

本人の自己決定の尊重という成年後見制度の理念を体現する制度が、正に任意後見であると言えます。

人は高齢になり物忘れなどが始まると、自分の判断能力の衰えに不安を抱くでしょう。老後のために貯めたお金は、自分で思いどおりに使えるのか、詐欺に遭わないか、自分の権利は誰が守ってくれるのかなど、将来の不安を解消しておくために、できるかぎり事前に準備しておきたいと考えるものです。

成年後見制度は、平成12年に施行されました。その当時の起草担当者は、任意後見の利用が中心になると考えていました。判断能力が欠けてしまい裁判所に後見人を付けられるまで放っておく人は少数であろうと考えたのです。ところが現実には、対策を講じる前に認知症を発症してしまっており、仕方なく、裁判所の措置としての法定後見を受け入れざるを得なくなっています。「任意後見の利用が中心になるはず」という大方の予測に反した状況と言えます。

専門家の任意後見人は、本人の法的な後ろ盾

任意後見が広まらない理由の一つは、担い手がいないことだと言われています。専門家が受任者であることは、本人にとって法的な後ろ盾ができることになり、大きな安心感になります。担い手不足の解消と任意後見の利用拡大のためにも、この本を片手に実務に飛び込んでくださることを切に願ってやみません。

司法書士や弁護士は、任意後見の受任者になる機会も増えるでしょう。税理士・社会福祉士・行政書士などの士業も任意後見の相談を避けて通れない

でしょうし、時には相談者から信頼されて受任者になることもあるでしょう。そのときに、専門書を開いても答えが出ないことが往々にして起こります。

実務で経験しないと「目の前の依頼者の感情や家族の思い」は理解できません。本書で、筆者の任意後見の経験をできる限りお伝えします。皆さんが実務で悩んでいるときや苦しんでいるとき、時には判断に迷ったときの参考になれば幸いです。

理論編で理屈を読んだときに、これは実務ではどうなっているのだろうかという疑問が湧くと思います。本書では、理論と実務での事例をできる限りリンクさせていますので、必要としている該当の理論編を読んだ後は、事例編を読んでいただくことで、専門家としての行動がイメージできると思います。

御　礼

任意後見業務を始めるに当たり教えを乞うたのが司法書士の玉田五志先生です。後見業務以外に裁判業務についても詳しく、業務で困ったときは相談させていただきました。この場を借りて、御礼申し上げます。

この本を書くに当たりベースとなったのが、私の大阪市立大学大学院での修士論文です。大阪市立大学の久末弥生教授には、修士論文のご指導のほか、多くのご尽力をいただき、改めて感謝申し上げます。また、当時博士課程であった小谷功様には、本書執筆の際にも助言をいただきました。誠にありがとうございました。

事務所のスタッフには、ともに経験した業務内容を紹介してもらいました。相続・後見チームの吉田敦子さん、後藤奈緒子さん、栗田典子さん、佐藤活実さん、高瀬博美さん、中尾麻里さん、西野葉月さん、飽浦佳奈さん、野山泰江さん、上林佐江子さんのご協力に感謝したいと思います。

2021年5月

著　者

目 次

第1編 理 論 編

第1章 任意後見制度……3

1 >> 任意後見制度の利用の現状……3
(1) 任意後見契約の契約数……3
(2) 任意後見契約の発効数……3
(3) 任意後見の累積件数……3
2 >> 任意後見制度の概要と流れ……4
(1) 任意後見制度の概要……4
(2) 代理権目録……6
(3) 金融機関とのやり取り……7
(4) 身元保証、医療同意、延命治療・尊厳死、看取り、裁判……8
(5) ライフプラン……10
(6) 任意後見契約の締結に当たって……11
(7) 相談料や着手金について……12
(8) 任意後見監督人選任の申立て（任意後見契約の発効）……12
(9) 家族後見の提案をする……13
(10) 受任者に任意後見人の職務と監督されることを説明しておく……14
(11) 任意後見監督人の存在を説明しておく……15
(12) 不動産の処分については細心の注意が必要……15
(13) 任意後見契約の変更……16
(14) 契約の解除ができる安心感……16
3 >> 相談業務……17
(1) 任意後見は相談業務とコンサルティング業務……17
(2) チェックリストで心配事を引き出す……17
(3) 葬式や墓、施設入居、贈与についての相談……18
(4) 任意後見契約の受任者は誰……18

(5)　複数後見（順位づけ、予備的受任者）の相談……19
4 >> 任意後見契約の種類……20
(1)　将来型……20
(2)　移行型……20
(3)　即効型……21

第2章　任意後見の契約……23

1 >> 任意後見契約に関する法律……23
2 >> 定義（任意後見法2条）……23
(1)　任意後見契約……23
(2)　本　人……26
(3)　任意後見受任者……26
(4)　任意後見人……27
3 >> 任意後見契約の方式（任意後見法3条）……28

第3章　任意後見契約の発効……29

1 >> 任意後見契約の発効……29
(1)　任意後見監督人の選任手続……29
(2)　おひとりの方は任意後見が必須……29
(3)　鑑　定……30
2 >> 任意後見監督人の役割……32
(1)　任意後見人の監督……32
(2)　家庭裁判所への報告……33
(3)　不正への対応……33
(4)　緊急時の対応……34
(5)　利益相反取引……34
(6)　その他……34
3 >> 頭の保険……34
(1)　頭の保険という例示……34
(2)　頭の保険を掛けないリスクの大きさ……35

4 >> **任意後見契約の終了** ……… 36
(1)　任意後見契約の解除 ……… 36
(2)　任意後見人の解任 ……… 37
(3)　本人又は受任者の死亡・破産（民法 653 条） ……… 37
(4)　発効後に、本人又は任意後見人が後見開始の審判を受けたとき ……… 37

第 4 章　任意後見契約の登記 ……… 39

1 >> **任意後見契約の登記** ……… 39
(1)　任意後見契約は公正証書で作成 ……… 39
(2)　嘱託で登記される ……… 39
(3)　契約時と発効時の登記 ……… 39
(4)　任意後見の登記事項証明書は法定後見に優先することの証 ……… 40
(5)　任意後見契約の変更の登記 ……… 40
(6)　任意後見契約の終了の登記 ……… 41
(7)　登記の申請と嘱託登記の一覧表 ……… 42

第 5 章　法定後見との比較 ……… 43

1 >> **比較としての法定後見制度の概要** ……… 43
(1)　成年後見制度とは ……… 43
(2)　法定後見と任意後見 ……… 44
(3)　介護保険と成年後見制度は車の両輪 ……… 44
(4)　居住用財産の処分には、裁判所の許可が必要 ……… 45
(5)　法定後見人等には誰が選任されるのか ……… 46

第 6 章　付随業務（補完業務） ……… 47

1 >> **任意後見契約に付随する業務とは** ……… 47
2 >> **見守り契約** ……… 47
(1)　どのような場合に見守り契約が必要か ……… 47

(2) 見守り契約の必要性を説明する……47
3 >> 財産管理等委任契約……48
(1) どのようなときに財産管理等委任契約が必要か……48
(2) 親族間の任意後見契約でも必要か……48
(3) 金融機関の対応……49
(4) 公正証書で作成……49
(5) 専門家のアドバイスの重要性……50
4 >> 死後事務委任契約……50
(1) 専門家が受任者の場合は必須……50
(2) 法的な説明も必要……51
(3) 死後事務の相談から任意後見契約につながる……51
5 >> 民事信託……52
(1) 民事信託と任意後見の関係……52
(2) 民事信託と任意後見監督人との関係……53

第7章 任意後見契約にかかる費用と報酬……55

1 >> 任意後見契約にかかる費用……55
(1) 契約書作成時にかかる費用……55
(2) 任意後見契約の発効にかかる費用……55
(3) 継続的にかかる費用……56
2 >> 付随契約にかかる費用……57
(1) 見守り契約……57
(2) 財産管理等委任契約……57
(3) 死後事務委任契約……58
(4) 遺言書の作成及び遺言執行……59
(5) 民事信託にかかる費用……60
3 >> 法定後見にかかる費用……61
(1) 申立てにかかる費用……61
(2) 継続的にかかる費用……61
(3) 死亡時にかかる費用……61
4 >> 報酬一覧表……62

第8章　遺言の実務 …… 63

1 >> 遺言書の作成 …… 63
(1)　公正証書で作成する …… 63
(2)　自筆証書遺言の保管制度 …… 63
(3)　遺贈がある場合 …… 64
(4)　付言事項は重要 …… 65
(5)　相続分は割合にする …… 65
2 >> 遺言の執行 …… 65
(1)　遺言書の開示 …… 65
(2)　相続登記はすぐに申請する …… 66

第9章　任意後見の将来の展望 …… 67

1 >> 任意後見の利用の拡大に向けて …… 67
(1)　利用促進法の制定で任意後見は増えたのか …… 67
(2)　担い手を増やす …… 67
(3)　発効させないという問題 …… 68
2 >> 今後の展望 …… 68

第2編　事 例 編

第1章　任意後見の実務 …… 73

1 >> 司法書士等が受任者の場合 …… 73
(1)　税理士やファイナンシャルプランナーとの連携を考える …… 74
(2)　社会福祉士との連携 …… 75
(3)　その他 …… 76
見守り契約書（記載例） …… 78
財産管理等委任契約書（記載例） …… 81
委任事務目録（記載例） …… 85

管理対象財産目録（記載例）……86
任意後見契約書（記載例）……87
代理権目録（記載例）……91
後見事務報酬基準（記載例）……93
死後事務委任契約書（記載例）……95
2 >> 親子間や知人・友人間の任意後見……99
(1) 親族後見には付随する契約は不要……99
(2) 親族後見でも任意後見契約は必要……99
(3) 契約書は、簡易版でもよい……100
(4) 専門家の継続的なアドバイスは必須……100
column 友人が任意後見人になる事例……101
任意後見契約書（簡易版・親族後見用）（記載例）……103
代理権目録（記載例）……105
報酬規定（記載例）……107
3 >> 任意後見の登記……107
(1) 任意後見の登記は公証人が申請する……107
(2) 変更や終了の登記は当事者が申請する……108
(3) 任意後見の発効の登記は、裁判所がする……108
(4) 任意後見の登記は、法定後見に優先する証……109

第2章 任意後見に付随する契約……119

1-1 >> 見守り契約の事例……119
(1) 家族関係……119
(2) 施設側の心配……119
(3) 面　談……119
(4) 私たち法人の現状認識……120
(5) 私たち法人からのアドバイス……120
(6) 死亡後についてのアドバイス……121
(7) 受任者になる……122
契約時当初の見守り契約書（記載例）……122
1-2 >> 見守り契約の変更……124

(1)　変更の依頼……124
(2)　変更の依頼書……125
見守り契約の変更依頼書（記載例）……125
変更後の見守り契約書（記載例）……126
2 >> 財産管理等委任契約……128
(1)　判断能力のある間の財産管理等委任契約……128
(2)　任意後見契約とセットで……129
(3)　全ての財産でなくてよい……129
(4)　金融機関の対応と本人への報告……130
(5)　高額のときは再確認……130
(6)　複数人で担当……130
(7)　公的なチェックがない……131
(8)　禁じ手契約……131
財産管理等委任契約公正証書（参考）……132
column　財産管理契約での金融機関ごとの窓口対応の違い……136
3 >> 財産管理の実務での失敗事例……139
(1)　家族関係……139
(2)　施設長からの相談……140
(3)　甥のＣさんも同席……140
(4)　急な死亡……140
(5)　反省点……141
(6)　銀行が理解してくれない……141
(7)　司法書士などの専門家以外が財産管理契約をする場合……142
(8)　甥が身上監護（保護）について不協力……142
(9)　前妻の子への敵意……142
4 >> 財産管理契約をしなかったことによる失敗事例……143
(1)　家族関係……143
(2)　緊急入院後、都度の委任状作成……143
(3)　見直すチャンスを逃していた……144
(4)　施設入居、自宅へのこだわり……144
column　あると使ってしまう方の財産管理契約の仕組み……145

第3章 認知症になったときの目的別での相談……149

1 >> 認知症対策の目的ごとの代理権目録……149
(1) 典型的な相談……149
(2) 葬式や墓の心配……149
(3) 施設入居の心配……150
(4) 親から子や孫への贈与の相談……151
(5) 認知症になっても不動産の売却ができるのか……151
(6) 所有する賃貸物件の管理や建て替え……152
(7) 任意後見監督人に疑義を持たせない具体性が必要……153
(8) 任意後見監督人との事前の打合せ……153
(9) 民事信託との関係……154
代理権目録（記載例１）……154
代理権目録（記載例２）……155
2 >> ライフプランの具体例……158
(1) ライフプラン（指示書）に記載すること……158
(2) 子どもとの関係が薄い例……158
(3) セミナーからの相談……159
(4) お別れ会……159
ライフプラン（記載例１）……160
死後事務委任（記載例）……162
(5) 生前葬の希望……164
ライフプラン（記載例２）……164
3 >> 身元保証と医療同意……166
(1) 任意後見と身元保証は同じなのか……166
(2) 身元保証人がいらない施設……167
(3) 身元保証の会社……167
(4) 医療同意……168

第4章 任意後見監督人との関係……169

1 >> 任意後見契約発効のタイミングと任意後見監督人との関係……169

(1)　任意後見監督人の存在意義 …… 169
(2)　選任申立てのタイミング …… 169
(3)　本人の同意 …… 170
(4)　家庭裁判所の調査員との面談 …… 171
任意後見監督人選任申立書（参考） …… 172
(5)　任意後見監督人選任申立て以前の期間も調査 …… 174
(6)　受任者の遵法精神もチェックしている …… 174
(7)　専門家は特に意識して …… 175
2 >> 任意後見監督人との付き合い …… 175
(1)　選任から初回の面談まで …… 175
(2)　任意後見監督人も千差万別 …… 175
(3)　施設との連携 …… 176
(4)　熱心も度が過ぎるとクレームに …… 176
(5)　専門家は任意後見監督人になることも想定 …… 176
(6)　任意後見監督人の報酬 …… 177
(7)　任意後見監督人への報告書 …… 177
任意後見監督人宛て報告書（記載例） …… 178

第5章　民事信託との関係 …… 181

1 >> 民事信託 …… 181
(1)　民事信託の基本 …… 181
(2)　民事信託の役割 …… 181
(3)　任意後見とセットで考える …… 182
(4)　遺言も検討する …… 182
(5)　民事信託は万能ではない …… 182
(6)　財産管理以外の部分に法定後見が必要 …… 183
2 >> 受託者と任意後見人が同一という問題 …… 184
(1)　受託者と任意後見人が同一の場合、本人には違和感がない …… 184
(2)　司法書士などの専門家から見たときの景色の違い …… 184
(3)　理屈どおりにはいかない …… 185
(4)　どのような人が受託者になり受任者になるのか …… 185

(5)　司法書士などの専門家が任意後見人になるという選択肢……186
(6)　案件ごとに司法書士などの専門家が考えるしかない……186
信託契約のひな形（記載例）……187
3 >> 会社の乗っ取り事例……189
(1)　会社の成り立ち……189
(2)　経営オーナーの脳梗塞……190
(3)　専門家のアドバイスで専務が第三者割当増資……190
(4)　回復時には乗っ取られていた……190
(5)　事故や病気に備える……190
(6)　受任者は専門家が良い……191
(7)　定款変更も忘れずに……191
(8)　代理権目録の委任項目の記載例……191
(9)　自社株の民事信託……192
4 >> 認知症による事業承継の失敗事例……192
(1)　会社の現状……192
(2)　代表取締役は辞任……193
(3)　会長の突然の死亡……193
(4)　もう少し早く相談してほしかった……194
(5)　教　訓……194
(6)　信託の検討……195
5 >> 経営オーナーの個人資産の凍結……195
(1)　経営オーナーの認知症リスク……195
(2)　認知症になっても株主は役員の選任の権限がある……195
(3)　議決権の行使……196
(4)　影響の大きさ……196
(5)　経営オーナーの認知症……196
(6)　利益相反……197
(7)　遅過ぎた相談……197
(8)　代理権目録……198
(9)　民事信託の利用……198
(10)　どのような場合に民事信託が必要か……198

第６章　任意後見契約の終了 201

1 >> 解約通知書（任意後見契約発効前） 201
(1)　解約通知書はいつ来るか分からない 201
(2)　見守り契約の説明の仕方 201
(3)　解約通知書の内容証明 201
(4)　理由の究明 202
(5)　見守り契約はしておくべき 202
column　合意による解約 203
column　やっぱり解約通知が来た 205
解約通知書のひな形 207
配達証明付内容証明郵便の謄本（公証人の認証の部分） 208
任意後見契約の一方的解除による終了の登記申請を委任者本人が行う場合（記載例） 210
解除通知書（記載例） 211
合意解除のひな形 211

2 >> 任意後見契約発効前の本人死亡による終了（遺言執行） 212
(1)　遺言書の内容確認 213
(2)　財産の把握 213
(3)　就任通知書の発送 213
(4)　相続開始日時点での相続財産の確定 214
(5)　金融資産の相続手続 214
(6)　「相続財産計算書」の作成及び配分予定金額のお知らせ 215
(7)　配分予定金額の承諾書の受領 215
(8)　相続財産の分配 216

3 >> 任意後見契約発効後の死亡（死後事務委任契約） 216
(1)　本人の死亡 216
(2)　死後事務のスタート 216
(3)　ときには喪主にも 217
(4)　ロッカーで預かることも 217
(5)　監督人への報告書 218
死後事務委任契約書（記載例） 218

任意後見人であったものが本人死亡後に任意後見監督人に
　提出する収支報告書……220
任意後見人であったものが本人死亡後に相続人代表等に財産を
　引き渡した上で任意後見監督人に提出する引継書……221
引継書の別紙としての財産目録……222
任意後見人であったものが家庭裁判所の事務連絡を参考に任意後見
　監督人に提出する書類……224

第7章　業務の管理表など……225

1 >> 時間の流れから見る任意後見業務……225
(1)　訪問のための確認作業（月の前半）……225
(2)　資料の管理・整理（月の中頃）……225
(3)　翌月の訪問の準備（月の後半）……226
(4)　管理のために分類しておく書類……226
(5)　年間スケジュールのひな形……227
(6)　管理一覧表のひな形……230
2 >> 身上監護の面から見る任意後見業務……232
(1)　身上監護（保護）面での体調管理について……232
(2)　外部の専門家との連携も必要……233
3 >> 人間関係からみる任意後見業務……234
(1)　人間関係のスタート……234
(2)　人間関係の維持・管理・メンテナンス……234
(3)　別れ・卒業……235
(4)　人間関係は継続的なお付き合い……235

第8章　相談を受けた際の流れ……237

1 >> 相談業務から始まる……237
(1)　どこから相談が来るか……237
(2)　これから任意後見業務を始める司法書士などの専門家は……237
(3)　安かろう悪かろうではいけない……238

(4) よくある相談の例示……238
(5) 任意後見が必要な方の例示……239
2 >> チェックシート・事前質問書（エンディングノートとの違い）……240
(1) チェックシートでどのようなことを決める必要があるか理解してもらう……240
(2) 本人や家族に書ける範囲で書き込んでもらう……240
(3) 書き込み済みのチェックシートで理解のすり合わせ……241
(4) 内容から任意後見と合わせて必要な付随契約を説明する……241
(5) チェックシートの活用……241
チェックシートのひな形……242
死後事務委任契約書　質問事項（参考）……247
3 >> 業務日誌……249
(1) 定期的な訪問……249
(2) 業務日誌のひな形……249
(3) 担当者の変更時に役立つ……250
(4) 訪問時以外にも利用……250
訪問時報告書……250
業務日誌……252
4 >> 施設選びの事例（基準と葛藤）……253
(1) 自分の親だと思って考えてみる……253
(2) 施設を選ぶ際の基準と注意点……253
(3) Ｊさんとのご縁……253
(4) 施設探し……253
(5) 担当者の葛藤……254
5 >> 施設の選択……255
(1) 施設探しは難しい……255
(2) 紹介業者を活用する……256
6 >> 親族後見のフォローとしての復代理……256
(1) 親族後見を希望する場合の説明と資料の提供……256
(2) 親族後見はフォローが必要になる……257
(3) フォローを前提としての親族後見もあり得る……257
(4) 親族後見であっても報酬は決めてもらう……257

任意後見監督人への報告書（記載例）……259
7 >> **公証役場とのやり取り**……264
(1) 公証役場に行く前の事前チェックは欠かせない……264
(2) 公証人を決める……264
(3) 公証人はよき相談相手……265

第9章 任意後見業務を始める人の営業……267

1 >> **営業のノウハウ**……267
(1) 営業に定義はない……267
(2) 作戦は「目標を達成するために使命感をもって実現すること」……267
(3) 戦術は「使命を実現する方法のこと」……267
(4) 計画は「戦術をいつまでに誰がするかを決めること」……268
column 具体的な活動内容……268
2 >> **営業の推進のための具体的方法**……270
(1) 内部的な営業……270
(2) 外部的な営業……272

第1編

理論編

第1章 任意後見制度

1 >> 任意後見制度の利用の現状

任意後見契約の利用状況を、統計資料をもとに把握しておきます[1]。

(1) 任意後見契約の契約数

令和元年（平成31年を含みます。以下同じ）の1年間に任意後見契約を締結した件数は14,102件です[2]。

平成27年から令和元年までの5年の任意後見契約の合計数は60,066件で、年間平均で12,013件です。任意後見の契約件数は増加傾向です。

(2) 任意後見契約の発効数

任意後見監督人選任の申立ては、令和2年が738件です。ここ直近5年の申立ての合計数が3,845件で年間平均は、約769件です。

本人が、認知症などで判断能力が衰えたことにより監督人の選任申立てをし、契約の効力が生じた件数です。契約数からみると5％程度しか発効していないということになります。

一方で、法定後見（後見、保佐、補助の合計）は、開始申立件数の合計が、令和2年が36,497件です。任意後見監督人の選任申立ての738件を合わせると、成年後見制度全体の合計数は、37,235件です。任意後見監督人選任の申立ては、全体からみると2％程度と、極端に少ないことが分かります。

(3) 任意後見の累積件数

令和2年の末日時点で任意後見契約が発効しているものの累積件数は、

---

1 最高裁判所事務総局家庭局ホームページ「成年後見関係事件の概況―令和2年1月～12月―」。
https://www.courts.go.jp/vc-files/courts/2020/20210312koukengaikyou-r2.pdf

2 法務省：登記統計局統計表一覧政府統計の窓口
https://www.e-stat.go.jp/stat-search/files?page=1&layout=datalist&toukei=00250002&tstat=000001012460&cycle=7&year=20190&month=0&tclass1=000001012461

2,655件です。任意後見契約した後に任意後見監督人が選任されたものを「任意後見契約が発効した」と表現しています。将来に備えて契約したものが後日に役に立って、実際に使われているということを意味しています。

任意後見契約発効後、平均すると３年と数か月で本人が死亡し任意後見契約が終了していることになります。

以上をまとめると５年平均で、年間約１万2,000件の任意後見契約があり、年間約770件の任意後見監督人の選任申立てがあり、令和２年末日時点で存在している任意後見の数が2,655件ということになります。

（図表 1-1）令和２年における成年後見制度申立件数

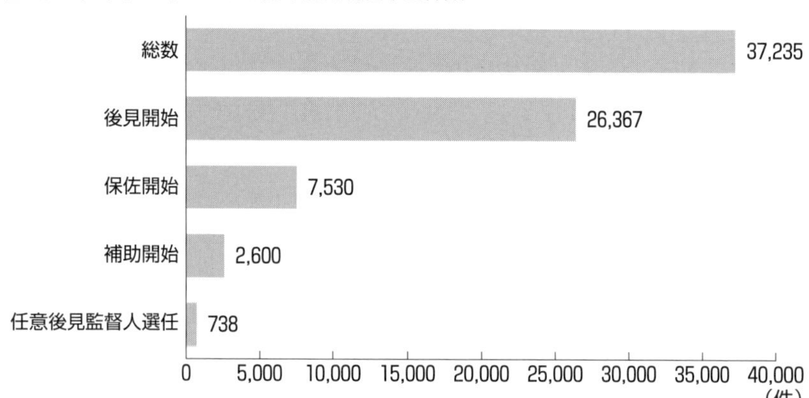

（最高裁判所事務総局家庭局ホームページ「成年後見関係事件の概況（―令和２年１月～令和２年12月―）」から筆者作成）

2 ≫ 任意後見制度の概要と流れ

(1)　任意後見制度の概要

まず任意後見制度の概要です。任意後見は、本人が任意後見契約で受任者に委託しておきます。そして将来、本人が認知症などで判断能力が衰えた場合、契約で付与された範囲内での財産管理や法律行為を裁判所から選任される監督人による監督のもとで任意後見人が行うものです（任意後見契約に関する法律２条１項）。

任意後見契約の当事者である本人は、契約時においては判断能力が必要です。そのため先天的に判断能力を欠く人は、法定後見を利用することになります。もう一方の契約当事者である任意後見人（契約の時点では任意後見受任者）は、契約によって付与された範囲で、本人の生活、療養看護及び財産管理など本人を代理して行います。

ア　業務の内容

代理権を用いた法的サービスが業務の中心で、介護のような直接的な事実行為は業務の範囲ではありません。任意後見は、「任意後見契約に関する法律」（以下「任意後見法」といいます。）に定められていて、一般法の民法を一部準用しています。本人が意思表示のできる間に「本人の自己決定の尊重」と「本人の保護」との調和を図る観点から、平成12年4月から運用が始まりました。

イ　付随する業務

任意後見契約の際に、契約の発効前に必要な業務や契約終了後に必要な業務を任意後見に付随する業務あるいは任意後見を補完する業務として加えることができます。

任意後見契約の前段階として、いつ判断能力が衰えるか分からないという不安の解消のために見守り契約を結んでおくとよいでしょう。判断能力の低下はないものの、体が不自由になって本人に代わって金融機関に行ってほしい場合や、身上監護（保護）等の契約を代理で行ってもらうために財産管理等委任契約をすることができます。本人が亡くなった直後には、本人の入院中の病院代の支払や葬儀や納骨のために死後事務委任契約を結び、死後の手続についての契約をすることもできます。任意後見の契約時に運用の仕方などが定まっていない財産などは、任意後見契約の財産目録から外して民事信託を利用することも考えましょう。

（本編第6章、事例編第2章、第5章を参照ください。）

（図表 1-2）任意後見とそれに付随する業務

契約の種類＼本人の状況	判断能力がしっかりしている間	判断能力が低下（医師の診断書を添付し選任申立て）	死亡
見守り契約 財産管理契約 （民法上の委任）	民法上の委任に基づき見守りや財産管理を行う	終了	
任意後見契約 （公正証書で作成する。要式行為）	未発効	家庭裁判所の審判で監督人が選任され契約が発効	終了
死後事務契約 （民法上の委任）	未発効		死後事務を行う
民事信託	全ての期間を通して効力を生じさせることが可能		

（筆者作成）

ウ　任意後見監督人

任意後見監督人は、契約の当事者ではありません。任意後見契約の登記後、本人の判断能力が不十分になったときに、家庭裁判所から選任され任意後見人の事務を監督します。その監督の内容を家庭裁判所に定期的に報告することで任意後見人の不正回避を図っています（任意後見法４条、７条）。

裁判所は任意後見監督人を通して任意後見人を監督する必要があるため、裁判所から任意後見監督人が選任されない間は、任意後見契約は発効しません。裁判所は、任意後見監督人を通して間接的に任意後見人をチェックしているともいえるでしょう。　（本編第３章、事例編第４章を参照ください。）

(2)　代理権目録

任意後見契約における法定の委任事項は、自己の生活、療養看護及び財産の管理に関する事務の全部又は一部です。この法定事項のみが任意後見契約の「代理権目録」に記載され登記されます（後見登記等に関する法律（以下「後見登記法」といいます。）５条４号）。

契約自由の原則に基づき、法定の委任事項以外も任意後見受任者に委任できます。そのため任意後見契約書に法定の委任事項以外も記載することが可能です。ただし、事実行為に関する事務などは代理権目録には記載されません。「民法の一部を改正する法律等の施行に伴う公証事務の取扱いについて（平成 12 年３月 13 日法務省民一第 634 号）」参照。

代理権目録は、代理権目録だけで当事者が特定できる必要があるので、当事者の氏名を記載します。代理権目録に記載する事項は、本人と受任者で決めますが、法律行為でなければなりません。ただし委任事項が少なければ、委任事項以外にも代理の必要性が生じた際に、法定後見への移行の確率が高くなってしまいます。このリスクを司法書士などの専門家がアドバイスした上で、委任内容を考えて代理権目録を作成する必要があります。

また、人それぞれの人生の特色のある具体的な内容を定めることで、判断能力が低下した後も本人らしい生活を営むことができるようにしたいものです。配偶者への毎月の生活費の額や孫へ扶養として学費を出してあげたいなど、結果からみると、贈与や相続対策になっているものもあるかもしれません。

判断能力のしっかりしている間に、この代理権目録をしっかり作り込んでおきます。そして、本人の判断能力が衰えたら、代理権目録の内容どおりに任意後見人に代理行使してもらう、これこそが本人の自己決定権の尊重そのものでしょう。

この代理権目録及び後に説明するライフプランに、いかに本人の生きざまと将来の希望を表現しきることができるのかが、司法書士などの専門家の腕の見せ所といえるでしょう。

代理権目録以外にも、受任者が複数の場合の「共同行使の定めの目録」や第三者の同意が必要な場合の「同意を要する旨の特約目録」などがあります。

（事例編第３章１を参照ください。）

(3) 金融機関とのやり取り

任意後見契約発効後は、任意後見人が財産管理を行うことになります。そのため金融機関との迅速かつ円滑な取引が任務遂行の要になります。しかし、金融機関の窓口担当者は、成年後見制度を熟知していることが少ないのが現状です。預貯金の名義の書き方さえも各金融機関で対応が異なっているので、事前に問合せをして十分に確認した上で窓口に出向く必要があります。

また、有価証券の配当等がある場合も、本人では配当金の受領が困難な場合が多いでしょう。そのため株券発行会社若しくは株式名簿管理人に問い合わせて、配当金や議決権行使についての書面を任意後見人に発送してもらう手続が必要です。

この点は法定後見と共通する問題ですが、任意後見の方が社会的な認知度が低いためさらに問題が起こりやすいと心しておく必要があります。任意後見契約では、金融資産の管理について、本人の希望を代理権目録やライフプラン、委託書や指示書などに記載できるのですから、できる限り具体的に定めておきましょう。もし定められていない場合は、財産は現状維持を原則とすべきでしょう。

（事例編第２章2、同コラムを参照ください。）

(4)　身元保証、医療同意、延命治療・尊厳死、看取り、裁判

ア　身元保証

任意後見人は、本人の施設入所や入院に際して身元保証人になることを求められることがあります。親族が任意後見人の場合はこれに違和感なく応じているでしょう。しかし第三者の専門職が身元保証人になるのは、避けるべきです。もし、保証人になった場合は、保証人である任意後見人が立て替えないといけない事態が起こり得ます。そうなると今度は保証人として立て替えた金銭を、本人に対して請求する立場になります。その結果、本人と利益相反関係が生じてしまいます。施設の担当者は本部からの指示で「施設費の支払や、死亡時の遺体の引取り、遺品整理などのために保証人が必要です。」との一点張りのこともあります。その場合は、本人の財産の範囲での支払保証にとどめる内容にしたり、身元保証人の文言を任意後見人と読み替える内容に変更するなどという工夫を行う必要があるでしょう。

（事例編第３章３を参照ください。）

イ　医療同意

本人のけがや疾病という医療同意・医療契約の問題です。医師は本人に対して診察、検査、投薬、手術といった様々な医療行為を行います。その中には注射、輸血、手術という身体に危険を及ぼす医的侵襲行為も含まれます。この医的侵襲行為が適法となるためには、医療契約の締結とは別に医的侵襲を受容する患者の承諾、すなわち医療同意が必要となります。このような医的侵襲を伴う医療同意は、患者の一身専属的な権利とされ委任や代理にはなじまないものと解されています。したがって、任意後見人の代理権の範囲には含まれず、任意後見契約の委任事項には含まれないと解する立場が一般的です。

法定後見についても、成年後見人等が医療契約を結び、診察代を支払うというような法律行為は成年後見人等の業務範囲です。任意後見も代理権目録

に定めがあれば、医療契約や診察代の支払はできます。しかし、その診療の結果、注射や点滴、手術といった治療行為が必要になっても、その治療を受けるか否かの医療同意はできません。このことは任意後見も法定後見も同じです。ただし、実際には、本人からの強い要望により任意後見契約公正証書の本文中に、判断能力が喪失した場合における受任者の医療行為への関わりの内容や程度を希望事項として記載することがあります。この場合でも、その受任者たる任意後見人には医療同意の権限はありませんが、少なくとも医師に対し本人の希望を伝える必要はあると考えられています[3]。

医療同意の問題については、成年後見制度に限った問題ではないため、今後、直ぐに医療同意権が認められ問題が解決されるということはないと思われます。 （事例編第３章３を参照ください。）

ウ　延命治療・尊厳死

任意後見人にも法定後見人にも医療同意権が認められていない以上、人の生死に重大な影響を及ぼす延命治療の実施や中止について、同意又は決定する権限は認められていないと解されています。このような場合、終末期には本人の意思を表明する方法として任意後見契約の公正証書に希望事項（付言事項）として尊厳死を要請する委託を記載しておくことができます。他にも尊厳死宣言公正証書を作成しておくことがあります。

そしてその時が来たら、任意後見人から、それらの書面を医師や看護師、介護施設等の職員に示して本人の意思を最大限に尊重するよう求めることになるでしょう[4]。 （事例編第３章２の書式を参照ください。）

エ　看取り

看取りの場面でも医療同意と同じで、任意後見人や法定後見人に法的権限はないと考えられています。そのため、任意後見人にできることは本人の希望を病院や施設関係者、親族などに伝えることです。

筆者の経験でも、任意後見契約書作成時に尊厳死の希望事項をライフプランに記載しておくことを依頼者から求められています。意思能力がしっかりしている間に任意後見契約を締結し、医療同意や尊厳死、看取りについての意思表示を書面にしておきます。そして、その場面が来たら任意後見人から

---

[3] 山本修ほか編著『任意後見契約書の解説と実務』（三協法規出版、平成 26 年）104 頁～109 頁。

[4] 前掲山本ほか 110 頁、111 頁。

医療関係者や介護関係者に伝えられるようにしておくことが重要です。なぜなら判断能力が衰えてから法定後見人等が選任されても、終末期の尊厳死の意向があるか否かを法定後見人等が確認するすべがないからです。

この看取りを含む医療同意・尊厳死などの死に際の問題は、高齢になった本人にとって自分の死に方を決める大きな問題ですから、任意後見人受任者が本人からしっかり聞き取っておくことが大切です。

（事例編第３章２の書式を参照ください。）

オ　裁　判

本人が賃貸物件を所有している場合の、未払賃料の支払請求や立退き請求などの紛争について裁判の原告になったり被告になった場合の訴訟行為の委任をしておくこともできます。受任者が認定司法書士であれば、簡易裁判所における手続の代理権を受任することができますし、受任者が弁護士の場合は、制限なくこれらの事務に関して生じる紛争についての訴訟行為を受任できます。

また、受任者が弁護士や司法書士でない場合は、将来の紛争に備えて弁護士や司法書士に訴訟委任することができるように代理権目録に記載しておくとよいでしょう。

（事例編第３章１の書式を参照ください。）

(5)　ライフプラン

ライフプランという書類を作成することがあります。また、本人の意思や身上配慮義務をより確実にするために任意後見人への「指図書」という言葉を使うこともあるようです。「指図」は、指図権者や指図債権という言葉があるように法律用語なので、任意後見監督人に本人の強い意志が伝わりやすいと考えられます。他にも「指示書」という言葉を使うこともあり、こちらもライフプランと比べると本人の強い意志を示しているといえるでしょう。どちらを選択するかは、本人のニーズに応じて決めればよいと思います[5]。

ライフプランには、本人の希望の中で現在及び将来の確定事項でないがために、契約書に記載しにくい事柄も入れておきます。そのような未確定のものについては、本人の意向を聞き取ってこれをライフプランに記載しておく

5　大貫正男「任意後見の相談現場からみた利用されるためのポイント」実践成年後見85号（令和2年）22頁。

とよいでしょう。財産管理契約のタイミングであろうと任意後見契約のタイミングであろうと、契約をする最初のうちに作成しておくことで後々有効に作用してきます。

例えば

① 好きな食べ物、嫌いな食べ物

② 続けたい趣味

③ 在宅で介護を受けたいのか、施設に入りたいのか。施設に入るとすればどのようなところが希望なのか。

④ 自宅の処分はどうしたいのか。

⑤ 入院が必要な場合の病院は、どこの病院に入りたくて治療の方法はどのようなものか。

⑥ 他にも死亡時の連絡先や葬儀、納骨、墓地についての希望。

など、現時点では確定していないものです。それゆえに契約書に落とし込みにくいのですが、これらの意向や趣味・嗜好は、本人にとって重要なことがあります。任意後見人や任意後見受任者が事務を行うにおいて、ライフプランがあることは、本人の希望に沿った事務を行うための指針として大きな意味があります。

ライフプランや指図書・指示書も本人の判断能力があるうちに事前作成しておく必要があるため、法定後見ではあり得ない書類です。本人からすると、自分の趣味や嗜好は自分の人生の柱や根本であることがあり得ます。その部分の考えをしっかりもっている人には、判断能力が衰え法定後見人が選任されたときに「自分の事を何も知らない人に自分を委ねることになりかねない」ことを伝えて、事前準備として任意後見契約をしておく必要があることを伝えます。 （事例編第３章２を参照ください。）

(6) 任意後見契約の締結に当たって

任意後見契約の受任者は、本人の判断能力が衰える前から支援するため「本人から信頼される」ということがベースです。そのため受任者は、

ア 本人の尊厳を第一にし、本人の思いを最大限に尊重する。

イ 本人の方を向いて、本人を支える公人（公的立場の代理人）として行動する。

ウ 本人の福祉確保のために、本人が享受できる権利を最大限にいかす。

ことが必要です。本人の生き方、人生感、幸福感というようなものを任意後見人が傷つけたり、無視したりしてはなりません[6]。

任意後見契約は、本人（委任者）と受任者（将来の任意後見人）との間で公正証書によって作成します。公証人は、直接本人と面接するため、委任状での作成はできません。また、本人に契約できる能力が必要なので、既に本人に意思能力がない場合は、任意後見を利用することはできません（民法の一部を改正する法律等の施行に伴う公証事務の取り扱いについて第２任意後見契約の公正証書の作成及び登記の嘱託３（1）ア）。

（本編第２章を参照ください。）

(7)　相談料や着手金について

不動産の決済などと違い支払について説明してくれる仲介業者が介在しないので、依頼者から「相談料は必要ですか」「費用はいつ払えばよいのですか」、あるいは「着手金は必要でしょうか」と聞かれることが多い業務です。基本的には、一度の面談で済むような業務ではないので、相談料や着手金を受け取る場合は最初に話をしておくべきでしょう。私たち法人では着手金をお願いして断られたことは一度もありません。依頼者も人生の残りをかけて本気で取り組んでいるのですから、相談料や着手金を払うことに疑問はもたないと感じています。

最終の残金は、公証役場で公正証書を作成するタイミングで着手金を除いたものを支払ってもらいます。依頼者によっては、高齢で現金を持ち歩くことに不安を感じている人もいます。そのようなときは、公証役場の費用も含めて事前に振り込んでもらい、当日公証役場の費用を、専門家が出金して持参するということも考えてください。

(8)　任意後見監督人選任の申立て（任意後見契約の発効）

本人の判断能力が衰え始めると、任意後見監督人の選任の申立てが視野に入ってきます。申立てができるのは、本人、配偶者、四親等内の親族と任意後見の受任者です。法定後見と違い検察官や市区町村長は申立権者に入って

6　遠藤英嗣『高齢者を支える市民・家族による新しい地域後見人制度』（日本加除出版、平成27年）132頁。

いません。基本的には、申立てには、本人の同意が必要です（任意後見法4条）。

病気や事故で急に判断能力を喪失したというようなことがない限り、本人が同意をできる間に任意後見監督人選任の申立てをすべきです。司法書士などの専門家が受任者の場合は、事実上、受任者である専門家だけが申立てできるということもあり得るため、本人の状態をよくみておく必要があります。

では、家族や親族が受任者になっている場合は、どうでしょうか。移行型のように財産管理が事実上できていると、本人の判断能力が衰えても任意後見監督人選任の申立てがなかなかされないということも起こり得るでしょう。そのため、親族間の任意後見契約の作成の委任を受けた案件は、専門家も本人の状態が把握できるような関係を作っておくとよいでしょう。例えば、本人と年賀状や暑中見舞いのやり取りをしておくとか、受任者側である子どもたちに定期的に本人の状況について連絡をもらえるようにお願いしておくなどです。

一般の人たちが、自ら家庭裁判所に任意後見監督人選任の申立てをすることは、余りないと思いますので、任意後見契約書の作成を依頼した専門家に、任意後見監督人選任の申立てを依頼してくるのが一般的だと思われます。そのことを前提に、継続的な関係を作っておくとよいでしょう。

（事例編第4章を参照ください。）

(9)　家族後見の提案をする

任意後見契約の受任者になるのに制限はありません。任意後見契約の受任者の多くは本人の家族、兄弟姉妹や甥・姪などです。また、私たち法人での経験では、配偶者の甥・姪ということも珍しいことではなく、ごくまれに会社時代の後輩などということもありました。

しかし受任者が将来の任意後見人としての資質を有し、信頼でき、責任感がある人物とは限りません。親族でも不誠実な人であったり不正を行うような好ましくない人であることもあり得るでしょう。第三者である司法書士などの専門家がどこまで踏み込むべきか難しいところではありますが、受任者の適性が疑われるときは、契約が発効した後に任意後見人がすべき手続の大変さや責任の大きさを、委任者である本人に伝えることで、再考を促すことが必要なこともあり得るでしょう。

もちろん欠格事由（任意後見法４条１項３号）があると任意後見人に選任されません。そのため、専門家は事前に欠格事由に該当するか否かを確認しておく必要があります[7]。

とはいえ本人のことを一番知り、かけがえのない愛情があるのも家族であり親族です。法定後見では「親族が選任される確率は低い」という現状を伝えて、本人の判断能力がしっかりしている間に、家族や親族との任意後見契約を締結することを勧めましょう。　　　（事例編第１章２を参照ください。）

(10)　受任者に任意後見人の職務と監督されることを説明しておく

任意後見監督人が選任されると最初に、任意後見監督人から受任者に対して、任意後見人の仕事や義務について話があります。しかし、司法書士などの専門家が親族間の任意後見契約書作成の依頼を受けている場合には、契約書作成のタイミングで任意後見人としての職務と任意後見監督人から監督されることについてしっかりと伝える必要があります。さらに本人の判断能力が衰えて監督人選任の申立てをするタイミングでも、任意後見人の職務と監督されることを、任意後見監督人から話がされる前に伝えておく必要があります。

なぜなら一般の人は、知識のなさや思い込みのため「任意後見人である自分のやりたいことが、任意後見人の仕事」だと思っていることがあるからです。任意後見監督人から話を聞いて、任意後見人の業務が自分のイメージしていたことと違うと、もともと相談を受けて契約書の作成を手伝った専門家にクレームの矛先が向くこともあります。任意後見人がやりたいことだけやり始めると、任意後見人として適任でないと判断され、任意後見監督人から任意後見人の解任の申立てがされ、法定後見人の選任がされるなどということもあり得ます。そうなると、本人の望んでいたこととはかけ離れた結果になりかねません。そういうことを生じさせないためにも、しっかりと受任者に任意後見人の職務と義務について伝えておきましょう。

（事例編第４章１を参照ください。）

[7] 前掲遠藤 155、156 頁。

(11)　任意後見監督人の存在を説明しておく

受任者が親族など一般の人の場合は、人によっては任意後見監督人の存在を理解するのが難しいことがあるようです。監督人選任の申立てが、任意後見契約の発効のタイミングだということを説明しても理解していない人もいます。

任意後見監督人は、任意後見人の事務を監督し家庭裁判所に報告します。さらに任意後見人に対していつでも事務の報告を求めることができ、事務の内容や本人の財産の状況を調査することができます（任意後見法7条）。

親族が任意後見人の場合ですと「他人の財産を預かっている」のであり「厳正な管理をするべき」という認識が弱く、財産管理の報告が甘くなったり遅れがちになったりします。それが度を越すと、任意後見監督人から不正を疑われることになり、任意後見人としての資質がないと判断されかねません。

他にも、任意後見人は代理権目録の定めた範囲でしか代理権を行使することができません。そのため、代理権の定め方が曖昧だと任意後見監督人の判断と任意後見人の判断がかい離することも考えられます。そのようなことを起こさないためにも、代理権目録の内容は具体的に定めておく必要があります。読み方によって任意後見監督人と意見の食い違いが生じないように、本人の意向についてライフプランなどで代理権目録を補強しておくのも一つの方法です。　（事例編第4章2を参照ください。）

(12)　不動産の処分については細心の注意が必要

不動産の管理・保存・処分についての代理権がある場合です。本人の生活費や施設入所一時金の支払のために本人の不動産を売却することがあります。任意後見の場合は、法定後見と違い居住用財産の売却に家庭裁判所の許可を必要としません。また、任意後見監督人の同意も必要とされていません。しかし、任意後見人が行った居住用財産の処分行為が、後日、任意後見監督人や家庭裁判所からみて、著しく問題があると判断されないようにしておくことが肝要です。代理権目録の重要性は前述しましたが、代理権目録に居住用財産の処分に関して、できるだけ具体的に定め、本人の意向が尊重できるようにしておく必要があります。場合によっては、任意後見監督人や親族の書面による同意を義務づけることも考えても良いと思います。

（本編第5章1（4）、事例編第3章1（5）を参照ください。）

(13)　任意後見契約の変更

任意後見契約の変更について、まず、代理権の縮減の場合ですが、実務上は縮減する必要は乏しいと思います。複数の受任者がいる場合で、一部の受任者の代理権の範囲の縮小が必要という場合などは、一度解除して新たな契約書を作成することになります。逆に代理権を拡大する場合ですが、追加する部分のみの新たな契約をすることも可能です。そうなると複数の契約が並び立つということになるので、この場合も契約を解除して、追加部分を含んだ新たな契約をする方が無難だと考えます。

他に考えられるのが、報酬です。これは、本人の判断能力がある間は、公正証書により行うことができます。私署証書ではできません。任意後見発効後は、任意後見契約に定めがあれば、任意後見監督人との間で変更をすることが可能です。「民法の一部を改正する法律等の施行に伴う公証事務の取扱いについて（平成12年３月13日法務省民一第634号）」参照。

（事例編第１章３を参照ください。）

(14)　契約の解除ができる安心感

任意後見の契約解除は、契約の発効前と後で要件が違います。発効前であれば、当事者の合意で解除ができます。また、当事者の一方からも解除ができます。具体的には、公証人の認証を受けた書面によることが要件です（任意後見法９条１項）。

司法書士などの専門家が任意後見の受任者になる場合は、本人と十分に信頼関係を築く前に契約書の作成に取り掛かることが多くなります。そうなると本人は、専門家である受任者を頼るしかないと思いつつも一抹の不安を感じたままスタートしているというのが実情でしょう。そこで「あなたは、判断能力がしっかりしている間は、いつでも解除ができる」旨をあえて伝えます。受任者のことが嫌になったり信用できないと思えば、公証役場に行って一方的に解除ができると伝えることが、本人の安心感につながります。

受任者である専門家から解除することは通常考えにくいので、専門家は一方的に解除される側になりますが、その専門家にとっての一方的なリスクをしっかり伝えることが、本人から信頼されることになるでしょう。

（事例編第６章１を参照ください。）

3 >> 相談業務

(1) 任意後見は相談業務とコンサルティング業務

任意後見の業務は、相談業務でありコンサルティング的な業務です。仲介業者などが介在しないことが多く、司法書士などの専門家自らが依頼者に任意後見の必要性を伝え、本人に行動を起してもらう必要性があります。定型の案件をこなすという感覚から脱却しなければなりません。司法書士でも、相談から登記の必要性を伝え依頼者の行動を促すということをされている人も多いと思いますが、登記との違いは、単発業務ではないということです。司法書士などの専門家が受任者になる場合は、相談を受けるところから本人が亡くなるまで、場合によっては本人の死後の葬儀などの死後事務から遺言執行という財産の分配までも行うという息の長い業務です。

任意後見制度とは、高齢者の認知症対策の総称だと考えています。相談者の財産状況、家族関係、生き方、考え方、お金の使い方の意向などを聞いた上で「見守り契約」「財産管理契約」「民事信託」「任意後見契約」「死後事務契約」「遺言」「登記」などを組み合わせて提案する仕事です。

依頼者も「この登記が済めばこの司法書士と会うことはないだろう」とか、司法書士の側も「登記が済んで権利証を返して終わり」ということではありません。任意後見は、依頼者である本人の元気なときから、亡くなった後の財産の分配までという長きにわたって本人の人生に伴走する業務だということを理解し覚悟しておいてください。その相談から長いお付き合いが始まるのです。

(2) チェックリストで心配事を引き出す

勝司法書士法人（以下、私たち法人といいます。）では、質問書というチェックリストを作成してあります。それに基づいて本人に記入してもらうようにしています。最初のうちは、現在の健康状態や食べ物の嗜好や趣味などから始まり、介護の希望やお金の管理の希望、さらには終末期の延命治療など、徐々に将来のまだ見ぬ状況を想定し「考えたくないことも言葉に出してもらう」という本人にとって苦しい部分に入っていきます。他にも、心配事や不安に思っていること、自分の人生で大事にしていることや次世代に引き継いでほしい熱い思いなど、他人には言ったことがないようなことまでも書き出してもらい書面にします。

もちろん、一度で済むような打合せではなく、即答できないことは、宿題にして次回会うときまでに考えてくださいというようなやり取りを数度繰り返します。その間に本人の人生を知り、本人の物事についての考え方を知り、お金についての感覚を理解していきます。

特に司法書士などの専門家に受任者になることを依頼する場合は、本人は、そのやり取りの中で、専門家の人間性をみています。自分のこれからの人生もお金も全てこの専門家に任せることになるかもしれない、本当にこの人でよいのだろうかと逡巡している期間でしょう。単発の仕事に求められる単なる資格者では済まないのです。抽象的な表現で申し訳ないのですが、資格ではなく人間力が問われる業務でもあるのです。

（事例編第８章２を参照ください。）

(3)　葬式や墓、施設入居、贈与についての相談

おひとりの方[8]からの相談の多くは、自分が認知症になったらどうしたらよいのだろうというものではありません。自分の死後に葬儀や墓守をする人がいない、死んだ後は施設の片付けや未払費用はどうしたらよいのか、残ったお金はどこかに寄付をしたいが誰に頼めばよいのかなどという相談から始まります。

まずは、相談者の心配事にしっかり耳を傾け、その心配事の解決方法を提案してみます。その解決策に納得してもらえてからが本番です。死亡後のことは解決できそうだとして、「あなたが亡くなるまでの間に認知症にならない保証があるのでしょうか。亡くなった後のことも大事ですが、あなたが生きている間のことの方がもっと大切ですよね」という投げかけから任意後見についての説明が始まります。　（事例編第６章３を参照ください。）

(4)　任意後見契約の受任者は誰

契約の受任者は、委任者の親族又は友人・知人との間で結ばれることが多く、おおむね７割程度を親族等が占めています。任意後見は自分の信頼する

[8] 法定相続人がいない人だけではなく、親族との関係が悪くあるいは関係を持ちたくないために、自分の今後のことを頼める人がいないという事実上のおひとりの方を含みます。

個人や法人に委任できることが良い点ですから、委任者の親族や知人・友人の割合が高くなるのは当然です。私たち法人が相談を受ける場合は、本人から見て妥当な受任者がいないということが多く、私たち法人が受任者になる場合と親族が受任者になる割合は、同じくらいだと思います。

法人が任意後見人になると個人と異なり、受任者の病気やけがなどでの終了を考えなくてもよいことは利点です。当然ですが、成年後見の担当をしている部署には、知識や経験値が集中してくるので専門的で質の高いサービスを提供してもらえるかもしれません。

ただし、担当者を決めておかないと、本人からすると誰と話をしたらよいのか不安になるかもしれません。また、本人に対して法人の良い点を説明したり、代表者や担当責任者と本人との相性が合いそうかどうかを面談などで把握しておくことが必要でしょう。（事例編第1章1、2を参照ください。）

(5) 複数後見（順位づけ、予備的受任者）の相談

本人に複数の子どもがいる場合などに、任意後見人は複数でも可能かという質問があります。答えは「可能」ということになりますが、①共同行使の定めにするのか、②それぞれ単独で行使できるようにするのかという問題が生じます。

ア　共同行使の定め

複数の任意後見人が同時に共同して、一人の本人の後見業務を行うことが前提になっています。例えば、兄弟が複数で任意後見人になりお互いにチェックしたいという希望を述べる人もいます。しかし、共同行使の場合は、意見が一致しないと業務の履行ができないことも考えられるため、お勧めはできません。

他にも、一人は親族である任意後見人で身上監護（保護）の部分を受け持ち、もう一人は司法書士などの専門家で契約ごとや財産管理を受け持つ、というような場合です。この場合は、任意後見契約発効後に一方の任意後見人が死亡したり契約を解除されたりすると、任意後見が終了してしまい法定後見人を選任することになります。それを避けるため、受任者の一人が死亡その他の理由により事務を遂行できなくなったときは、残った受任者に新たな任意後見契約を締結する代理権を付与しておくことで、残った受任者が新たな任意後見人と契約を結び、任意後見を継続することができます。

イ　それぞれ単独行使の定め

別々の公正証書で、同一内容の契約を複数締結するという契約の方法があります。複数人との契約の説明をすると、発効に順位づけをしたり一方の任意後見人が欠けることになった場合になって初めて、もう一方を発効させることができるのかという質問があります。いわゆる予備的受任者の定めができるのかという相談です。契約自由の原則があるので、当事者間で合意することはできますが、登記はできません。そのため、子ども２人が同時に同一内容の契約をした場合、任意後見人である長男が死亡したり解除された場合に弟の契約を発効させるという約束をしても、弟から発効の申立てをされると、裁判所に対しては、当事者間での合意は意味をなさないものになってしまいます。

4 >> 任意後見契約の種類

任意後見契約には、将来型、移行型、即効型の３つの利用形態があります。

(1)　将来型

将来型は、本人の体力も判断能力もしっかりしている間に契約を結んでおき、将来判断能力が不十分になったときに任意後見契約による効力を発生させるものです。任意後見契約に関する法律が本来予定しているのは、この「将来型」の契約形態です。任意代理（財産管理等委任契約）の契約をせずに任意後見だけを締結している契約形態です。

この将来型の問題点は、任意後見の受任者の待機期間が長くなることです。そのため、待機期間に本人の状況を確認するために継続的な見守り契約を結んでおくことが重要になります。

(2)　移行型

移行型は、任意後見契約締結と同時に、同じ当事者間で民法上の委任による任意代理（財産管理等委任契約）を締結しておきます。そうすることで、契約の時点から任意後見契約が発効するまでの期間も、財産管理や身上監護（保護）の事務を受任者に依頼することができます。判断能力はしっかりしているけれど体力の衰えなどで金融機関へ行くのが大変な人などです。その上で本人の判断能力が低下したら、任意後見契約を発効させて任意後見監督人の監督の下で、任意後見人としての業務がスタートします。

移行型での問題点は、本人の判断能力が低下してきた際に、任意後見監督人の選任の申立てを行うべき状況になっているにもかかわらず、申立てがされない場合です。こうなると判断能力の低下した本人は、受任者のことを監督できない状況になっているにもかかわらず、任意後見監督人による監督も行われていない状況になるため複数後見で相互チェックの仕組みを考えるなどの対策が必要だと考えられます。

(3) 即効型

即効型は、判断能力の低下しつつある本人と契約し、時間を置かずに契約を発効させる類型です。契約後すぐに家庭裁判所に任意後見監督人を選任してもらい支援を開始します。本人は、既に判断能力が少し不十分だけど、公証役場で意思表示ができる程度です。法定後見であれば補助類型、あるいは保佐類型の程度でも判断能力がある程度残っている人になるでしょう。

本人の意思能力があり、この受任者と契約をしたいという意思が公証人からみて確認できる限りは、即効型の契約ができることになります。即効型の問題点は、本人が契約締結の意思能力を有していたか否かが事後的に争われる可能性があることです。専門家が、受任者になる場合は、事後的な争いを避けるために法定後見を優先すべきだと考えます。

将来型、移行型、即効型の３つの利用形態のポイントをまとめると次頁の表のようになります。

(図表 1-3) 任意後見契約の類型

類型	本人の状況による内容の違い	発効までの期間	問題点
将来型	判断能力はしっかりしている。 しかし将来の判断能力の低下に備え、念のために事前に契約する。	将来、本人の判断能力が不十分になると家庭裁判所に任意後見監督人を選任してもらい任意後見がスタート。	待機状態が長い場合、受任者が第三者であると本人の状態が分からなくなる可能性もある。 本人も受任者のことを忘れる可能性がある。
移行型	判断能力はしっかりしている。 しかし、体力や体調の問題で、金融機関に行くことが困難な場合などに財産管理等の委任契約をする。	財産管理中に本人の判断能力が不十分になったら財産管理契約を終了し、家庭裁判所に任意後見監督人を選任してもらい任意後見がスタート。	本人の判断能力が低下しても、出金等に困らないため任意後見監督人の選任を申し立てないことがあり得る。 任意後見監督人のチェックがない間に受任者が権利の濫用をする可能性がある。
即効型	判断能力が低下しつつある。 今の間に契約を締結。	契約締結後すぐに家庭裁判所に任意後見監督人の選任を申し立てて任意後見がスタート。	本人に契約締結能力があるのかが不明確。 受任者が親族でない場合は、信頼関係の構築の時間がない。

(筆者作成)

第 2 章　任意後見の契約

1 >> 任意後見契約に関する法律

任意後見法は、11 条までしかありません。

1 条（趣旨）、2 条（定義）、3 条（任意後見契約の方式）、4 条（任意後見監督人の選任）、5 条（任意後見監督人の欠格事由）、6 条（本人の意思の尊重等）、7 条（任意後見監督人の職務等）、8 条（任意後見人の解任）、9 条（任意後見契約の解除）、10 条（後見、保佐及び補助との関係）、11 条（任意後見人の代理権の消滅の対抗要件）です。

他に、任意後見契約に関する法律第 3 条の規定による証書の様式に関する省令、後見登記に関する法律（1 条から 17 条、附則）、後見登記等に関する政令（1 条から 18 条、附則）、後見登記等に関する省令（1 条から 33 条、附則）、民法の一部を改正する法律等の施行に伴う公証事務の取扱いについてのうち第 2 条任意後見契約の公正証書の作成及び登記の嘱託などで補完されています。

任意後見法は、民法の特別法ですから任意後見法にないものは、原則どおり民法の規定に従うことになります。

2 >> 定義（任意後見法 2 条）

(1)　任意後見契約

任意後見契約は、判断能力があれば誰でも委任者として契約することができます。また、判断能力の衰えが始まっていても程度が軽く、公証人からみて契約締結の能力があると判断されれば、契約が可能です。外国人であっても契約ができると考えられます。未成年者も親の同意があれば契約できますが、発効させることができるのは成年に達してからになります（任意後見法 4 条）。

判断能力については、認知症だけでなく精神上の障害も含みます。委任者（本人）が自らの判断能力が不十分になったときの生活、療養看護及び財産の管理に関する事務の全部、又は一部について代理権を受任者に付与します。その後、委任者の判断能力が不十分な状況になれば、効力が生じる仕組みです。

任意後見契約書作成のために公証役場を訪問した際に、公証人が、委任者に説明する表現が分かりやすかったので、私たち法人が行うセミナーなどでは、この表現を借りて制度の説明をしています。「今、任意後見の契約をしますが、この契約は寝ている状態です。委任者であるあなたが、認知症などで判断能力が衰えたときに、この契約が起き上がってくるのです。そこで初めてスタートするのです」という説明の仕方です。

ア　委任事項

任意後見人に付与する事務の内容は、本人と受任者とで自由に決めることができますが、実際の介護行為などの事実行為や一身専属権は委任できません。任意後見人に付与する委任の範囲は、広く包括的に定めておく必要があります。委任の範囲を超えたときに法定後見に移行するというリスクを負うことになるからです。加えて、本人の財産の内容や生き方に合わせて、個別具体的に内容を定めることも必要です。

一般的なひな形には、遺産分割協議や遺留分侵害額請求、相続放棄などについての代理権が入っていると思われます。それらについて、本人の具体的な希望があれば記載する必要があります。なぜなら、任意後見契約が発効した際に任意後見人と任意後見監督人との間で「与えられた代理権の範囲はどこまでなのか」などの意見の食い違いが生じる可能性があり、本人が望んでいた結果が得られないこともあり得るからです。

（事例編第３章の１の書式を参照ください。）

イ　新たな契約の締結権

任意後見は長期間に及ぶことが想定されます。そのため受任者（任意後見人）の都合で、別の受任者（任意後見人）を選ぶ必要が生じる場合があります。そのため、あらかじめ受任者（任意後見人）に新たな任意後見契約を締結する権限を委任しておくことができます。

本人の子どもに障害があるような場合に、任意後見契約で、受任者に子どもの法定後見開始の審判の申立ての権限を与えることができないだろうかとの相談も時々あります。残念ながら民法７条の後見開始の審判の請求人（申立人）には、申立人の代理人は含まれないとの解釈です。将来、本人（親）が認知症等になったときに、任意後見人が親に代わって法定後見の申立てをすることはできません。私たち法人でも、何度か家庭裁判所に問合せをしましたが「任意後見契約の委任事項に記載があれば申立てが認められるとの回答はできない」とのことでした。

実務上は、本人のたっての希望で任意後見契約書に法定後見の申立ての権限を記載しておいて、任意後見契約の発効後に、任意後見人が、本人の子どもの法定後見の申立てにチャレンジするということはあり得ると思いますが、原則的には任意後見人が「法定後見の申立人になることはできない」と伝えておく必要があるでしょう。

ウ　費用についての定め

任意後見人に報酬を支払うか否かは、本人と受任者との話合いで決めます。定めのない限り無報酬になります。任意後見人に対する報酬の支払が開始するのは、任意後見契約が発効したとき（任意後見監督人が選任されたとき）からになります。

支払が始まるタイミングについては、説明の段階で、本人に対して繰り返し伝えておく必要があります。公正証書の作成の場に行っても本人が公証人に質問することがあり「きちんと本人に説明していないのではないか」との疑念を公証人に抱かせることになりかねません。

①　任意後見人の職務遂行のための実費は、任意後見人が管理している本人の財産から支払うことになります。

②　任意後見人の報酬は、本人と受任者とで自由に定めます。報酬金額の制限はありませんが、余りに高額ですと公序良俗違反と判断される可能性があるので、自由だからといって度が過ぎる額にしないように専門家はアドバイスをする必要があります。

③　報酬には、日常の代理行為における定額報酬、特別な事務を行った際の特別報酬、日当、その支払時期などを決めておきます。

④　私たち法人では、本人の財産額によって報酬額を変えています。受任者が親族の場合は、無報酬にすることを希望されることもあります。しかし、監督人への報告書の作成などを外注できるように、ある程度の報酬額を定めておくようにアドバイスしています。

⑤　報酬額は変更することができます。一般的なひな形では、当初定めた報酬額が不相当になったようなときは、変更ができるように規定されています。ただし、任意後見契約が発効している場合は、本人が意思を表示する

ことができない場合が多いでしょうから、任意後見監督人との話合いになるでしょう。報酬額の変更は、公正証書による必要があります。

（本編第７章を参照ください。）

エ　本人の自己決定権の尊厳

任意後見契約は、公正証書で作成し、本人が将来自分の判断能力が不十分になったときの任意後見人を決めておきます。その任意後見人に、自分の生活や財産管理について明確に定め代理してもらうことであり「本人の自己決定権の尊厳」にほかなりません。さらに、任意後見監督人を選任して任意後見人の業務をチェックしてもらうという「本人の保護」を行います。任意後見制度とは、まさに「本人の自己決定権の尊厳」と「本人の保護」の調和を図る制度です。

(2)　本　人

任意後見契約の委任者のことです。

(3)　任意後見受任者

任意後見契約を締結してから、任意後見契約が発効する前までの受任者のことです。発効とは任意後見監督人が選任されることをいいます。

任意後見人には資格などは必要ないので、受任者を誰にするかは、本人が自由に決めることができます。そのため子どもや甥・姪などの親族や信頼する知人・友人と契約することができます。実際に７割から８割が、親族や知人・友人が受任者として契約しているようです。本人が誰を受任者にするかという決定権を持つことは、後見人を裁判所が決める法定後見と比較して大きなメリットと考えられます。

しかし、信頼していることと、判断能力が低下したときの財産管理や介護の手配などの任意後見業務を受任者がしっかりできることとは別問題です。

任意後見契約が発効すると、任意後見人は、身上監護（保護）としての生活に関する手続や介護サービス契約、入退院の手続や費用の支払をすることになります。他にも財産管理としてお金を下ろして本人に届ける、施設・病院に支払う、年金の管理、家賃・地代の支払、賃貸物件の収入管理などをする必要があります。そのため信頼できるだけでなく、業としてできる人か否かも大事になります。司法書士などの専門家が相談を受けている場合は、具体的な業務の内容を当事者に伝えて、どのような人が受任者にふさわしいかアドバイスすることも大切です。

受任者を自由に決めてよいからといっても、せめて10歳以上は年下である必要があると思います。できれば親子くらいの年の差がある方が無難といえます。なお、受任者の配偶者や家族には、契約の打合せに同席してもらうなど「任意後見人の仕事を知っておいてもらう」方がよいでしょう。任意後見契約が発効する頃になって、受任者の家族内で聞いている、聞いてないなどともめることになりかねないからです。

受任者を誰にすべきか思い当たらない場合は、法人も一つの選択肢です。法人は、本人との年齢差、病気やけが、死亡などの心配をする必要がないことがメリットです。　　　　　　　（事例編第１章１、２を参照ください。）

(4)　任意後見人

任意後見が発効した後の任意後見契約の受任者のことです。任意後見人は、事務を行うに当たり、本人の意思を尊重し、かつ、その心身の状況及び生活状況に配慮しなければならないと定められています（任意後見法６条）。

ア　任意後見人の解任

任意後見人に不正な行為、著しい不行跡、その他任意後見人としての任務に適しない事由があるときには、任意後見監督人、本人、本人の親族又は検察官の請求によって、家庭裁判所は任意後見人を解任することができます（任意後見法８条）。

私的自治の尊重のため、任意後見監督人選任申立てでは検察官を請求者から除外していますが、解任について検察官を含めているのは、横領・背任等の不正行為を検察官が知ることがあり得るからです。

任意後見人が解任されると、法定後見人の選任申立てを行う必要があります。

①　不正な行為とは、本人の財産の横領や流用などの財産管理に関する不正などが考えられます。

②　著しい不行跡とは、権限濫用により本人の財産の管理に危険を生じさせるときや、任意後見人の行為が著しく不適切なときなどが考えられます。

③　その他その任務に適しない事由とは、本人の財産で株を購入して運用

するなど不適切な方法での財産管理、任意後見監督人への報告遅滞を繰り返す、報告書を提出しないなどが考えられます。

イ　任意後見人に選任されない

任意後見契約の発効のタイミング（任意後見監督人の選任審判の時点）で、任意後見受任者に解任事由と同様な事由があるときは、任意後見監督人を選任せず任意後見契約を発効させないことになります。

ウ　登記の嘱託

任意後見人の解任の審判が確定した場合は、家庭裁判所の書記官から終了の登記が嘱託されます。なお、任意後見監督人の選任後は、それ以前の事由を理由に任意後見人の解任を求めることはできないとする判例（名古屋高裁平成22年４月５日決定）があります。

3 ≫ 任意後見契約の方式（任意後見法３条）

任意後見契約は、必ず公正証書で作成する必要があります。実務では何度か当事者間で作成した私文書の任意後見契約書を持ってきた人がいましたが、公正証書によらない任意後見契約は無効です。

任意後見契約を公正証書で作成しなければならない理由は、将来本人の判断能力が不十分になった際に、契約が締結された当時、本人の真意によって契約が締結されたのか分からないので、第三者である公証人に関与してもらうためです。公証人は、本人の判断能力と契約締結の意思を確認するために本人と面談します。したがって代理人による任意後見契約締結はできません。

本人と受任者の双方が公証人役場に行く必要がありますが、本人の体調などによっては公証人に出張してもらうこともあります。司法書士などの専門家が相談を受けている場合は、出張の際に遺言書の作成と同時に依頼することもできます。

もし、意思能力に「疑義がある」と公証人が判断した場合は、法定後見の申立てをするしか選択肢はありません。実務では、法定後見でいう補助類型程度の判断能力があれば、親族が任意後見人になる即効型の契約締結は可能と判断しているようです。

なお、公証人は、任意後見契約がされるとその旨の登記を法務局に嘱託することになります。　（事例編第８章７を参照ください。）

第3章 任意後見契約の発効

1 >> 任意後見契約の発効

(1) 任意後見監督人の選任手続

任意後見の契約後、実際に本人の判断能力が衰えてきたら、本人、配偶者、四親等内の親族又は任意後見受任者の請求によって、家庭裁判所は、任意後見監督人を選任します。本人の自己決定権尊重のために、本人からも申立手続ができるものとされています（同法４条１項）。

本人以外の申立権者による申立ての場合は、本人の同意が審判の要件になっていますが、本人が意思を表示できないときは本人の同意は必要とされていません（同法４条３項、同項ただし書）。

任意後見監督人選任の申立てがあると、家庭裁判所は任意後見契約の受任者が任意後見人としての適性があるかどうかを判断するために、調査官が出向いて本人や受任者と面談します。実際に、その場に何度も立ち会って雰囲気や質問の様子をみていますが、調査官によって違いはあるものの、受任者の適性を結構厳しくチェックしようとしているように感じます。

（事例編第４章２を参照ください。）

任意後見監督人選任の申立て時に、任意後見監督人の候補者を書いて申し立てることはできます。しかし、家庭裁判所が任意後見監督人を誰にするのかの判断をしますので、候補者が選ばれるとは限りません。

任意後見監督人が選任され、任意後見契約の効力が発生して初めて任意後見人は、本人から委託された事務について代理権を行使できるようになります。そのときから任意後見の「受任者」は、任意「後見人」として契約書の代理権目録に定められた範囲内で仕事を開始することになります（任意後見法２条）。 （事例編第４章１を参照ください。）

(2) おひとりの方は任意後見が必須

任意後見契約をしていると、判断能力が不十分になったときに任意後見受任者が任意後見監督人の選任の申立人となり効力を発生させることができます。四親等内の親族がいない、いわゆる「おひとりの方」も任意後見契約を締結しておくことで、自分の信頼している人を任意後見人として、任意後見契約を発効させることができます。

法定後見の場合、四親等内の親族がいない場合は本人の判断能力が不十分になったときは、市区町村長や検察官が申立てをするまで法定後見人の選任申立てがされないことになってしまいます。これは、認知症などで既に判断能力が衰えてしまった人は法定後見人を選任できないという大きな問題だと筆者は認識しています。筆者は、四親等内の親族がいない、いわゆる身寄りのない人、あるいはおひとりの方は、任意後見契約を締結しておくことが必須だと考えています。なお、任意後見では市区町村長や検察官は申立権者とされていません。

(3)　鑑　定

任意後見の場合と法定後見の補助類型は、鑑定までは要しないことが原則とされています（家事事件手続法138条）。しかし、法定後見の後見類型と保佐類型の場合は鑑定をしなければ、審判をすることができないと定められています（同法119条、133条）。鑑定をすると医師の鑑定の費用と鑑定のための期間が必要になります。この費用の節約と期間の短縮も、任意後見契約をしておくことのメリットです。

任意後見監督人選任の審判が確定すると、裁判所書記官は任意後見監督人の氏名、住所（任意後見監督人が法人の場合は、その名称、商号、主たる事務所又は本店）、その選任審判の確定の年月日の登記を東京法務局に嘱託することになります（後見登記法５条６号）。

資料　大阪家庭裁判所「申立てに関する書類」の「診断書関係」[1]

鑑定についてのおたずね

大阪家庭裁判所

この書面を記入される際に、「診断書（成年後見制度用）の作成を依頼された医師の方へ」をご参照ください。

1　鑑定について（該当事項に□にチェックを付けたり、記入してください。）

□　家庭裁判所から精神鑑定を依頼された場合、鑑定を引き受ける。

(1)　鑑定料（検査料・諸経費等は含む）は＿＿＿＿＿万円で引き受ける。
（一般的には、3万～5万円でお引き受けいただいていますが、5万円を超える場合でも10万円以内に収まる費用でお引き受けいただいています。）

(2)　鑑定期間は、約＿＿＿＿＿日間必要である。
（一般的には、約1か月以内に鑑定書を提出していただいています。）

(3)　鑑定書作成の手引きの送付（平成31年4月に改訂しました。）

□　希望する。

□　希望しない（理由：□既に持っている。□その他　　　　　　　　　）。

(4)　書類の送付先

□　診断書記載の病院等の所在地と同じ

□　下記の連絡先への送付を希望する。

病院等の名称＿＿＿＿＿＿＿＿＿＿＿＿　TEL＿＿＿＿＿＿＿＿＿＿＿

所在地　〒＿＿＿＿＿＿＿＿＿＿＿＿＿＿＿＿＿＿＿＿＿＿＿＿＿

(5)　鑑定料の振込先（鑑定依頼の際に口座名を確認させていただきます。）

□　個人の口座　　　　□　法人の口座

□　鑑定を引き受けることはできない。

理由（　　　　　　　　　　　　　　　　　　　　　　　　　　　）

□　鑑定を引き受けることができないが、下記の医師を紹介する。

1　大阪家庭裁判所、申立てに関する書類中「診断書関係」の「鑑定についてのおたずね」から引用。令和3年5月6日最終閲覧日。

氏　名＿＿＿＿＿＿＿＿＿＿＿　病院等の名称＿＿＿＿＿＿＿＿＿＿＿

所在地＿＿＿＿＿＿＿＿＿＿＿＿＿＿＿＿TEL＿＿＿＿＿＿＿＿＿＿＿

※裁判官の判断により、鑑定依頼をしない場合もございますので、ご了承ください。

2　その他、家庭裁判所に対する連絡事項等があれば、ご記入ください。

年　　月　　日　　　回答者氏名＿＿＿＿＿＿＿＿＿＿＿＿＿＿㊞

2 ≫ 任意後見監督人の役割

(1)　任意後見人の監督

任意後見監督人の主な職務は、任意後見人の事務を監督することです（任意後見法７条１項１号）。任意後見制度は、家庭裁判所が間接的に任意後見人を監督します。家庭裁判所が直接、監督する法定後見制度との違いです。任意後見監督人の存在は、任意後見人の事務が適切に行われているとの推定につながり、他の親族などからの不正行為の疑惑を取り除く役目も担っているといえます。

任意後見監督人の具体的な仕事は、まず任意後見監督人への就任直後に本人と任意後見人に面談することです。そこで任意後見人に制度趣旨、任意後見人として行うべき財産目録や収支報告書の作成、任意後見監督人への報告書の作成の仕方など善良な管理者としてやるべきことの説明をします。その目的は、今後の後見事務が適切に行われるように指導することです。特に、任意後見人が親族である場合は、本人の財産と任意後見人の財産を分別管理することを守るように指導します。

任意後見契約には、任意後見監督人への報告期間が３か月や６か月と定められていて、その期間に応じて任意後見監督人へ事務の処理状況、預貯金残高、収支状況、その疎明資料としての通帳類や領収証などの提出を求めることになります。ただし、親族後見人は期限を守らないことが多く、提出されても添付すべき書類が不足しがちです。

監督の実効あらしめるために、期間に応じた報告だけでなくいつでも任意後見人に報告を求めることができます。また、任意後見人に報告を求めるだけでなく、事務の状況若しくは本人の財産の状況を直接調査することができるとされています（同法7条2項）。任意後見監督人にこのような報告請求権・調査権を与えることで、本人の権利擁護を図っているのです。

(2) 家庭裁判所への報告

任意後見監督人は、家庭裁判所に任意後見人の事務について定期的に報告する必要があります（同法7条1項2号）。家庭裁判所は、任意後見監督人を監督することで、任意後見人に対する間接的な監督を実効あらしめるようにしています。具体的には定期報告以外にも必要があると認めるときには、家庭裁判所は任意後見監督人に対し事務の報告を求め、任意後見人の事務若しくは本人の財産の状況の調査を命じ、その他任意後見監督人の職務について必要な処分を命じることができます（同法7条3項）。なお、家庭裁判所は、調査官に任意後見監督人の事務を調査させることができます（家事事件手続法224条）。

(3) 不正への対応

任意後見監督人は、任意後見人の不適切な事務等を発見した場合、本人に損害が発生している場合には、任意後見人に対して原状回復を求めます。さらに、不適切な事務を行った経緯を考慮し更なる処置が必要か否かの判断をする必要があります。しかし、任意後見人が損害を回復しない場合には、不当利得返還請求訴訟の提起や刑事告訴・告発も考えることになるでしょう。このような流れの中で任意後見人が任務に適さないと考えたときは、家庭裁判所に任意後見人の解任を請求することができます（任意後見法8条）。また、本人の利益のために特に必要があると考えるときは法定後見の申立てを行うことになります（同法10条）。その結果として、法定後見が開始した場合には、任意後見契約は終了することになります。

本人の自己決定権の尊重のために任意後見契約をしているのですから、できる限り本人の信頼した任意後見人を尊重したいのですが、本人の損害を回復し損害の拡大を防ぐために法定後見の開始をすべきこともあり得ると思われます。そのため、任意後見人の不正な行為を発見した場合は、任意後見監督人は家庭裁判所と相談しながら対応を考える必要があります。

(4)　緊急時の対応

それ以外に、急迫の事情がある場合、任意後見人の代理権の範囲内において必要な法律行為を任意後見監督人自らが行うことができます（同法７条１項３号）。他にも任意後見人が長期に不在となるときや病気で一時的に後見事務が行えないとき、任意後見人が死亡して法定後見人が選任されるまでの期間などに任意後見監督人が自ら法律行為を行うことが考えられます。ただし、あくまで任意後見契約で定めた代理権の範囲を超えることはできません。

(5)　利益相反取引

任意後見監督人のもう一つの職務として、任意後見人と本人との利益相反行為について本人を代表することがあります（同法７条１項４号）。

(6)　その他

任意後見監督人が本人の居住用財産を処分する場合は、家庭裁判所の許可が不要です。任意後見人が本人の居住用財産を処分する場合も、任意後見監督人や家庭裁判所の許可は不要です。これは、法定後見における成年後見監督人との大きな違いです（同法７条は、民法859条の３を準用していません。）。

任意後見監督人の報酬は、家庭裁判所の審判により、本人の財産から支弁されます（任意後見法７条、民法862条）。東京家庭裁判所立川支部のホームページでは、月額１万円から３万円が多いようです。

（事例編第４章２を参照ください。）

3 ≫ 頭の保険

(1)　頭の保険という例示

任意後見契約は、本人の将来の判断能力が衰えたときの対応策を代理権目録に詰め込んだ「もしもの時の備え」です。

筆者は金融機関のOB向けの機関紙への寄稿文や高齢者向けの月刊誌への寄稿文、あるいはセミナーなどで、任意後見契約は、将来の認知症等に備えた「頭の保険」ですと説明しています。「将来の事故や病気に備えて身体のための保険に入るのと同じように、将来、判断能力が衰えたときに備える保険が、任意後見です。頭の保険に入ると考えてみてはいかがでしょうか」と例えています。

任意後見契約は、判断能力が不十分になる前に契約し、不十分になってから効力を発効させます。契約締結から効力発生までの期間の長短は分からない上、全ての人の判断能力が、不十分になるわけでもありません。そのため契約の締結時に頭に保険を掛けておいて、万が一将来認知症になったときに契約の効力が発効するという「頭の保険」的な考え方ができます。

保険を掛けるのは、契約締結のタイミングです。保険の内容に当たる任意後見契約の代理権の内容は、契約のタイミングで公証人が嘱託で東京法務局の本局に申請します。（後見登記法５条４号）。

掛けておいた保険が効力を発揮するのは、本人の判断能力が不十分になったときです。判断能力が衰えていることを確認するために「医師の診断書」を添付して、任意後見監督人の選任申立てをします。

(2)　頭の保険を掛けないリスクの大きさ

高齢者の全員が認知症になるわけではありませんが、任意後見契約をしないまま認知症になったときのリスクが大き過ぎるのです。任意後見契約をしないまま認知症になると法定後見しか選択肢はありません。法定後見人は裁判所が選任します。本人のことを何も知らない第三者の法定後見人が選任されると、本人の判断能力がしっかりしていた頃の希望が分かりません。第三者である法定後見人が本人の意思決定をどこまで支援できるかにかかってしまいます。そのためのリスクヘッジとして高齢になれば、任意後見契約をしておく必要があります。

高齢者の多くは、判断能力が衰える可能性に備えて「頭の保険としての任意後見契約」を締結しておく必要があると考えます。

4 >> 任意後見契約の終了

任意後見契約の終了を原因ごとに確認します。

任意後見契約が終了する原因としては、一覧表を確認してください。

(図表 3) 効力の発効（任意後見監督人の選任）の前後による解除の違い

任意後見	効力発生前	効力発生後（任意後見監督人選任後）	
関与機関	公証人	家庭裁判所	
方法	認証ある書面 （公正証書までは不要）	正当事由 ＋ 家庭裁判所の許可	審判 （法定後見申立てが必要）
終了事由	解除	解除	解任
登記	申請	家庭裁判所の嘱託	

(筆者作成)

(1)　任意後見契約の解除

本人又は受任者（任意後見人）は、いずれも任意後見契約を途中で解除できます。当事者がこのまま契約を続けたくないと考えたなら、いつでも契約の解除ができることは当然です。

ただし、解除の時期が契約の効力が生じる前か後かによって要件が異なります。まず、任意後見契約発効前です。合意解除の場合は、公証人の認証を受けることによって解除ができます。認証であって公正証書の作成までは求められていません。一方的解除の場合は公証人の認証を受けた書面を、配達証明付きで送付し相手方が受け取れば、契約は解除になります。実務では、相手方がなかなか受け取ってくれないこともあり、受け取ってくれるまで手間がかかることもあります。

法定後見と違い、事前に受任者との関係性を見直す機会があることは、本人の「自己決定権の尊重」にほかならず任意後見に特有の終了原因です。

任意後見契約の発効後に解除する場合は、正当な理由に加えて、裁判所の許可が必要です。任意後見契約が発効しているということは、本人の判断能力が不十分になっているということですから、本人からの解除は判断能力の誤りかもしれません。反対に任意後見人からの解除は本人に不利益となる可能性が高いためです。そのため任意後見契約が発効した後は、正当事由と裁判所の許可という2つの要件を満たして初めて解除ができるようにしています（任意後見法9条2項）。 （事例編第6章1を参照ください。）

(2) 任意後見人の解任

任意後見人に不正行為や著しい不行跡その他その任務に適さない事由があるときは、家庭裁判所は任意後見監督人、本人、その親族又は検察官の請求により、任意後見人を解任することができます（同法8条）。その後は、新たな任意後見人が選任されないので、法定後見開始の審判の申立てが必要になります。

(3) 本人又は受任者の死亡・破産（民法653条）

任意後見契約は契約の一種ですから、本人や受任者（任意後見人）の死亡や破産手続開始決定は終了事由です。本人の死亡により契約が終了するのは当然として、受任者（任意後見人）の死亡は、せっかく将来への備えのために任意後見契約を締結した本人にとっては残念なことになります。

実務で受けるのが、受任者（任意後見人）が死亡したときにはどうなるのですかという質問です。この解決策の一つは、複数の任意後見契約をしておくことです。もう一つは、受任者を個人でなく法人にすることです。

筆者が初めて任意後見契約の受任者になった際の本人は、2か所に相談に行ったとのことでした。しかし、受任者の候補が個人だったため受任者の死亡のリスクや受任者の法定後見開始のリスクを考えて、その個人との契約を断念したそうです。その後も探し回った結果、3か所目で私たち法人が受託していることを知り、筆者のもとに相談に来たという事情がありました。その後は、必ず法人で受託しています。契約書の作成のみを依頼される場合は、受任者が個人の場合は、候補者が複数いるならば、受任者を複数にすることを提案することもあります。

(4) 発効後に、本人又は任意後見人が後見開始の審判を受けたとき

ア　任意後見人（受任者）が後見開始の審判を受けたときは、契約は終了します（民法653条3号）。この場合も法人を受任者にする又は複数の任意後見契約を締結しておくことで、法定後見への移行を回避することができます。

イ　任意後見契約の発効後に本人が法定後見の審判を受けたとき（任意後見法10条１項）も任意後見契約は終了します。

本来、任意後見は、法定後見に優先するはずです。それにもかかわらず、例外として「本人の利益のため特に必要がある」と認めたときは、法定後見開始の審判をすることができます。いかに任意後見が法定後見に優先するという自己決定権の尊重が重要といえども、本人の保護という、もう一方の理念との調和を図るために当然に必要な場合があるということです。そのため本人が法定後見の審判を受けたときは、発効していた任意後見契約は当然に終了することになります（同法10条３項）。

第4章 任意後見契約の登記

1 >> 任意後見契約の登記

(1) 任意後見契約は公正証書で作成

任意後見契約書は、法務省令で定める様式の「公正証書」によって作成する必要があります（任意後見法3条）。公証人は、任意後見契約の公正証書を作成するに当たって原則として本人と直接面接する必要があります。「民法の一部を改正する法律等の施行に伴う公証事務の取扱いについて（平成12年3月13日法務省民一第634号）」参照。もし、入院などで依頼者が公証役場に出向くことができない場合は、公証人が出張して本人と面接して確認します（公証人法18条の2項ただし書）。

（事例編第1章3を参照ください。）

(2) 嘱託で登記される

任意後見の契約が締結され公正証書が作成されたときは、公証人は嘱託による登記を申請することで、全国から東京法務局に任意後見契約の登記がされます（公証人法57条の3第1項）。法定後見の申立書には、「任意後見契約が登記されていないことを証する書面」が添付書類になっているため、家庭裁判所は、法定後見に優先する任意後見契約の存在を知ることになります。

（事例編第1章3を参照ください。）

(3) 契約時と発効時の登記

ア　任意後見契約が締結されると嘱託で契約内容の登記がされます（後見登記法5条）。任意後見契約とともに財産管理等委任契約をすることがありますが、財産管理契約は単独ではできず、任意後見契約の存在が条件になっていることがあります。そのため金融機関に財産管理等委任契約書を提出すると、任意後見契約が存続していることを確認するために、この登記がされている登記事項証明書を取得して提出するように求められることがあります。

イ　任意後見監督人が選任され任意後見契約の効力が生じたら、再度その旨が登記されます（同法５条６項）。

（事例編第１章３書式を参照ください。）

(4)　任意後見の登記事項証明書は法定後見に優先することの証

任意後見の登記申請は、東京法務局本局でのみ取り扱っています。ただし、登記事項証明書の交付は各地の法務局や地方法務局でも取り扱っています。法務局に登記事項証明書の交付を請求できるのは、本人、任意後見受任者、任意後見人、任意後見監督人、本人の配偶者と四親等内の親族と限られています。他に国や地方自治体の職員が職務上必要な場合も交付請求が認められています。

任意後見契約が登記されると、法定後見に優先する契約があることが公証されることになります。「登記事項証明書」には、任意後見人の氏名や代理権の範囲が記載されています。取引の相手方も法務局が発行する登記事項証明書を見せてもらうことで、任意後見契約の発効前であれば本人と、発効後であれば、代理権の範囲を確認した上で任意後見人と取引を行うことになります。

登記事項証明書の取得の申請書は、最寄りの法務局や法務省のホームページから入手できます。

（事例編第１章３の書式中、登記事項証明申請書を参照ください。）

(5)　任意後見契約の変更の登記

申請人は、登記記録に記録されている者ですが、任意後見契約の本人の親族や利害関係人も変更登記を申請することができます（後見登記法７条２項）。

司法書士などの専門家が受任者の場合は、氏名は戸籍上の氏名でないといけませんし、住所は住民票上の住所になります。そのため氏名・住所が変更した場合は、変更の登記が必要です。なお、法定後見の場合は通称での氏名や事務所所在地を住所として登記することができます。

家庭裁判所の審判を原因とする変更は嘱託登記となります。

（事例編第１章３の書式を参照ください。）

(6) 任意後見契約の終了の登記

ア 任意後見契約の発効前

任意後見監督人の選任前の契約の解除の場合は、本人又は受任者はいつでも公証人の認証を受けた書面によって解除できます。双方の合意によって解除する場合と、どちらか一方が解除の意思表示を示す場合があります。

なお、本人や任意後見受任者は終了の登記を申請しなければならないことになっており、本人、受任者、本人の親族その他利害関係人が登記申請することができます（後見登記法８条２項・３項）。

しかし、一般の人や司法書士以外の専門家が自ら登記の申請が必要なことを認識していることは少ないと考えられます。そのため、本人から一方的に解除された場合は、受任者からすると不本意であっても、受任者が専門家の場合は、当事者の義務として終了の登記申請をせざるを得ないと思われます。

（事例編第１章３を参照ください。）

イ 任意後見契約の発効後

任意後見契約発効後の解除は、本人の判断能力が低下している状態ですから本人が不利益を被る可能性があります。そのため、本人と任意後見人の合意による解除でも、どちらかが一方的に解除する場合でも、正当理由と家庭裁判所の許可が必要になります（任意後見法９条２項）。この場合は、登記申請が必要です。

家庭裁判所による任意後見人の解任によって、本人について法定後見が開始されたときは、裁判所書記官は、任意後見契約の終了の登記を嘱託します（後見登記法５条８号、４条）。

(7)　登記の申請と嘱託登記の一覧表

	申請が必要なもの	嘱託されるもの
任意後見契約の発効前	本人・受任者の氏名・住所変更	任意後見契約の締結（公証人）
	本人の本籍の変更	
	任意後見契約の解除	
任意後見契約の発効後	本人・任意後見人の氏名・住所変更	任意後見監督人の選任（家庭裁判所）
	任意後見監督人の氏名・住所の変更	任意後見監督人の解任（家庭裁判所）
	任意後見監督人の死亡・破産	任意後見人の解任（家庭裁判所）
	任意後見契約の解除	本人に法定後見人が選任されたことによる任意後見契約の終了（家庭裁判所）
	任意後見人に後見開始（保佐・補助を除く）	その他、家庭裁判所の審判
	本人・任意後見人の死亡	

（筆者作成）

第5章 法定後見との比較

1 >> 比較としての法定後見制度の概要

現代の医学は、身体の長寿化には成果を残していますが、脳の認知機能については、長寿化に追いついていません。内閣府の予想では認知症患者[1]は、2012年に462万人で、65歳以上の高齢者の7人に1人でした。それが、2025年には700万人に上り5人に1人になろうとしており[2]、65歳以上の高齢者の20%に相当します。

また、85歳以上の認知症有病率は男性47.1%、女性58.9%と5割前後の高い水準になると推計されています[3]。判断能力が健全なままで亡くなる人もいますし、不慮の事故で亡くなる人もいます。人は必ずしも認知症になるわけではありませんが、現実には85歳以上の2人に1人は認知症になるのです。この割合になると、自分は認知症にならないといえる人は少ないでしょう。

(1) 成年後見制度とは

成年後見制度とは、認知症などで判断能力が不十分になった人を、成年後見人等（後見人、保佐人、補助人、任意後見人及び各監督人をいいます。以下同じ。）が支援する制度です。平成12年の公的介護保険制度と同時にスタートしました。その背景には、介護保険の創設によって介護サービスが「措置」から「契約」に変わったことがあります。判断能力が低下した人が適切に契約を締結することができることの必要性から車の両輪として導入さ

1 厚生労働省ホームページ「認知症施策の現状について　認知症高齢者の現状（平成24年）」最終閲覧日令和3年3月17日。
https://www.mhlw.go.jp/file/05-Shingikai-12601000-Seisakutoukatsukan-Sanjikanshitsu_Shakaihoshoutantou/0000065682.pdf

2 内閣府ホームページ「平成29年版高齢社会白書（概要版）」最終閲覧日令和3年3月17日。
https://www8.cao.go.jp/kourei/whitepaper/w-2017/html/gaiyou/s1_2_3.html

3 藤森克彦『単身急増社会の希望』（日本経済新聞出版社、平成29年）338頁。

れました。

(2)　法定後見と任意後見

成年後見制度には「法定後見」と「任意後見」という２つの制度があります。法定後見は、既に判断能力が衰えている人に対し家庭裁判所が措置として行うものです。任意後見は、本人の判断能力があるうちに、将来の判断能力の衰えに備える制度です。

国際的な議論においては、成年後見制度の利用率は人口の1％程度が妥当とされています。日本は120万人程度の利用者がいるはずですが、2020（令和2）年12月末日時点で23万2,287人です。また、そのうち法定後見のうちの後見類型が約75％の17万4,680人に対して、発効済の任意後見契約は全体の1.1％の2,655人[4]と法定後見と比べて任意後見の利用は非常に低調です。

(3)　介護保険と成年後見制度は車の両輪

遅々として普及が進まない成年後見制度に対して、平成12年に「車の両輪」として抱き合わせで導入された介護保険制度の利用者は、要介護（要支援を含みます。）認定者数で、629.2万人です[5]。成年後見制度の利用者が約23万人なのに対して、この差をみると高齢者の財産管理や身上監護（保護）といった面で、適切な措置がとられずに放置されている可能性があると思われます。また見方によっては、高齢者の権利侵害が行われているのではないかと心配になる数字です。

4　最高裁判所事務総局家庭局ホームページ「成年後見関係事件の概況」13頁、最終閲覧日令和3年3月17日。
https://www.courts.go.jp/vc-files/courts/2020/20210312koukengaikyou-r2.pdf

5　厚生労働省ホームページ「介護保険事業状況報告の概要（平成29年1月暫定版）」、最終閲覧日令和3年3月17日。
https://www.mhlw.go.jp/topics/kaigo/osirase/jigyo/m17/dl/1701a.pdf

（図表５）成年後見制度の利用者の推移

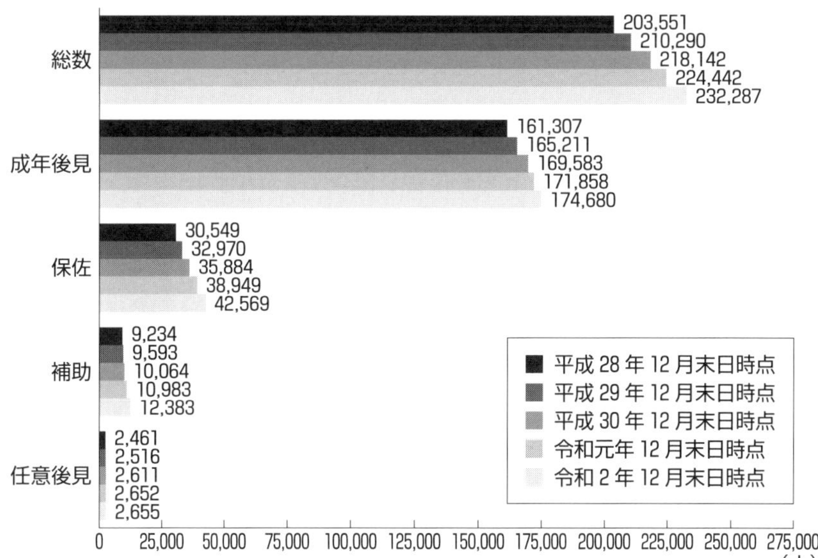

（最高裁判所事務総局家庭局ホームページ「成年後見関係事件の概況（―令和２年１月～令和２年12月―）」から引用。成年後見制度の利用者とは、開始の審判がされているもの及び任意後見契約が効力を生じているものをいう。）最終閲覧日令和３年３月17日。
https://www.courts.go.jp/vc-files/courts/2020/20210312koukengaikyou-r2.pdf

(4)　居住用財産の処分には、裁判所の許可が必要

一般の人は、法定後見人が本人の居住用不動産を処分するためには、家庭裁判所の許可が必要（民法 859 条の 3）であることを知りません。

最近は、不動産会社の担当者が家庭裁判所の許可が必要なことを研修などで学んでいます。そのため仲介等で不動産会社が介在すると、事前に相談してくれることが多くなりました。とはいえ、今でも不動産の売却の決済日の直前になってから登記を担当する司法書士が、家庭裁判所の許可が未取得であることを指摘することがあります。そこから家庭裁判所の許可を取ることになると、本人が手付金の倍返しなどのペナルティを受けることがあります。

また、親族間売買などで不動産会社が介在していないときも、家庭裁判所の許可が必要なことに司法書士などの専門家が気を付けて、早めにアドバイスをすることが必要です。

(5)　法定後見人等には誰が選任されるのか

裁判所が、後見人の選任権限をもつ法定後見人等（法定後見のうち後見、保佐・補助を含めたもの）で、親族が選任される割合は 19.7％で 7,242 人です[6]。

さらに親族のうち子どもが成年後見人等に選ばれているのが 3,911 人で、全体の 36,764 人からみると 10％程度まで割合が下がります。

ちなみに、平成 30 年末日の法定後見での親族が選任された割合は 23.2％でした。その概況が最高裁判所のホームページに掲載されるのと同じようなタイミングで、親族が成年後見人等に選任されない問題で「親族の後見人を選任する割合を増やす。」と最高裁判所がコメントしたとの記事が掲載されました（朝日新聞平成 31 年３月 19 日）。そのため、親族の選任が増えると思いきや、逆に割合が下がり続けています。

自分で後見人を決めることができる任意後見の場合は、受任者の７割から８割が親族や友人・知人ですので、割合からみるとほぼ逆の数字になっています。

法定後見の場合は、本人に四親等内の親族がいない場合や親族に信頼する人がいない場合、あるいは親族に迷惑をかけたくない人や過去に親族と争いがあった場合など、申立人になってくれる人がいないことが多いので、おひとりの方は、親族でない者との間で任意後見契約をしておくことが重要です。

この場合は、専門家が受任者となる可能性が高いと考えられます。

6　最高裁判所事務総局家庭局ホームページ「成年後見関係事件の概況」、最終閲覧日令和３年３月17 日。
https://www.courts.go.jp/vc-files/courts/2020/20210312koukengaikyou-r2.pdf

第6章 付随業務（補完業務）

1 >> 任意後見契約に付随する業務とは

任意後見契約に付随する、あるいは任意後見を補完する契約として見守り契約、財産管理等委任契約、死後事務委任契約、民事信託契約などがあります。親族と任意後見契約をする場合は、見守り契約と死後事務委任契約はしないことが多いでしょう。財産管理等委任契約は、親族が受任者でも第三者が受任者であっても本人の希望や状況によって判断します。民事信託は、受託者が業として行えないため親族がいる場合に組成することになります。

2 >> 見守り契約

(1) どのような場合に見守り契約が必要か

見守り契約とは、司法書士など第三者の専門家が受任者として任意後見契約をする将来型（本編第1章4任意後見契約の種類を参照）を選択した場合に必要です。任意後見契約と違い見守り契約は、公正証書での作成が条件になっていません。私たち法人では、本人の体力の衰えや考え方の変化に合わせて変更がしやすいように、私署証書で作成しておくことが多いです。

契約締結後の本人の判断能力の状況を受任者が見守り、本人の判断能力が衰えたと判断したら任意後見監督人の選任を家庭裁判所に申し立てる必要があります。特に自宅で暮らすおひとりの方は、誰も本人の判断能力の衰えに気がつかないということもあり得ます。また、本人が転倒しても誰も気が付かないままということもあり得るので、警備会社などが提供する数時間、人の動きがないときは安否確認に訪問する仕組みなどと組み合わせることも必要になると思います。 （事例編第2章1-1を参照ください。）

(2) 見守り契約の必要性を説明する

将来型の任意後見契約をする際に、見守り契約も同時に契約し、任意後見受任者に、電話や訪問などの定期的な見守りと必要なタイミングで任意後見監督人選任の申立てを義務付ける旨の契約をしておきます。今は自分のことは自分でできているけれど「いつ認知症になるか、自分自身では、なかなか分からないものですよ」との説明をすると、受任者との継続的な関係を持っておきたいと希望する場合もあります。私たち法人では、任意後見について受任者の候補として相談を受けた際は、必ず見守り契約について説明をしています。

見守りの期間は、本人の判断能力がしっかりしている間に、自分の生活状況や考え方を、受任者に伝えることができます。自分の「将来の衰えに備え自分のことを受任者に知ってもらう」という意味では大切な期間であり、任意後見契約が発効するまでの間に、この受任者に判断能力が衰えた後の自分のことを本当に任せてよいかを考える期間にもなります。本人は、受任者と考え方や感覚が合うかどうかも考えていることでしょう。筆者は、見守り契約について、結婚前にこの人と結婚してもよいか、この人に自分の人生を預けてよいかを思案している婚約中のイメージだと説明しています。

親族以外の第三者が受任者になる場合は、本人との関係を築くための大切な期間になります。この期間は、法定後見にはない「任意後見のみ」に与えられた重要で価値ある時間だという意識を持っておくことが必要です。

（事例編第２章1-1の見守り契約書のひな形を参照ください。）

3 >> 財産管理等委任契約

(1)　どのようなときに財産管理等委任契約が必要か

財産管理等委任契約は、移行型（本編第１章４任意後見契約の種類を参照）の任意後見契約をした場合に任意後見契約と同時に結ぶことがあります。財産管理等委任契約は、本人の判断能力がしっかりしている期間の委任ですから、「特定の金融機関の通帳の管理をしてほしい」、「家賃の収入とそのための経費支払の管理だけをしてほしい」などと限定して委任することができます。全ての財産を一括してではなく、委任する財産も内容も、個別具体的に定めておくことができるということです。

(2)　親族間の任意後見契約でも必要か

親族の場合は、子どもたちに既に事実上の財産管理を任せていることがあります。そのときは、親子間での法的な根拠を作るために財産管理等委任契約を勧めることになります。司法書士などの第三者が受任者のときは、自分のお金の管理はできるだけ他人に任せずに、自分でしたいというのが本音ですから、身の回りの日常生活に必要な現金や預貯金の管理は、本人がするものとして第三者に委任しないこととし定期預金など当面使う予定のないものだけ管理を委任することができます。私たち法人では、財産管理契約書に財産の管理以外にも、医療契約や介護契約などの契約手続についても委任できるようにしています。

(3) 金融機関の対応

親族が受任者として財産管理契約をした場合に、金融機関が対応してくれないことがあります。その場合には、専門家は契約書の作成だけでなく金融機関に同行して手続ができるように受任者をフォローすることも必要です。金融機関によっては、財産管理等委任契約での対応を認めず、代わりに指定代理人登録制度（金融機関によって呼称は違うことがあります。）があり、そちらへの登録を求めるところもあります。

また、金融機関の中には、財産管理等委任契約書に「当事者はいつでも契約の解除ができる」といった条文の存在があるがために、契約が維持されているかの確認のために本人の同行や本人への連絡を必要とする場合もあります。そのため、私たち法人が契約書の作成をする場合は「財産管理契約の解除がされた場合は、任意後見契約も解除される。」という条項を入れてあります。これにより任意後見契約の登記事項証明書を金融機関に提示し、終了の登記がないことを証明することで、財産管理等委任契約が維持されていることを説明することもあります。

(4) 公正証書で作成

任意後見契約と違い、財産管理等委任契約は必ずしも公正証書で作成することを義務付けられているわけではありませんが、私たち法人では、財産管理等委任契約を公正証書で作成しています。なぜなら、契約書に継続的に財産管理を委任すると書かれていても、どこまでいっても私署証書でしかありません。第三者である公証人が本人の意思確認をしていないのですから、金融機関は毎回本人の意思確認をせざるを得ません。そうなると、当事者が個別に委任状を作成して窓口に持参したのと何ら変わらないことになってしまいます。

(5)　専門家のアドバイスの重要性

任意後見制度を知らない一般の人は、親族や本人が信頼を寄せる友人・知人に事実上の財産管理を委任していることがあります。しかし、本人の認知症が進行すると金融機関は本人の意思能力の確認できなくなり、出金の必要性のために法定後見申立ての手続を求めてくるでしょう。そうなると、本人が信頼を寄せる親族や知人・友人でなく第三者の専門家が裁判所から選任される可能性が高くなるので、判断能力が衰える前に信頼を寄せる人との任意後見契約をしておく必要があります。その必要性を伝えるのも専門家の責務と考えておくべきです。

財産管理に関連して、本人が認知症になっても戸籍などで家族関係が証明されれば、施設や医療機関からの請求書があれば出金ができるようにするとの記事が掲載されていました（日本経済新聞朝刊令和２年３月 11 日、令和３年２月 17 日、同年３月 13 日）。人生は、施設費や医療費の支払だけでなく「本人の意思の尊重とその心身の状況や生活に配慮する」という身上監護（保護）の部分も大きいのです。場当たり的な対応は、根本的な解決策である任意後見契約の必要性を知らしめる機会を減らしていると考えられます。

（事例編第２章 2、3、4、コラムを参照ください。）

4 >> 死後事務委任契約

(1)　専門家が受任者の場合は必須

委任者である本人の死亡と同時に任意後見は終了します。その後は、遺体の引取り、病院代の支払、葬儀、火葬、納骨、施設の片付け、遺品整理など様々な事務が必要になります。死亡後の事務は多岐にわたります。司法書士などの専門家が受任者となる任意後見の場合は、公正証書作成時に、任意後見契約とともに死後事務の委任契約を締結することが一般的です。

親族が任意後見人である場合は、先祖代々のお墓の場所も分かっていますし、過去に親族の葬儀をした経験でどの程度の付き合いのある人まで声をかけるとよいのかなどを知っていることが通常だと思います。そのため親族が任意後見契約の受任者である場合は、死後事務委任契約は不要であることが多いでしょう。

しかし、第三者である司法書士などの専門家が任意後見契約の受任者である場合は、そのような前提がないため任意後見契約と同時に死後事務委任契約をする必要があります。

(2) 法的な説明も必要

死後事務委任契約は、委任契約ですから本来は、委任者である本人の死亡によって終了する（民法653条1号）のが原則です。しかし、死後事務委任契約は、本人の死亡後に効力を発生させる必要があるため、死亡が契約の終了原因となってはいけませんし、委任者である本人の相続人もその契約で拘束しなければなりません。判例（最高裁平成4年9月22日判決）もこの考え方を是認し、死後も契約は有効であるとしています[1]。専門家が任意後見契約の受任者になる場合は、ほぼ死後事務委任契約も同時に締結することが多いでしょう。

実務の中で、死後事務の説明をしていると、遺言書に定めておけばよいのではないかという質問が出てきます。遺言書を作成していれば死後事務委任契約は不要なのでしょうか。その答えは否です。遺言書も死後の希望をかなえるための制度ですが、遺言書に関しては遺言事項が法定されていて、自分の財産を自分の死亡後にどう分けるのか、自分の権利を誰に移すのかを決めるものです。そのため、自分の死後の事務について希望がある場合は、死後事務委任契約を締結しておくべきです。

(3) 死後事務の相談から任意後見契約につながる

現在の70代、80代の人たちは、死後の事務に当たる部分は、自分の親の葬儀や法事を通じて、誰かがやらなければ祖先に申し訳がないという意識を持っている年代です。そのため、子どもなど頼れる人のいないおひとりの方からの死後事務に当たる部分の相談は、意外と多いものです。その人たちは、任意後見という制度を知らないことがほとんどです。

死後事務の相談があったときには、亡くなるまでに「認知症などで判断能

---

1 遠藤英嗣『高齢者を支える市民・家族による新しい地域後見人制度』（日本加除出版、平成27年）279頁。

力が衰える期間があるかもしれない」ことを伝えて、任意後見に関する必要性をしっかり説明しています。司法書士などの専門家が、任意後見の説明をすることで、1件でも多くの契約につながることが、相談者のためにもなりひいては超高齢社会である我が国のためにもなるからです。

（事例編第6章3を参照ください。）

5 >> 民事信託

任意後見契約の時点で、資産の運用や有効利用の方法が具体的に決まっていない財産を所有している人がいます。そのようなときは民事信託も組み合わせることが有効です。平成18年に信託法が改正されて信託銀行を代表する商事信託以外に民事信託（家族信託ともいわれます。）が活用されるようになりました。これにより、本人の資産を本人から分離して親族などの個人に信託することができるようになりました。

(1)　民事信託と任意後見の関係

民事信託は、大きな費用を投資して建物の大規模修繕や建替えを行う可能性があるときや、高額な金融資産の運用に向いています。ただし、あくまで財産の管理に関することです。民事信託を使っても任意後見の全ての部分に代わることはできません。本人の身上監護（保護）である介護や医療行為を受けさせることや衣服の購入や着替えなどの日々の生活については、民事信託では賄い切れません。その部分については、本人が任意後見契約をせずに認知症になると、基本法である民法にある法定後見が必要になります。法定後見を避けるためには任意後見契約をしておくしか選択肢はありません。任意後見をベースにして、財産の内容によっては民事信託との組合せを提案することが有効です。任意後見契約に付随する、あるいは補完する契約として民事信託を組成するべきか否かを検討しましょう。

民事信託をしたとしても任意後見契約をしていない以上、本人の認知機能が衰えると法定後見が必要です。そのため間違っても「法定後見等を避けるために民事信託をしましょう」という提案はしてはいけません。民事信託は特別法であり、特別法である民事信託の及ばない身上監護（保護）の部分に、基本法である民法の法定後見が待ち受けているからです。

(2) 民事信託と任意後見監督人との関係

任意後見契約が発効すると任意後見人は、代理権目録の範囲内で代理権を行使することになります。任意後見監督人は、任意後見人の行為が代理権目録の範囲内であるかをチェックすることになります。

本人の財産の中にある、建築後かなりの年数の経過した古い建物の大規模修繕や建替えなど多額の投資が必要な不動産の有効利用をしたい場合や、高額の資産の運用をしたい場合、任意後見監督人にどのように説明するのでしょうか。他にも自社株を所有している本人に代わって任意後見人が行った会社の経営判断などについて、任意後見監督人を納得させられるだけの具体的な内容を代理権目録に記載することができない場合は、どうしたらよいのでしょうか。

そのようなときこそ、民事信託を組成して本人の財産から外して受託者に管理してもらうことが有効です。

例えば、築年数の古い建物の大規模修繕が必要になったときのことを考えてみます。任意後見契約が発効していても任意後見人は、大規模修繕やそれに投資する額についての許可などを事前に任意後見監督人に取っておく義務はありません。しかし、事後的に本人の財産を使ったものは、任意後見監督人に報告することが求められています。大規模修繕に数千万円を投資したとして、事後に任意後見監督人がそれを知ったらどう感じるでしょうか。任意後見監督人は、家庭裁判所への報告義務があるため、代理権目録の内容に照らして、その行為が妥当か否か、投資額が妥当か否かの判断を迫られます。その大規模修繕の内容を調査した結果、「この任意後見人は、任意後見の任務に適しない」との判断がされた場合は、任意後見人は解任されるかもしれません（任意後見法７条、８条）。

そうならないためには、任意後見監督人と任意後見人とで判断の差が生じない程度に代理権目録に具体的な額や工事の請負先まで記載しておくことなどが必要でしょう。あるいは事前に任意後見監督人に相談し、大規模修繕にかける費用についてすり合わせをする必要があるでしょう。代理権目録にそこまで記載できるほど大規模修繕の内容や投資額が決まっていない場合や、監督人とのすり合わせに心配がある場合には民事信託が必要になります。本人の財産から分離して受託者の財産として、管理してもらうことを提案してみてはいかがでしょうか。 （事例編第５章１、２を参照ください。）

第7章 任意後見契約にかかる費用と報酬

どのようによい制度でも、それに関する費用の説明ができないと依頼してもらえません。そこで、任意後見とそれに付随する業務にかかる費用について説明します。

1 >> 任意後見契約にかかる費用

(1) 契約書作成時にかかる費用

契約書は、公正証書で作成するため、当事者の表示について依頼者からのメモだけでは作成してもらえません。そのため、当事者を特定するために戸籍や住民票の取得、本人確認のための印鑑証明書の取得の費用がかかります（公証役場での本人確認は、印鑑証明書には限られません。）。これらに数千円の実費がかかります。それに加えて専門家が取得の代行をする場合は、その報酬がかかることになります。

不動産がある場合は、財産目録作成のために登記事項証明書や評価証明書の取得のための費用が必要になります。金融資産については、通帳の写しや証券会社からの定期的な報告書が本人の手元にあるはずなのでコピー代金程度でしょう。

任意後見契約書作成のために公証人に払う費用は、2万数千円から3万円です。専門家の報酬ですが、私たち法人が受任者になる場合は、20万円を基準にしています。私たち以外が受任者になる場合は、30万円を基準にしています。受任者が誰になるかによって報酬を分けている理由は、受任者が専門家でない場合は継続的なアフターフォローが必要になるからです。

(2) 任意後見契約の発効にかかる費用

契約後、本人の判断能力が認知症などで衰えた場合は、任意後見監督人の選任の申立てが必要になります。申立ての準備として、申立書に添付する書類を集める必要があります。

添付書類の一つとして、本人の判断能力の衰えを証するために医師の診断書を添付することになります。この診断書は、家庭裁判所のホームページからひな形をダウンロードして医師に渡し、そのひな形に記載してもらう必要があります。この作成費用が数千円から数万円と差があります。いつも本人が世話になっているかかりつけ医の場合は、数千円で済むことが多いようですが、急に入院したような場合に病院に診断書を依頼すると数万円かかり、期間も１月以上かかることがあります。

私たち法人でも、法定後見の申立てのために診断書を依頼したところ、医師が１月以上たっても出してくれずに、とうとう本人が死亡してしまったことがありました。

診断書以外には、添付書類取得のために大きな実費はかからないと思います。私たち法人が、申立ての手続を依頼された場合の報酬は、15万円を基準にしています。任意後見監督人選任の申立書の作成の手続は、一部添付書類の違いはあるものの法定後見の申立てと同じようなイメージだと考えてよいでしょう。

(3)　継続的にかかる費用

任意後見監督人が選任されると任意後見人としての業務がスタートします。任意後見契約が発効すると契約書に記載してある月々の報酬が発生することになります。本人の財産額に応じて、月額報酬が変わることが多いと思われます。私たち法人では、本人の資産額が5,000万円までは月額報酬３万円、5,000万円から１億円までは４万円、１億円以上は５万円を基準にしています。段階的に報酬額を変えている理由は、資産が多いと管理する財産の種類が増え、財産の管理や財産目録の作成に時間がかかることが多いからです。

親族が受任者の場合は、任意後見契約書に、報酬の定めがない、あるいは０円としてあることが往々にしてあります。しかし私たち法人では、親族間の契約でも報酬の定めは入れるように提案しています。任意後見の受任者が子どもの場合は、多くは50代、60代の働き盛りです。そのような状況で、任意後見契約が発効してしまうと任意後見監督人への報告が後手に回り、任意後見監督人との関係悪化につながることにもなりかねません。

そのような場合は、任意後見監督人への報告書の作成を外注するとよいのです。ところが親子であるがゆえに、報酬を定めていない場合には、外注費は任意後見人である子どもが自分の生活費から支払わなければなりません。報酬を定めておけば、そのような場合に、親である本人に報酬の請求をして子どもである任意後見人が受け取った報酬から、外注をすればよいのです。任意後見人が自分で報告書を作成できるのであれば、報酬は本人に対して請求しなければよいだけです。

2 >> 付随契約にかかる費用

(1) 見守り契約

おひとりの方などで、親族に任意後見の受任者になってもらうことができない場合、相談を受けた司法書士などの専門家に受任者になってほしいという依頼があります。その場合は、本人が認知症になるタイミングを知るために、継続的な関係を保っておく必要があります。そのための契約を「見守り契約」と表現しています。その見守りに関する費用です。

ア　契約書作成にかかる費用

契約書の作成報酬は、私たち法人では、5万円を基準としています。必ずしも公正証書で作成する必要はありませんが、公正証書で作成する場合は、公証人の費用が別途2万円～3万円程度必要です。

イ　継続的にかかる費用

見守り契約は、契約と同時にスタートすることがほとんどです。そのため、継続的な報酬がすぐに発生します。私たち法人では、契約書の作成時に最初の1年分をもらうことを原則としていますが、ケースバイケースでよいと思います。月に一度のこちらからの電話連絡、又は本人が来所してくれる場合を3,000円、こちらからの訪問は1万円を基準としています。

本人の体力や気力により電話や訪問のペースが違います。契約時と契約後数年を経て病気などをした場合によって、本人の希望するペースは折々に変わってくることがあります。その度に公証役場での変更が必要になるので、公正証書での作成は勧めていないのですが、本人が希望する場合は公正証書にしています。

(2) 財産管理等委任契約

財産管理等委任契約が、契約と同時にスタートすることも少なからずあります。判断能力はしっかりしているものの身体に不自由がある場合や、本人が自身での財産管理に自信がない場合などです。

しかし、契約時点では自分で財産を管理したいという人がほとんどです。すぐにはスタートさせずに、将来、病気をした場合や体力が衰えたときに備えて財産管理等委任契約をしておくことが原則です。必要なときが来たら、改めて書面でスタートの意思表示をしてもらうことで、財産の管理がスタートするという設計にしてあります。

ア　契約書作成にかかる費用

契約書の作成費用として私たち法人では、５万円を報酬の基準としています。見守り契約と違い、必ず公正証書で作成します。公証人の費用が別途２万～３万円程度必要です。理由は、財産管理等委任契約書は金融機関に提出することが前提です。そのため私署証書では、金融機関が毎回本人確認を必要とし、継続的な財産管理契約として対応してもらえないからです。

イ　継続的にかかる費用

私たち法人では、財産管理等委任契約がスタートすると、任意後見がスタートしたのと同じ額を報酬の基準としています。本人の資産額が5,000万円までは報酬月額３万円、5,000万円から１億円までは４万円、１億円以上は５万円を基準にしています。財産管理をしている時点では、本人の判断能力はしっかりしているので、本人の意向での指示などが度々あり、なかなか受任者側のペースで財産の管理ができないことも多く、時には振り回されることもあります。

(3)　死後事務委任契約

本人が亡くなった場合に、受任者側が何をするのかによって、報酬は変わることがあります。報酬以外にも葬儀費用など高額な実費もかかります。そのため、契約時にある程度の預り金をしておく必要があるでしょう。本人の生前に生命保険に加入しておき、死亡後に死後事務の受任者に直接支払われるという商品もあります。受任者が、遺言執行者に指定されている場合は、本人の死亡後の財産の管理をすることになるため、預かり金をする必要がないということもあります。これもケースバイケースということになります。

ア　契約書作成にかかる費用

契約書の作成報酬として私たち法人では、５万円を基準としています。死後事務契約は、公正証書での作成は勧めていないのですが、本人の希望で、公正証書で作成する場合は、公証人の費用が別途２万～３万円程度必要です。

おひとりの方の場合は、本人死亡後に墓守をしてくれる人がいない場合があります。そうすると先祖の墓をどうするのかという問題が生じます。改葬してお墓を返したり自分が入るための永代供養墓の準備を生前にするのか、本人死亡後に、受任者が探して購入し納骨するのか、戒名は生前にもらうのか死亡後でよいのかなど契約時には確定していないことがあり、変更の可能性が多いのです。このように、後々の変更が予想される人については、死後事務は公正証書にしないことがあります。

イ　継続的にかかる費用

継続的にかかる費用は、ありません。

(4)　遺言書の作成及び遺言執行

遺言書の作成は、遺言執行者として就任するための前提です。ただし、遺言書の作成業務のみをアピールしても、なかなか依頼はありません。任意後見契約と遺言書作成、その後の遺言執行業務を一体として説明できると、一つの流れとして受託しやすいと考えています。任意後見契約は公正証書での作成が要件ですから、「遺言書も同じタイミングで公正証書で一緒に作りましょう」と伝えることで流れは自然に出来上がります。

ア　遺言書作成の費用

私たち法人では、推定相続人や受遺者の特定、財産の特定と遺言書の案の作成までで、実費別に、12万円を報酬の基準としています。公証役場での証人としての立会いの業務は、別途２万円を基準としています。

イ　遺言の執行費用

本人の死亡後に遺言執行者としての業務を受ける場合、私たち法人では5,000万円までを２％、5,000万円から１億円までを1.5％、１億円超は１％との報酬基準があるもののケースバイケースです。相続人が、自分たちでできるけれど安ければ依頼する、というときは価格調整が必要になります。逆に、親族間で顔を会わせたくないような関係のときは、この基準は妥当ではないかと考えています。専門家がクッションとして法的な説明をするだけで、スムーズに処理できることが少なくないからです。

弁護士以外の専門家は、相続人間でもめそうなときのために、相談できる弁護士との関係を作っておく必要もあります。

ウ　継続的にかかる費用

継続的にかかる費用はありません。しかし、任意後見契約がなく遺言書のみを預かる場合は、定期的に本人の生存確認が必要ですし、親族への連絡が必要なときもあります。そのために管理料を決めてもよいと考えます。年間5,000円程度でしょうか。

(5)　民事信託にかかる費用

任意後見契約をした上で、本人の財産の内容によっては、民事信託を考える必要があります。本人の判断能力が衰えて任意後見契約が発効した場合には、任意後見監督人に業務の報告をする必要があります。本人の財産の管理や処分の方法などで、任意後見監督人と考え方の違いが生じる可能性があります。そのような人によって考え方が違う可能性のある財産については、民事信託を組成して本人の財産から切り離して、受託者に管理を委託する必要が生じます。

ア　民事信託の組成にかかる費用

私たち法人では、基本報酬を50万円として信託財産の0.5％を加えた額を基準としています。さらに公正証書で作成する場合や不動産登記が必要な場合があります。この報酬を別に請求するか含めるかについては、ケースバイケースです。物件の評価は低いが管轄が多い場合など、事案ごとに勘案する必要があるからです。登録免許税などの実費は別途請求になります。

イ　継続的にかかる費用

民事信託も親族間の後見と同じで、組成して終わりではありません。信託の当事者は専門家ではないので、継続的なフォローが必要になります。年に一度以上は連絡して、当事者の関係性が変わっていないか、分別管理をしているか、税務申告をしているかなどの確認やアドバイスが必要です。時には、組成した当時の専門家自身の知識不足・経験不足で、後日になって気が付いたり経験により得た知識によって信託契約書の手直しが必要なこともあるかもしれません。

そこで継続的なフォローの報酬として、年間１万円程度を決めておけばよいと思います。実際に動かないといけない場合は、別途報酬を請求できるように定めておきます。

3 >> 法定後見にかかる費用

法定後見の申立てをすると、後見人選任の審判が確定した時からの報酬が請求できます。しかし、報酬の請求ができるのは、1年に一度です。法定後見人は、管轄の家庭裁判所に1年間の活動報告書と共に報酬の審判を申し立てることになります。裁判所のホームページにひな形がありますので、ダウンロードして記載します。

(1) 申立てにかかる費用

私たち法人では、法定後見の申立書作成の報酬は、15万円を基準としています。四親等内の親族などの申立人の委任状によって、推定相続人を特定するための戸籍収集、財産目録や収支予定表の作成業務を含んでいます。郵送代や申立てのための印紙などの実費は別になります。

(2) 継続的にかかる費用

報酬は、1年分まとめて審判の申立てをします。その報酬額は裁判所の判断になるため、法定後見に継続的にかかる報酬額は「いくらになるのか分からない」というのが正しい答えになるでしょう。最近は、家庭裁判所のホームページなどで基準が示されています。月額報酬で2万～3万円になる計算が多いと思われます。

しかし、被後見人（本人）の財産によって報酬の支払ができない人もいますし、億単位の資産があり、更に毎年財産が増えていく被後見人もいます。そのため、被後見人の所有する財産によって、報酬額が変わるのが現実でしょう。

(3) 死亡時にかかる費用

本人の死亡によって、後見は終了します。しかし、法定後見の場合は火葬や葬儀などを法定後見人等から引き継いでやってくれる人がいないことが多く、応急処分義務として行っている部分もあります。民法の改正により弁済期の到来した債務の弁済、火葬や埋葬（葬儀を除きます。）などは家庭裁判所の許可を得てできるようになりました（民法873条の2）。最終の報酬の審判では、その死後事務の部分も勘案して決めているようです。

4 >> 報酬一覧表

契約名称	契約締結時費用（初期費用）	判断能力があるときの継続的費用	後見開始時の費用	後見開始以降の継続的費用	死亡時の費用
見守り契約（通常は親族以外）	5 万円	月額 3,000 円～1 万 3,000 円	―	―	―
財産管理等委任契約	5 万円＋公正証書作成費用	資産額 5,000 万円まで月額 3 万円～ ※資産額による	―	―	―
任意後見契約	20 万円～（法人が受任者の場合）又は 30 万円～（親族後見）＋公正証書作成費用	―	15 万円（任意後見監督人選任の申立費用）	資産額 5,000 万円まで月額 3 万円～ ※資産額による	―
死後事務委任契約（通常は親族以外）	5 万円	―	―	―	～70 万円
遺言書作成と執行（執行者は、相続人以外の第三者がよい）	12 万円＋公正証書作成費用	―	―	―	死亡時の財産額 ～5,000 万円未満…2％ 5,000 万円以上～1 億円未満…1.5％ 1 億円以上～…1％
民事信託	50 万円＋信託に組み込む財産の 0.5%				

消費税を抜いた額を表示しています。　（筆者作成）

第8章 遺言の実務

平成20年頃、私たち法人では遺言書の作成の仕事を増やしていこうと考えていました。今後、少子化が進むと結婚して新しい家を買う人が減るのではないだろうか、子どもが少ないと親の住んでいた家が必要とされずに中古の不動産の売買が減るのではないか、それに伴い登記の案件も減るのではないだろうかという漠然とした不安があったからです。

そこで、今までの仕事の入り口であった金融機関や不動産業者などを通さずに直接仕事を生み出すには、遺言書を作成して遺言執行者になればよいと考えたのです。遺言執行者になることで、相続登記や相続後の不動産の売買などの登記が私たち法人から発生するはずだと考えたのがスタートでした。

1 >> 遺言書の作成

(1) 公正証書で作成する

原則は、公正証書で作成する遺言です。自筆証書ですと本人の死亡後の検認の手間がかかり、また現物が一つしかないので管理が大変です。また、検認後の自筆証書遺言を金融機関に持ち込んでも、相続人全員の実印での押印と印鑑証明書を求められることが往々にしてあり、結果として相続人全員の協力がないと進まないことがあるからです。なお、自筆証書遺言は、法務局で預かってくれるので、新しく作成されるものについては、検認が不要な遺言も出てくると思いますが、既に作成されているものの多くは、自宅などで保管されたままになると思われます。

(2) 自筆証書遺言の保管制度

自筆証書遺言作成時の遺言者の負担を軽減するため、遺言書に添付する相続財産目録については、パソコンで作成したものや、不動産の登記事項証明書・固定資産税の納税通知書・預貯金通帳や残高証明書のコピーなどでもよいとされています。

2020年7月10日からは、自筆証書遺言を遺言書保管所（法務局）が預かってくれる制度が始まりました。これにより自筆証書遺言の検認が不要になるというメリットができました。

ただし、保管官（法務局職員）は形式的なチェックのみで、内容のチェックをするわけではないので、無効な内容の自筆証書遺言が作成されてしまうリスクは変わりません。そのため、司法書士などの専門家は公正証書遺言の作成と同じ程度の報酬をもらった上で遺言書案の作成、保管申請書の作成、保管所への同行などを業として行うとよいでしょう。

公正証書遺言の作成と違い、第三者である公証人の目を通さずに作成するため、司法書士などの専門家が最終の内容のチェッカーとなり専門家のリスクも高まると感じます。公正証書遺言であれば、遺言者本人は、専門家に内容を口頭で伝えることで必要書類の準備から遺言書案の作成、公証役場との打合せまで任せた上で、実印と費用を持って公正証書遺言を受け取りに行くだけで済むのです。遺言者本人の自筆の手間や紛失したり無効のものを作成してしまうリスクを考えると、はるかに公正証書遺言を作成する方がメリットがあるように考えます。

また、実際に保管制度の手伝いをした経験では、高齢の一般の人が自分でこの制度を利用するのはハードルが高く感じます。

(3)　遺贈がある場合

遺言書作成の際に推定相続人以外への遺贈がある場合に、公証人に受遺者の特定をするための住所や氏名を証明する必要があります。受遺者が、法人の場合は法人の登記事項証明書などを取得すれば済む場合が多いでしょう。その法人をインターネットなどで調べて連絡を取り、遺贈を受け付けているかを事前に確認することも必要です。いざ遺言の執行をしようとしたときに、遺贈を受け付けていないというようなことになれば、その財産が遺言者の思いと違うところに行きかねないからです。

問題は、受遺者が個人の場合です。遺言書の作成のタイミングで、受遺者に連絡を取り住民票などをもらうことができないことがあります。遺言者は、自分が死んだときに初めて、受遺者に財産が遺贈されることを知ってほしいと思うことが多く、事前に受遺者に連絡を取ることを望まないことがあるからです。その場合は、受遺者が甥や姪であれば、その親に受遺者本人に遺贈の旨を伝えないように頼んだ上で住民票などを取得してもらうこともあります。それさえも避けたいときは、公証人に相談の上、年賀状などで毎年郵便物が届いていることを確認してもらうこともあります。方法については公証人とよく相談してください。

(4) 付言事項は重要

付言事項は、法的な効力を持たないことを書くことが多いので、残された人たちへの最後の手紙という要素があります。法的な効力の問題やお金の問題も大切ですが、相続人間のもめ事は感情のもつれから起こることが多いものです。そのために付言事項は、しっかり作り込んでおく必要があります。遺言者から思いをしっかり聞いて付言事項に落とし込んでおくことで、執行の際に何とか決裂せずに済んだ事例もあります。

遺言書とは別に、子どもたちへの思いをビデオレターのような動画で残しておくことを勧めることもあります。法的な効力が必要な資産の承継と、本人の声と表情で子どもや孫に語り掛ける思いの承継は、別の次元ですから両方があってこそ一族の安泰が守られるものだと思います。

(5) 相続分は割合にする

相続分を決めるときは、遺言者に強いこだわりがない限りなるべく割合で分けることを勧めるとよいでしょう。もちろん司法書士などの専門家からみて、債務などの義務の承継のリスクについてのアドバイスをする必要があることは前提です。

特定物や特定の金融機関ごとに分け方を決めていると、遺言書作成後に売却したり解約したりすると、遺言者の希望と変わってしまう可能性があります。他にも遺言者の認知症の発症などで法定後見人等が付くと、遺言書の存在を知らない法定後見人の判断で処分して換金したり、金融機関の整理をするために解約してしまうこともあり得るからです。

2 >> 遺言の執行

(1) 遺言書の開示

遺言者の死亡後の執行業務で一番気を遣うのが、遺言書の開示です。遺言書は、公正証書で作成してもらう場合、検認手続は不要です。私たち法人では、相続人の特定後、法定相続人と受遺者に遺言書の開示をする旨の手紙を送ります。遺言書がある旨、私たち法人が執行者として就任した旨、今後の業務の流れや時期についての説明をする旨を伝えます。

遺言者とは遺言書作成時に面識がありますが、相続人や受遺者とは面識がないことがほとんどです。遺言書の存在を知らなかった相続人もいます。また、遺言の内容に納得のいかない人もいるでしょう。そのような人たちに一堂に会してもらい遺言書を開示して説明するのですから、その緊張感たるやただ事ではありません。事務所に来た時点から憮然とした態度の人もいます。

法的な説明をして、さらには付言事項について遺言者に代わって誠意を尽くして伝えることになります。それでも納得してもらえず弁護士から内容証明郵便が届くこともあります。そのときは訴訟をするという意思表示ですから、弁護士の担当になります。

(2)　相続登記はすぐに申請する

民法 899 条の２の新設により、遺言書で不動産を取得した場合に、他の相続人との民法 177 条の対抗関係が生じます。登記ができるだけの書類が整った場合は、すぐにでも遺言書に基づき相続登記の申請をするようにしましょう。

特定の相続人に不動産を相続させる旨がなく、執行者に不動産を売却換金して分配までしてほしいという内容の遺言書もあります。そのときは法定相続分での登記、売却による所有権移転登記を遺言執行者のみで行うことができます。状況によりケースバイケースですが、買主が決まってから法定相続分による登記と売却による所有権移転登記を連件で申請することが多いでしょう。

注意点として、不動産を売却したことにより譲渡所得税が相続人全員にかかるので、その分を確保しておく必要があります。

このようなことを避けるには、遺言書を特定の相続人に不動産を相続させる旨の内容にして、その代償として売却処分した後に分配するようにしておくとよいでしょう。　（事例編第６章２を参照ください。）

第9章 任意後見の将来の展望

1 >> 任意後見の利用の拡大に向けて

(1) 利用促進法の制定で任意後見は増えたのか

今後、任意後見は社会に必要とされ増えていくのでしょうか。

平成20年頃から成年後見に関する仕事に意識を置いて任意後見制度をみている筆者からすると、現時点で急拡大しているとは感じられません。平成28年に成立した「成年後見制度の利用の促進に関する法律」(以下「利用促進法」といいます。)によって、政府は、成年後見制度のうち特に任意後見制度の利用拡大に力を注ぐものと期待をしていたのですが、一般市民の認知度が高まったとの報告はありません。

最近は、民事信託の利用が拡大したことで、民事信託の問題点について不安視され、その問題点の解決策として、任意後見が見直されつつあると感じています。

(2) 担い手を増やす

任意後見の受任者の7割以上が親族や知人・友人です。残りの3割弱が第三者との契約です。第1章で確認したように、平成27年から令和元年までの5年間の平均で、年間約12,000件の任意後見契約があります。その割合で当てはめると3,000件～3,600件程度が第三者である専門家が受任者となる契約だと考えられます。

年間の任意後見が発効する件数は、約770件です。そのうちの30％程度は、専門家が任意後見人として発効していると換算すると年間約230件です。この数字をみると、専門家が受任者として任意後見契約をして、発効までたどり着いて、さらに本人が死亡し遺言執行まで経験したという人は、まだ少ないのが現状だと思います。そのため、他の専門家が経験したことがない業務だということで、積極的に強みとしてアピールできるのではないでしょうか。仕事というのは、強いところに集中してくるものです。是非、積極的に任意後見契約の受任者を受けてみてください。担い手が増えることで、結果として任意後見の利用が増えることにつながり、そこから登記の案件も生まれてくることになります。

(3)　発効させないという問題

任意後見契約は、2019年で年間約14,000件、発効しているのが約750件とすると、発効の割合は5.3%程度です。任意後見契約を締結するような人は常にリスクヘッジを考えていて、もし「私は、認知症になったとしても任意後見契約をしているから大丈夫」という本人の安心感から認知症になりにくく、その安心感から認知症が発症して任意後見契約が発効する割合が5.3%程度と低いのでしょうか。

きっとそれは、否でしょう。80歳以上の50%、85歳以上ですと約58%の確率で認知症になるのです。いくら何でも5.3%程度しか発効せずに亡くなっているというのは、数字がかい離し過ぎている気がします。

数字を見る限り、本人は認知症などで任意後見契約を発効するべき状態であるのに、発効させていないという実態があるのだと考えられます。本来、任意後見契約を発効させて、任意後見監督人という公的な第三者のチェックを受けつつ、財産管理や身上監護（保護）を行うべきです。にもかかわらず、財産管理ができる仕組みが事実上整ってしまい、本人が認知症などで判断能力が衰えても発効させていないのです。

任意後見の基本に戻って、本人の判断能力が衰え始め保佐又は補助程度の判断能力になれば、本人が任意後見契約の発効に同意できるうちに、任意後見監督人選任の申立てをすることが本人の自己決定の尊重になるのではないでしょうか。せめて専門家が受任者となっている案件については、本人の同意があれば早めに任意後見契約を発効させて「第三者の目を通した財産管理と身上監護（保護）が始まる」という本人にとって安心で安全な設計になっていることを広めてほしいと思います。　（本編第１章１を参照ください。）

2 >> 今後の展望

受任者となる専門家の努力も必要です。しかし、個人でできる啓蒙活動や努力には限界があります。後見と介護は車の両輪です。高齢者を支援している介護業界などの福祉に携わる人たちが、積極的に任意後見を奨励するようにならないと、任意後見はなかなか増えていかないと思います。そのためには、本人の判断能力が衰えているときは、介護の利用の申込みや契約、高齢者施設の申込みや契約について、事実上親族でもできているのは、法的に問題だと認識してもらう必要があると思います。親族が契約し、本人の財産から支払をするのは、本人からの委任を受けていないにもかかわらず、本人のために契約し本人の支払をすることになるからです。

そういう認識ができると、早めに任意後見契約をしておかないと、介護利用や高齢者施設の入居が難しくなりますよというアドバイスを介護・福祉の関係者がしてくれるようになると考えます。

判断能力が衰えた人の家族がお金を下ろしに来たときに、金融機関が法定後見の利用を勧めるように、介護・福祉関係者が、高齢者本人の判断能力が衰える前に任意後見の利用を勧めるようになれば、任意後見の利用者は増えると思います。

介護の利用者と同じように任意後見を利用する人が増えてこそ車の両輪としての意味を成すのだと思います。専門家の皆さんは、今の間に任意後見の受任者を経験して事務所の体制を整えておく必要があると考えています。

第2編

事 例 編

第1章 任意後見の実務

1 >> 司法書士等が受任者の場合

司法書士などの専門家は、相談者から将来の認知症の心配をしているとの相談があると、任意後見についての説明をすると思います。その相談を受けた場合、司法書士などの専門家が受任者になる場合と親族が受任者になる場合とで、任意後見契約に付随する契約の必要性の有無について説明をする必要があります。第三者である司法書士が任意後見契約の受任者になる場合は、本人の判断能力がしっかりしている間の「見守り契約」や「財産管理等委任契約」の説明が必要です。

この契約から本人の判断能力が失われるまでの期間で本人と受任者[1]が信頼関係を作り、その後に任意後見契約が発効したときの安心感につながる重要な期間になります。

同じく司法書士などの第三者の専門家が受任者になる場合は、本人が亡く

任意後見制度の全体図

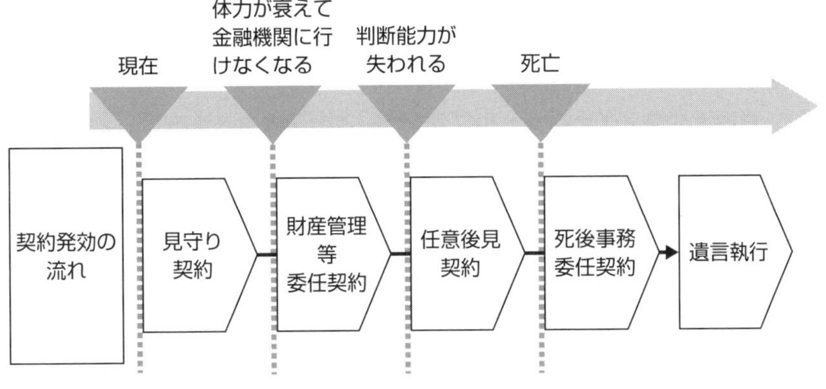

1 任意後見契約の当事者で、将来の被任意後見人を本人といいます。将来の任意後見人で、家庭裁判所で任意後見監督人の選任の審判がされるまでを受任者といいます。

なった直後の手続である死後事務委任契約も重要です。死後事務委任契約は、単体の契約としても需要があります。人によっては契約から本人の死亡、遺言執行まで長年の付き合いになることもあります。任意後見の受任者や任意後見人は、本人に近いところにいることで知り得た本人の思いや情報を死後に親族に伝える役目をすることもあります。

親族でない専門家などの第三者の受任者は、前図のような流れに沿って本人の身体や心の変化を観察し、意思決定支援をどのように行うのかを考えることになります。本人にとって快適な生活環境はどこなのか、どう生きたいのか、希望がどこにあるのかをくみ取り一緒に実現していく業務だと考えると分かりやすいと思います。時間をかけて本人を理解し、本人の周りの関係者にも協力してもらい、前向きな気持ちで日々の生活をしてもらえるように環境を整える努力をする必要があります。

司法書士などの専門家が受任者になるということは、本人に子どもがいない、あるいは頼りにできる親族がいない、おひとりの方などで、今後の人生を司法書士などの専門家に任せるという覚悟で依頼しているのです。登記をしたり契約書を作成して渡せば終わりという既存の単発の業務とは根本的に違うので、頭を切り替える必要があります。長期にわたり人間関係を維持し、本人の死亡まで、あるいは本人の死亡後の財産の分配、さらには残された親族の相談までもという、本人と本人に関わる方たちの人生と並走する仕事です。それだけ長い期間の責任を負う必要があるので、一度踏み込むと途中でやめることができない業務でもあります。

(1)　税理士やファイナンシャルプランナーとの連携を考える

税理士やファイナンシャルプランナーとの連携で本人を紹介された場合は、本人が自身の財産の管理や運用について、自分なりの考え方が強いことがあります。そのような場合は本人の意向をくみ取った内容で、代理権目録の作成をすることができます。例えば、代理権目録に下記のポイントを意識して代理権や業務内容を追加すれば、本人の目的に沿ったオリジナルな任意後見契約書を作成できます。

―代理権目録作成のポイント―

・本人の判断能力がしっかりしている間に税理士と連携し、相続税対策のための書類を策定しておきます。その上で進捗の報告相手や報告時期などを記載します（本人が認知症になる前からスタートし実績を作っておくことで、任意後見監督人に本人の意思を推測させやすくなります。）。

・資産の承継のための計画を立て、家族等への贈与のタイミングや、収益物件のメンテナンスの時期や金額、発注先が決まっているのであればその旨まで具体的に記載します。

・不動産について代理権目録や管理対象財産目録と合わせてライフプラン[2]にも所在地などを記載します。その上で、ライフプラン又は指示書に売却希望のタイミングや売却希望価格、売却の際に最初に声をかけてほしい相手が決まっているのであれば、その氏名及び連絡先を記載して、代理権目録とライフプランを連動させます。

法人の税務顧問をしている税理士から、会社オーナーを紹介された場合は、長年オーナーの考え方や好みを知っている人との連携として意義があると思います。そしてオーナーの収入によっては、確定申告も必要になるので税理士やオーナーの家族にも収支の報告を行うなどの記載があるとよいでしょう。

定期的に生涯の資産プランの作成を行う中で、本人の財産の状態によっては、生活費の節約を考えることも必要です。どのようなタイミングで株式の売却をするのか、不動産の処分をするべきなのか、場合によっては、保険の解約などの施策を行うタイミングがいつなのかという本人の希望を記載したり、親族への情報開示の有無についても考える必要があるかもしれません。

このように、税理士やファイナンシャルプランナーとの連携によって、日々の管理の部分と分けて、長期間における資産や資金の計画を立てることで本人と本人の家族を支援することができます。

(2) 社会福祉士との連携

身上保護については、社会福祉士が強みを持つ分野です。下記のような内容を、ライフプラン等に記載すると、機能的にも精神的にも本人の可能性を

[2] より正確に本人の意思を残すために任意後見契約書に付属する書類。現時点で確定していないが、そのことに思いやこだわりがあるものを書面にしておくもの。ライフプラン以外にも指示書などと表現することがあります。

残しながら支援ができるのではないでしょうか。人の感情は、いつまでも失われないように感じます。好きなことには積極的になり、苦手なことや傷つくことには、とても消極的です。そして人の役に立っていると感じてもらうなど、本人の社会性を大切にすることが、認知症や鬱病を遠ざけるのでないかと考えます。

どうしたら本人の可能性を残し、また、認知症の進行を遅らせることができるのかなどを社会福祉士からアドバイスをしてもらった契約書を作成できると価値があるのではないでしょうか。高齢者に、楽しみにしていることは何かと聞いてみると、中には「楽しいことなんてない。」と回答する人もいるため、本心がどこにあるのか難しいところでしょう。聞き出すための経験の多さや日課表の作成なども社会福祉士と連携する強みでしょう。

記

—ライフプラン—

「私は、以前商店を営んでおり、近所の人との立ち話が日々の楽しみでした。そのためできるだけたくさんの人と話ができるような機会を作ってほしい。」

「施設を探すときは、昔から住んでいる商店街の近くで探してほしい。近所の人との縁が切れない距離の範囲でお願いします。」

「私は、近所で○○と愛称で呼ばれていたので、その愛称で呼んでほしい。」

「私の状態に合わせて手芸の持ち物の交換をするなど、社会性を残す機会を作ってほしい。」

「私が好きな家事は○○なので、自分でできる間は○○は、自分でさせてほしい。」

「私の好きなこと、好きな色や形、好きな花や言葉、楽しいことを書き出しておくのでケアマネジャーさんやヘルパーさんに伝えてほしい。」

(3)　その他

現状では、司法書士以外の専門家が積極的に任意後見人として受任することは多くないかもしれません。しかし、任意後見の担い手を増やして裾野を広げるためにも各分野で強みを持っている士業や専門職に受任者になってもらう、あるいは司法書士と他の士業などの専門家が連携して活動していただきたいと願っています。

任意後見契約書の代理権目録や、別途作成するライフプランは、司法書士が他の士業や専門家と連携することによって、依頼者本人が持っている思いや個性を生かした内容にすることができると思います。

また、他人の人生に並走するのですから、自分の専門以外の分野に目線を広げる努力が必要です。

例えば

・人間への理解、脳の仕組みの理解、身体への理解、病気への理解、認知症への理解
・社会福祉協議会や介護福祉の仕組みや制度、介護福祉事業の実態・問題点
・年金制度、税金の種類とその概要、社会保障制度
・有価証券の仕組み、金融商品全般への理解、資産運用についての考え方、証券会社の実態、金融機関の実態

などにも勉強の意識を広げることが大切です。

これらの学びの上に本人の過去、趣味、好み、生活環境、人間関係、病歴、こだわった表現方法、身体の状態と変化、気持ちの変化などの本人特有の情報があることを前提として業務に臨んでほしいと考えています。

もちろん、私たち法人が、全てを理解し行えているということではありませんが、そのような意識を常に持ちたいと考えています。実際にそう思っていると、その思いに賛同した高齢者施設で介護福祉士をしていた若者が、司法書士の資格を取って入所してくれて、理想に向かって一緒に仕事をしています。プライベートでは市民後見人をしている人もいます。

今後任意後見の契約書を作成するに当たり、1人の人間として本人に敬意を払い、これからの長い人生に起こり得ることを、できる限り想像しながら任意後見の契約書とその付属書類を作成してほしいと思います。

まず、見守り契約書、財産管理等委任契約、任意後見契約書、死後事務委任契約書の4点の契約書を参考にしてください。

見守り契約

定期的な電話や訪問によって、心身の状態や生活状況を確認するための契

約です。司法書士など、親族以外の第三者が任意後見人になる場合に「任意後見契約」とセットで契約することが多い契約です。見守り期間中に本人の判断能力が低下したら「任意後見」をスタートさせるために、任意後見監督人選任の申立てを家庭裁判所に行います。任意後見契約の類型としては「将来型」と呼ばれるものです。

見守り契約書（記載例）

見守り契約書

令和　　年　　月　　日

委任者の表示

本　　籍　山口県福戸市牛浜 345 番地
住　　所　堺市南区大塚台三丁目 12 番 34 号
氏　　名　山田　太郎（やまだ　たろう）
職　　業　無職
生年月日　昭和 12 年 12 月 12 日

受任者の表示

所　　在　大阪市西区立売堀一丁目 3 番 13 号第三富士ビル 9F
職　　業　司法書士
氏　　名　勝司法書士法人

第１条（契約の目的）

委任者山田太郎さんと受任者勝司法書士法人は、令和○年○月○日締結した任意後見契約が効力を生ずるまでの間、勝司法書士法人が山田太郎さんの生活や健康状態の把握に努めることができる機会を保障し、もって将来の適切な任意後見事務に備えることを目的として、本契約を締結します。

第２条（訪問及び連絡）

勝司法書士法人は、6 か月に１回山田太郎さんの自宅を訪問して、山田太郎さんと面談するものとします。

2 前項の訪問日は、原則は毎月第2水曜とし、山田太郎さんと勝司法書士法人との協議により、適宜変更できるものとします。

3 勝司法書士法人は、第1項に定める訪問日以外の日であっても、山田太郎さんの要請があった場合は、随時訪問面談するものとします。

4 第1項の訪問をしない月は、勝司法書士法人は、山田太郎さんに対し、毎月1回、生活と健康状態を把握するため、電話連絡をするものとします。

第3条（見守り義務）

勝司法書士法人は、前条に定める訪問と連絡を通じて、家庭裁判所に対する任意後見監督人選任の請求をなすべきか否かを、常に考慮し判断しなければなりません。

2 山田太郎さんは緊急時の連絡先として、勝司法書士法人を指定できるものとします。

3 山田太郎さんは手術時の立会い、入院時の手続を勝司法書士法人に依頼することができます。

4 山田太郎さんが意識不明の状態になった場合は、勝司法書士法人が、手術の立会い、入院時の手続をすることができます。

第4条（報酬）

山田太郎さんは、勝司法書士法人に対し、第2条第1項及び同条第4項に定める定期的な事務処理等に関する報酬として、月額金5,000円（消費税別）を支払います。支払方法は、本契約締結時に12月分までを一括して支払い、以後毎年12月末日までに、1年分を一括して前払するものとします。なお、本契約が終了したときは、月割り計算により報酬の精算を行うものとします。

2 山田太郎さんは、勝司法書士法人に対し、別途報酬として第2条第3項に定める不定期の訪問に関する報酬として、1回の訪問につき金1万円（消費税別）を訪問後速やかに支払います。なお、交通費等の実費は、山田太郎さんの負担とします。

第５条（契約の変更）

本契約の内容について、山田太郎さん又は勝司法書士法人が変更の申出をしたときは、協議の上いつでも変更できるものとします。

第６条（契約の終了）

本契約は、次の事由により終了します。

① 山田太郎さんが死亡又は破産したとき

② 勝司法書士法人が解散したとき又は破産したとき

③ 山田太郎さんについて、後見開始、保佐開始、又は補助開始の審判が確定したとき

④ 任意後見契約が解除されたとき

⑤ 山田太郎さんについて、任意後見監督人選任の審判が確定したとき

第７条（守秘義務）

勝司法書士法人は、本契約に関して知り得た秘密を、正当な理由なくして第三者に漏らしてはなりません。

以上

委任者

受任者

財産管理等委任契約（任意代理契約）

本人が高齢になることで体力が衰えたり、病気やけがで銀行に行くことが困難な状況になっても、判断能力には問題がない状態であるときなどに、本人から通帳などを預かり、委任を受けた代理人が金融機関に出向いて入出金の管理などの手続ができるようにする契約です。その後、本人の判断能力が低下したら「任意後見」をスタートさせるために家庭裁判所に任意後見監督人選任の申立てを行う役割もあります。

任意代理契約ともいうように、財産の管理について本人の判断能力がしっかりしている間の委任契約です。判断能力がしっかりしている間は、その名

のとおり、任意に代理権を与えられた任意代理人であり、判断能力が衰えると任意後見契約が発効して任意後見人になります。任意「代理」契約と任意「後見」契約とは、似ていて間違えやすいので任意代理契約のことを財産管理契約と表現します。

任意後見契約の類型としては「移行型」と呼ばれるものです。判断能力がしっかりしている間に財産管理管理（任意代理）契約で財産管理をしつつ、判断能力が衰えると任意後見契約で、後見人として財産管理を行います。財産管理契約と任意後見契約は、ワンセットで契約することが多いでしょう。

ただし、移行型の場合、受任者からすると財産管理ができてしまっているがゆえに、本人の判断能力が衰えても、受任者が任意後見契約を発効させないという問題もあります。

財産管理等委任契約書（記載例）

財産管理等委任契約書

令和　　年　　月　　日

委任者の表示

本　　籍　　大阪市北区河内三丁目２番地
住　　所　　大阪市北区河内三丁目２番９号
氏　　名　　山田　花子（やまだ　はなこ）
職　　業　　無職
生年月日　　昭和８年10月16日

受任者の表示

住　　所　　大阪市西区立売堀一丁目３番13号第三富士ビル9F
氏　　名　　勝司法書士法人（かつしほうしょしほうじん）
職　　業　　司法書士

〔契約の趣旨〕

第１条　山田花子（以下「山田さん」といいます。）は、自身の生活、療養看護及び財産の管理に関する事務（以下「委任事務」といいます。）を勝司法書士法人に委任し、勝司法書士法人は、これを受任します。ただし、この契約は、判断能力の衰えはないにもかかわらず、高齢・傷病等により心身の状態に不安のある山田さんが、下記任意後見契約が発効するまでの間、これを利用しようとするものです。

記

任意後見契約公正証書作成年月日　令和　　年　　月　　日
証書を作成した公証人の所属及び氏名＿＿＿＿　法務局所属公証人＿＿＿＿
証書番号　令和　　年第　　　　号

〔管理対象財産〕
第２条　勝司法書士法人が、この契約により管理・保管する財産（以下「管理対象財産」といいます。）は、山田さんに帰属する別紙「管理対象財産目録」記載の財産とします。
　２　この契約締結後に管理対象財産を変更する場合は、山田さんと勝司法書士法人が書面により合意しなければなりません。

〔委任事務及び代理権の範囲〕
第３条　山田さんは、勝司法書士法人に対し、別紙「委任事務目録」記載の委任事務（以下「本件委任事務」といいます。）を委任し、その事務処理のために代理権を与えます。
　２　この契約締結後に本件委任事務の範囲を変更し、あるいは代理権を追加する場合は、山田さんと勝司法書士法人が書面により合意しなければなりません。

〔証書等の引渡し〕
第４条　勝司法書士法人は、本件委任事務処理のために証書等の引渡しを受けたときは、山田さんに対し、その明細及び保管方法を記載した預り証を交付します。

〔注意義務等〕
第５条　勝司法書士法人は、この契約の趣旨及び山田さんの意思を尊重し、山田さんの身上に配慮するとともに善良な管理者の注意義務をもって本件委任事務の処理に当たらなければなりません。

2　勝司法書士法人は、自らの訪問等を通じて、任意後見監督人選任の請求をなすべきか否かを常に考慮し、山田さんの判断能力が不十分な状況になったときは、山田さんの同意を得て速やかに任意後見監督人選任の申立てを行うものとします。

3　勝司法書士法人は、本件委任事務を処理するに当たって、山田さんの作成にかかる別紙ライフプランの内容を尊重します。

4　勝司法書士法人は、本件委任事務に関して知ることのできた山田さんの秘密を、正当な理由なく第三者に漏らしてはいけません。

〔書類の作成〕

第6条　勝司法書士法人は、本件委任事務を処理するに際し、以下の書類を作成するものとします。

①　契約時・終了時及び1年ごとの管理対象財産目録

②　本件委任事務に関する会計帳簿

③　本件委任事務に関する事務処理日誌

2　勝司法書士法人は、前項の作成書類を本契約終了後10年間保存します。

〔報告義務等〕

第7条　勝司法書士法人は、山田さんに対し、毎月、書面又は面談その他適切な方法で本件委任事務に関する次の事項の処理について、報告をします。

①　勝司法書士法人の管理する山田さんの財産の管理状況

②　山田さんの身上監護につき行った措置

③　費用の支出及び使用状況

④　報酬の収受

2　本契約が終了した場合、勝司法書士法人は、山田さん又は山田さんの相続人若しくは山田さんの法定代理人等に対し、遅滞なく清算事務に関する報告をします。

〔費用の負担〕

第8条　本件委任事務の処理に関する費用は、山田さんの負担とします。

2　勝司法書士法人は、前項の費用につき、その支出に先立って支払を受けることができます。

〔受任者等の報酬〕
第９条　勝司法書士法人が、本件委任事務の処理について受ける報酬は次のとおりとし、勝司法書士法人は、勝司法書士法人の管理する山田さんの財産からその支払を受けることができます。
①　定額報酬（別紙委任事務目録の日常業務報酬）として、翌月１日までに
月額　金 30,000 円（税別）
②　身上監護業務報酬として、当該事務の終了時に
介護・福祉サービス利用における基本契約の締結につき
金５万円以内
入退院にかかる手続につき　　　金 10 万円以内
2　報酬額を変更する必要がある場合は、前項を基準として、山田さんと勝司法書士法人の協議により決定するものとします。

〔契約の解除〕
第 10 条　山田さんは、いつでも本契約を解除することができます。
2　勝司法書士法人は、この契約の趣旨に照らし、正当な理由がない限り、この契約を解除することができません。

〔契約の終了〕
第 11 条　この契約は、次の事由により終了します。
①　山田さんが死亡したとき
②　勝司法書士法人が解散したとき
③　山田さん又は勝司法書士法人が破産手続開始の決定を受けたとき
④　山田さんが後見開始、保佐開始又は補助開始の審判を受けたとき
⑤　任意後見契約が解除されたとき
⑥　任意後見監督人選任の審判が確定したとき

〔契約終了時の措置〕
第 12 条　勝司法書士法人は、この契約が終了した場合は、本件委任事務を山

田さん又は山田さんの相続人若しくは山田さんの法定代理人等に速やかに引き継ぐものとします。残余財産及び預り証書等の引渡しについても、同様とします。

2　前項の事務処理に要する費用は、山田さんの財産から支払います。

3　山田さんの死亡により終了した場合に限り、第1項の事務処理に対する報酬を金15万円以内とし、山田さんの財産から支払います。ただし、勝司法書士法人が遺言者山田さんの遺言執行者に就任する場合は、この報酬は発生しないこととします。

〔規定外事項〕

第13条　この契約に定めのない事項及び疑義のある事項については、山田さんと勝司法書士法人が協議して定めます。

委任事務目録（記載例）

委任事務目録

別　紙

日常業務

①　普通預金、通常貯金の管理、払戻し、預入れ、振込依頼の取引

②　定期預金、定額貯金の預貯金の管理

③　生活費の送金や日用品の購入など日常生活に関する取引

④　預貯金通帳、登記済権利証、実印、銀行印、印鑑登録カード、その他重要書類の保管・管理

⑤　行政官庁に対する諸手続（市区町村・社会保険庁に対する諸手続等）に関する一切の事務

⑥　年金、福祉手当等の定期的な収入の受領及び管理

⑦　家賃・地代・公共料金・ローンの返済等定期的な支出の支払

⑧　医療機関、療養機関、各種介護・福祉サービスその他生活に関わる費用の支払

⑨　国民健康保険料、介護保険料、税金その他公共料金の支払
⑩　復代理人の選任、事務代行者の指定

身上監護（保護）
①　医療契約・入院契約の締結・変更・解除及びその費用の支払
②　介護、福祉サービスの利用契約の締結・変更及び解除
③　介護認定の申請並びに認定に関する承認又は異議の申立て
④　福祉関係の措置の申請及び決定に関する異議の申立て
⑤　復代理人の選任、事務代行者の指定

管理対象財産目録（記載例）

管理対象財産目録

1. 不動産

	所　　在	地番・家屋番号	地目・種類	面積（m^2）	備考（利用状況等）
1	（土地） 大阪市北区河内 三丁目	２番９	宅地	131.23	
2	（建物） 大阪市北区河内 三丁目２番地９	２番９	居宅	79.28	構造： 木造瓦葺平屋建て

2. 預貯金・株式・生命保険等

	金融機関・支店名	種　別	記号・口座番号等	金額・数量	備　　考
1	□□□銀行 神谷町支店	普通	1233456	9,999,000 円	
2	〃	定期	1122334	22,000,000 円	
3	○○銀行	通常	12345-7891011	6,666,000 円	
4	△△△△銀行	普通	123456	44,444,000 円	
預貯金及び現金のみの合計				83,109,000 円	

任意後見契約

任意後見とは、将来の後見人や後見事務の内容、報酬について公正証書で契約しておき、その後、判断能力が衰えてきたら家庭裁判所に任意後見監督人選任の申立てを行い、任意後見監督人の選任の審判がされて初めて任意後見契約の効力が発生する制度です。

本人は、判断能力がしっかりしているうちに信頼できる受任者を選んでおきます。そして将来、認知症や事故、病気などで自分の判断能力が衰え始めた場合の「生活面（介護・福祉、医療、住まい、趣味嗜好等に関すること）の契約行為」や「財産の管理・処分・承継」の支援の方法について、あらかじめ代理権目録に記載して公正証書を作成しておきます。併せて、自分の考え方や意思を受任者に文章で伝えるために、ライフプランなどで代理権目録を補強しておきます。

そうすることで、認知症になって家庭裁判所から任意後見監督人が選任されても、自分の選んだ任意後見人によって「自分の生活スタイル」や「財産」を守ってもらうことになります。任意後見契約は、認知症などの判断能力の衰えなど、将来のもしもに備えるための大切な「頭の保険」です。

なお、司法書士などの第三者でなく、子どもや甥・姪などが受任者になるものを親族後見・家族後見とも表現します。

任意後見契約書（記載例）

任意後見契約書

令和　　年　　月　　日

委任者の表示

本　　籍　大阪市北区神谷町五丁目123番地
住　　所　大阪府吹田市山田町一丁目2番地3
氏　　名　山田　花子（やまだ　はなこ）
職　　業　無職
生年月日　昭和12年3月4日

受任者の表示

住　　所　大阪市西区立売堀一丁目３番13号第三富士ビル 9F

氏　　名　勝司法書士法人

職　　業　司法書士

第１条（契約の趣旨）

山田花子（以下「山田花子さん」といいます。）は、将来を案じ、万一、精神的な病気等により判断能力が不十分な状況になった場合に、自分の生活、療養看護及び財産の管理に関する事務（以下「後見事務」といいます。）を勝司法書士法人にお願いし、その代理権を与えるためにこの契約を結ぶものです。

第２条（契約の締結）

山田花子さんは、勝司法書士法人に対し、令和　年　月　日、後見事務を委任し、勝司法書士法人はこれを受任します。

第３条（契約の発効）

この契約は、家庭裁判所において、勝司法書士法人の後見事務を監督する任意後見監督人が選任された時から、その効力を生じます。

２　山田花子さんが、精神上の病気等により判断能力が不十分な状況になり、勝司法書士法人がこの契約による後見事務を行うのが良いと認めたときは、勝司法書士法人は、家庭裁判所に対し、任意後見監督人の選任の請求をします。

第４条（委任事務の範囲）

山田花子さんは、勝司法書士法人に対し、別紙「代理権目録」記載の後見事務（以下「本件後見事務」といいます。）を委任し、その事務処理のための代理権を与えます。

第５条（ライフプラン、身上配慮の責務）

山田花子さんと勝司法書士法人は、この契約締結後、山田花子さんの意思を尊重する本件後見事務の指針となるライフプランの覚書を作成します。

2 勝司法書士法人は、本件後見事務を処理するに当たっては、山田花子さんの意思を尊重し、かつ、山田花子さんの身上に配慮するものとし、その事務処理のため、必要に応じて山田花子さんと面接し、ヘルパーその他日常生活援助者から山田花子さんの生活状況につき報告を求め、主治医その他医療関係者から山田花子さんの心身の状態につき説明を受けることなどにより、山田花子さんの生活状況及び健康状態の把握に努めるものとします。

第6条（証書等の保管等）

勝司法書士法人は、山田花子さんから本件後見事務処理のために証書等の引渡しを受けたときは、山田花子さんに対し、その明細及び保管方法を記載した預り証を交付します。

2 勝司法書士法人は、この契約の効力発生後、山田花子さん以外の者が前項記載の証書等を所持しているときは、その者からこれらの証書等の引渡しを受けて、自らこれを保管するものとします。

3 勝司法書士法人は、本件後見事務を行うために必要な範囲で引渡しを受けた書類等を使用することができます。また、勝司法書士法人は、本件後見事務に関連すると思われる郵便物等を受け取り、開封することができます。

第7条（費用の負担）

勝司法書士法人が本件後見事務を処理するために必要な費用は、山田花子さんの負担とし、勝司法書士法人は、その管理する山田花子さんの財産からこれを支出することができます。

第8条（報酬）

山田花子さんは、勝司法書士法人に対し、別紙「代理権目録」に掲げる継続的管理業務の報酬として、毎月末日限り金30,000円（消費税別）を支払うものとし、勝司法書士法人は、その管理する山田花子さんの財産からその支払を受けることができます。

2 山田花子さんは、勝司法書士法人が本件後見事務中、別紙「後見事務報酬基準」の各号に掲げる事務を処理したときは、勝司法書士法人に対し、それぞれ当該各号に定める報酬（消費税別）を当該事務完了後直ちに支払うものとし、勝司法書士法人は、その管理する山田花子さんの財産からその支払を受けることができます。

3　第１項及び第２項の報酬額が経済情勢の変動その他の理由により不相当となった場合には、山田花子さんと勝司法書士法人は、任意後見監督人と協議して、これを変更することができます。この変更契約は、公正証書によってしなければならないものとします。

4　前項の場合において、山田花子さんがその意思を表示することができない状況にあるときは、勝司法書士法人は、任意後見監督人の書面による同意を得て、これを変更することができます。

第９条（報告）

勝司法書士法人は、任意後見監督人に対し、３か月ごとに、本件後見事務に関する次の事項について書面で報告するものとします。

① 勝司法書士法人の管理する山田花子さんの財産の管理状況

② 山田花子さんの身上監護につき行った措置

③ 費用の支出及び使用状況

④ 報酬の収受

2　勝司法書士法人は、任意後見監督人の請求があるときは、いつでも速やかにその求められた事項につき報告するものとします。

第10条（書類の作成）

勝司法書士法人は、後見事務を処理するに際し、以下の書類を作成します。

① この契約を結んだ時における財産目録

② 任意後見監督人選任時における財産目録

③ 本件後見事務に関する会計帳簿

④ 本件後見事務に関する事務処理日誌

⑤ この契約終了時における事務引継関係書類及び財産目録

第11条（契約の解除）

任意後見監督人が選任される前においては、山田花子さん又は勝司法書士法人は、正当な事由がある場合に限り、公証人の認証を受けた書面によって、本契約を解除することができます。

2　任意後見監督人が選任された後においては、山田花子さん又は勝司法書士法人は、正当な事由がある場合に限り、家庭裁判所の許可を得て、本契約を解除することができます。

第12条（契約の終了）

この契約は、次の場合に終了します。

①　山田花子さんが死亡又は破産したとき

②　勝司法書士法人が解散又は破産したとき

③　山田花子さんが後見開始、保佐開始又は補助開始の審判が確定したとき

第13条（財産の引渡し）

この契約が山田花子さんの死亡以外の事由によって終了した場合は、勝司法書士法人は、当該管理財産、帳簿類及び証書類を山田花子さん又は山田花子さんの法定代理人に引き渡すものとします。

2　この契約が山田花子さんの死亡により終了した場合は、勝司法書士法人は、当該管理財産、帳簿類及び証書類を遺言執行者又は相続人又は相続財産管理人に引き渡すものとします。

第14条（守秘義務）

勝司法書士法人は、この契約上の事務に関して知り得た秘密を、正当な理由なく漏らしてはなりません。

代理権目録（記載例）

代理権目録

第1　継続的管理業務

1　山田花子に帰属する全ての財産及び本契約締結後に山田花子に帰属す

る財産並びにその果実の管理・保存

2　銀行等の金融機関、郵便局、証券会社、保険会社との全ての取引

3　定期的な収入の受領及び定期的な支出を要する費用の支払並びにこれらに関する諸手続

4　生活費の送金や日用品の購入その他日常生活に関する取引

5　日用品以外の生活に必要な機器・物品の購入

6　保険金の受領

7　登記済権利証、実印、銀行印、印鑑登録カード、預貯金通帳、年金関係書類、各種キャッシュカード、有価証券、建物賃貸借契約書等の重要な契約書類・証書等の保管及び事務処理に必要な範囲内の使用

8　行政機関の発行する証明書の請求

9　介護、福祉サービスの利用契約の締結、変更、解除及び費用の支払

10　復代理人及び事務代行者の選任

11　以上の各事項の処理に必要な費用の支払

12　以上の各事項に関連する一切の事項

第２　個別的管理業務

1　山田花子に帰属する全ての財産及び本契約締結後に山田花子に帰属する財産並びにその果実についての処分・変更

2　不動産の売却、賃貸不動産の管理、賃貸借契約の締結、変更、解除

3　金銭消費貸借契約・担保権設定契約の締結・変更・解除

4　相続に伴う遺産分割や相続の承認・放棄、贈与又は遺贈の拒絶・受諾、寄与分を定める申立て、遺留分侵害額の請求

5　登記・供託に関する申請

6　税金の申告・納付

7　要介護・要支援認定の申請並びに認定に関する承認又は審査請求の申立て

8　福祉関係施設への入所に関する契約の締結、変更、解除及び費用の支払

9　福祉関係の措置の申請及び決定に関する審査請求の申立て

10　居住用不動産の購入

11　借地契約及び借家契約の締結・変更・解除

12　住居等の増改築・修繕に関する請負契約の締結・変更・解除

13 医療契約の締結・変更・解除及び費用の支払
14 病院への入院に関する契約の締結・変更・解除及び費用の支払
15 行政機関等に対する諸手続に関する一切の代理業務
16 上記業務以外の、山田花子の生活、療養看護及び財産管理（財産処分を含む。）に関する一切の法律行為に関する代理業務
17 上記「第1　継続的管理業務」「第2　個別的管理業務」の各事項に関して生ずる紛争の処理に関する下記の事項
① 裁判外の和解、示談並びに仲裁契約
② 行政機関等に対する不服申立て及びその手続の追行
③ 司法書士法第3条第1項第6号及び第7号に定める手続の追行
④ 弁護士に対して訴訟行為や民事訴訟法第55条第2項の特別授権事項についての授権をすること
18 復代理人及び事務代行者の選任
19 以上の各事項の処理に必要な費用の支払
20 以上の各事項に関連する一切の事項

後見事務報酬基準（記載例）

後見事務報酬基準

本契約にかかる以下の事務に関し、勝司法書士法人が受領する報酬を以下のように定める。ただし、以下の報酬については、別途消費税を支払うものとする。

1　任意後見監督人選任申立等報酬
① 申立書作成及び申立手続報酬　　金100,000円
② 選任後の財産目録作成報酬　　金50,000円

2　各種手続報酬（別紙「代理権目録」記載の「第2　個別的管理業務の報酬」）
① 不動産の処分（売買、増改築等）に関する契約の締結

基本報酬 50,000 円＋契約価格の３％以内

② 賃貸不動産の管理業務

１か月の収入合計額の５％以内

③ 金銭消費貸借契約又は担保権設定契約の締結

債権額（借入額）の１％以内

ただし、最低　金 100,000 円とする。

④ 民間施設入所手続事務報酬　　　金 200,000 円以内

⑤ 司法書士法第３条第１項第６号及び第７号に定める手続の追行報酬

着手金報酬　訴額の５％。ただし、最低　金 60,000 円とする。

成功報酬　山田花子が受けた経済的利益の 10％。ただし、最低　金 100,000 円とする。

⑥ 遺産分割に関する事務

山田花子が遺産分割により取得した財産の３％以内

ただし、最低　金 50,000 円とする。

⑦ 日当　１時間　金 5,000 円

ただし、１日につき金 50,000 円を限度とする。

ここで、日当とは、業務を行うについて、通常行うべき業務地以外の場所にて事務を行う場合に、その移動時間に対する報酬をいう。

⑧ その他の事務報酬（上記①～⑥に掲げる事務以外の個別的管理業務報酬）

１時間　金 5,000 円として、当該事務遂行に要した時間を乗じて得た金額を報酬額とする。

3　本契約終了等に伴う事務報酬

① 山田花子の死亡以外の事由により終了した場合

財産管理事務等の報告に関する報酬　金 150,000 円

② 山田花子の死亡により終了した場合（財産承継手続事務報酬）

対象財産の相続税評価額の１％以内

ただし、最低　金 250,000 円とする。

なお、勝司法書士法人又は使用人司法書士が遺言者山田花子の遺言執行者としての業務を遂行する場合は、この報酬は発生しない。

死後事務委任契約

本人が死亡した際の遺体の引取りは誰が行うのか、葬儀はするのかしないのか、するとしてどのような葬儀をどこで行うのか、葬儀には誰を呼ぶのかなど本人が生前に決めて受任者に依頼しておくことができます。

葬儀以外にも納骨の手続は誰がするのか、納骨のための墓があるのか、永代供養するのかなど本人の死亡後に早々に判断しないといけないことがあります。

他にも、住まい（借家や施設）の未払賃料の支払、病院代や介護にかかる未払費用の支払、住まい（借家・施設）の解約手続や遺品の処分、明渡しの手続など亡くなった直後の手続について委任しておく契約です。

死後事務委任契約書（記載例）

死後事務委任契約書

令和　　年　　月　　日

委任者の表示

本　　籍　大阪市北区神谷町五丁目 123 番地
住　　所　大阪府吹田市山田町一丁目 2 番地 3
氏　　名　山田　花子（やまだ　はなこ）
職　　業　無職
生年月日　昭和 12 年 3 月 4 日

受任者の表示

住　　所　大阪市西区立売堀一丁目 3 番 13 号第三富士ビル 9F
氏　　名　勝司法書士法人
職　　業　司法書士

第 1 条（契約の趣旨）

委任者山田花子（以下「山田花子さん」といいます。）は、受任者勝司法書士法人に対し、山田花子さんと勝司法書士法人との間で本契約と同時に締結する「任意後見契約」に付随する契約として、山田花子さんの死亡後における事務を委任し、勝司法書士法人はこれを受任します。

第2条（委任事務の範囲）

山田花子さんは、勝司法書士法人に対し、山田花子さんの死亡後における次の事務（以下「本件死後事務」といいます。）を委任します。

① 菩提寺・親族等関係者への連絡事務
② 通夜、告別式、火葬、納骨・埋葬・永代供養に関する事務
③ 医療費、老人ホーム等の施設利用料その他一切の債務弁済事務
④ 家財道具や生活用品の処分に関する事務
⑤ 行政官庁等への諸届け事務
⑥ 別途締結した「財産管理等委任契約」における委任事務や別途締結した「任意後見契約」における後見事務の未処理事務
⑦ 以上の各事務に関する費用の支払

2　山田花子さんは、勝司法書士法人に対し、前項の事務処理をするに当たり、勝司法書士法人が復代理人を選任することを承諾します。

第3条（通夜・告別式）

前条第1項の通夜及び告別式は、自宅近くの公民館で行います。

2　山田花子さんの通夜及び告別式での読経は、次の寺に依頼します。

山田寺（やまだでら）

所在　大阪府豊中市佐井寺一丁目2番3号

電話　078-910-1234

3　前2項に要する費用は、金100万円を上限とします。

第4条（納骨・埋葬・永代供養）

第2条第1項の納骨・埋葬は、次の場所にて行います。

山田寺（やまだでら）

所在　大阪府豊中市佐井寺一丁目2番3号

電話　078-910-1234

2　第2条第1項の永代供養は、前項の場所にて行います。ただし、永代供養に関する事務は前項の寺に依頼することをもって終了します。

3 前2項に要する費用は、山田寺に支払済です。

第5条（連絡）

山田花子さんが死亡したときは、勝司法書士法人は、速やかに、山田花子さんがあらかじめ指定する親族等関係者に連絡するものとします。

第6条（費用の負担）

勝司法書士法人が本件死後事務を処理するために必要な費用は、山田花子さんの負担とします。

2 勝司法書士法人は、前項の費用につき、その支出に先立って、山田花子さんの遺言執行者又は相続人より、山田花子さんの遺産の中から支払を受けることができるものとします。

第7条（報酬）

山田花子さんは、勝司法書士法人に対し、本件死後事務の報酬として、金500,000円（税別）を支払うものとし、本件死後事務終了後、山田花子さんの遺言執行者又は相続人より、山田花子さんの遺産の中から支払うものとします。

第8条（契約の変更）

山田花子さん又は勝司法書士法人は、山田花子さんの生存中、いつでも本契約の変更を求めることができます。

第9条（契約の解除）

山田花子さんは、勝司法書士法人に次の各号の一に該当する事由が発生したときでなければ、本契約を解除することはできません。

① 勝司法書士法人が山田花子さんの財産を故意又は過失により毀損し、その他勝司法書士法人の行為が山田花子さんに対して不法行為を構成し、そのために勝司法書士法人との信頼関係が破壊したとき。

② 勝司法書士法人が本件死後事務を遂行することが困難となったとき。

2 勝司法書士法人は、経済情勢の変化、その他相当の理由により本契約の達成が不可能若しくは著しく困難となったときでなければ、本契約を解除することはできません。

第10条（委任者の死亡による本契約の効力）

山田花子さんが死亡した場合においても、本契約は終了せず、山田花子さんの相続人は、委託者である山田花子さんの本契約上の権利義務を承継するものとします。

2　山田花子さんの相続人は、前項の場合において、前条第1項記載の事由がある場合を除き、本契約を解除することはできません。

第11条（契約の終了）

本契約は、勝司法書士法人が、破産又は、解散した場合に終了します。

第12条（報告義務）

勝司法書士法人は、遺言執行者又は相続人又は相続財産管理人に対し、本件死後事務終了後1か月以内に、本件死後事務に関する次の事項について書面で報告します。

①　本件死後事務につき行った措置

②　費用の支出及び使用状況

③　報酬の収受

第13条（守秘義務）

勝司法書士法人は、本件死後事務に関して知り得た秘密を、正当な理由なく第三者に漏らしてはなりません。

第14条（協議）

本契約に定めのない事項及び疑義ある事項については、山田花子さん及び勝司法書士法人が協議して定めます。

【委任者　山田花子】

住所

氏名

【受任者　勝司法書士法人】

住所　大阪市西区立売堀一丁目3番13号第三富士ビル9F

氏名　勝司法書士法人　代表社員　勝　猛一

2 ≫ 親子間や知人・友人間の任意後見

(1) 親族後見には付随する契約は不要

親子間の任意後見契約は、最も依頼の多いパターンです。ぜひ多くの任意後見契約書の作成依頼を受任してください。

親子間での任意後見契約では、任意後見契約と遺言書だけでよいということが多くあります。子どもが同居している、又は、近所に住んでいることもあります。遠方にいても、普段から電話連絡を取り合っているような関係であれば、見守り契約は不要だと考えます。親がいつ認知症になってしまうか分からないということがないと思われるからです。

親子間では、財産管理等委任契約もしないことが多いでしょう。親子間では、親の判断能力がしっかりしている間は、銀行からの意思確認の電話などに対応できるので、財産管理等委任契約までは、不要だと考えてしまうことが多いようです。しかし、体調の問題等で本人が金融機関に行けなくなったときのために、財産管理等委任契約だけはしておく方が無難だと考えます。

親子間での死後事務委任契約も不要なことが多いでしょう。菩提寺やお墓の場所も知っていることが多く、親が死んだときに連絡すべき方たちについても把握していることが多いためです。終末期の病院代や施設の支払を子どもが立替払したとしても後日、相続財産を受け取るのですから、相殺（清算）できるので問題がありません。

(2) 親族後見でも任意後見契約は必要

親子間でも任意後見契約だけはしておく必要があります。任意後見契約を締結しておかないと将来、親が認知症になった際、法定後見の申立てが必要になります。家庭裁判所は、法定後見人に親族を選ぶ可能性は少ないので、将来、親の任意後見人になるには、任意後見契約が必要です。もし、法定後見人に親族が選任されたとしても、裁判所からの直接の監督を受けて本人の生活費以外のお金が使えないことから束縛されているように感じるかもしれません。そのため、親子間で任意後見契約を結び、親が、認知症になった後にどのようなお金の使い方をしたいのかなどを代理権目録に記載しておく必要があります。

(3)　契約書は、簡易版でもよい

親子間の任意後見契約の特徴は、親子の愛情という強い絆で結ばれているので、受任者である子どもの側をあまりきつく縛る内容の契約書を作成する必要性がないことです。具体的には、任意後見監督人への報告の期間を長めにして６か月に１度にする、あるいは１年に１度にすることなどが考えられます。ただし、報告期間を１年に１度にすると、任意後見が発効した際に報告書を１年分まとめて作成しようとする任意後見人が出てきます。領収書の紛失や分別管理に問題が出かねないので、契約書作成時の受任者の性格も鑑みて、報告期間を長くしないことが受任者にとってよいこともあります。

他にも書類の受領書の作成について受任者である子どもを厳密に縛らなくてよいこと、受任者が親子であるがゆえに報酬を決めようとしないなどの特徴があります。一方、財産目録などの作成を外注したいと思ったときの費用の確保をする必要があります。

(4)　専門家の継続的なアドバイスは必須

司法書士などの専門家は、親子間の任意後見契約書の作成後、本人の認知症が発症するなど、任意後見監督人の選任申立て[3]を手伝う機会が訪れると思います。その後も定期的な面談ができる関係ならば、発効の当初は報告書作成の補助やアドバイスすることが重要です。

任意後見人が専門家以外の方ですと、任意後見監督人への報告が、当初か

3　家庭裁判所に申立てをして任意後見監督人選任の審判が出ることを、任意後見契約が発効したと表現しています。

ら遅れるなどの問題が起きかねません。そうすると任意後見人と任意後見監督人との関係が悪化し、その後のやり取りがギクシャクしかねないからです。その結果として、任意後見監督人から任意後見人の解任の申立てや法定後見人の選任申立てをされてしまうなどということにもなりかねません。そのため司法書士などの専門家は、契約書の作成をして終わりではなく、その後の継続的なフォローが必要です。

他にも、本人に受任者以外の子どもがいる場合には、その子どもたちにも報告書を開示するなどの方法もあります。これは、親の財産について兄弟姉妹間での不信感を募らせないという意味では大事なポイントです。

column

友人が任意後見人になる事例

身内がお世話をしてくれない

生涯独身で、相続人は甥と姪が複数いる85歳の女性、Rさんについてです。Rさんの世話しているSさんからの相談がありました。Rさんが体調を崩して入院したのを機会にSさんがRさんの甥・姪たちを呼び寄せてRさんの今後についての話をしたそうです。「幸い、今回はRさんは元気に退院してきたけれど、今後の財産管理や介護や生活の面倒をどうしていくつもりなのか」と問うたそうです。甥・姪たちがいうには「叔母の面倒までは見きれない。Sさんに任せます。財産もあてにしないのでSさんがもらってくれたらよい」とのことだったそうです。

Sさんは、Rさんの古くからの友人で近くに住んでいてRさんのお世話をしてきたものの親族ではありません。Sさんは「あなたたちが叔母さんの面倒を見ないでどうするのか」と怒ったもののRさんの甥・姪たちは、意に介する様子もなく引き上げていったそうです。

そこで、Ｓさんは仕方なく、つてを頼って私たち法人を探し当てたそうです。Ｒさんには任意後見契約と遺言が必要である旨を伝えました。

死後事務委任契約についても確認しましたが、生前に永代供養の準備を済ませ、葬儀は行わないと決めているので死後事務委任契約は不要だとのことでした。

親族でない友人が受任者になった

Ｒさんは、Ｓさんに任意後見人になってほしいとのことでしたが、Ｓさんも75歳で、どっちが先に死ぬか分からないと固辞しました。そこで私たち法人が受任者として契約の準備を進めていましたが、公証役場に行く最終の段階で、やはりＳさんに受任者になってほしいと言い出したので、Ｓさんも仕方なく受任者として契約をすることにしました。Ｒさんは、Ｓさんのことを信用していて死後の財産も遺言により遺贈するとのことなので、任意後見契約の内容は、親族後見と同じく簡易版にしました。

高齢の受任者が任意後見監督人への報告書を作成するのは大変

契約から１年ほどして、Ｒさんが再度入院したとの連絡がありました。入院で、Ｒさんの認知機能が急激に衰えていて、任意後見契約の発効のために任意後見監督人選任の申立てをしました。しかし、肝心のＳさんも体調を崩してしまったのです。

そのため私たち法人が、任意後見監督人へ提出するための収支報告書や財産の報告書を作成することを手伝うことになりました。相変わらず、Ｓさんは自分の体調が悪いにもかかわらず、Ｒさんの食事を作ったり、買物をして持っていってあげるということを続け、身内のようにお世話をしています。

任意後見契約書（簡易版・親族後見用）（記載例）

任意後見契約書（簡易版・親族後見用）

当事者の表示
委任者（K）
本　　籍　神奈川県横浜市
住　　所　神奈川県
職　　業　無職
氏　　名　K
生年月日　昭和18年1月3日

受任者（U）
住　　所　東京都府中市
職　　業　会社員
氏　　名　U
生年月日　昭和41年5月15日

〔契約の趣旨・契約の発効〕
第1条　K（委任者）は、U（受任者）に対し、令和元年11月15日、任意後見契約に関する法律第4条第1項所定の要件に該当する状況でのKの生活・療養看護・財産の管理に関する事務（以下「後見事務」といいます。）を委託し、Uはこれを受任します。
2　前項の契約（以下「この契約」といいます。）は、任意後見監督人が選任された時から効力が発生します。

〔後見事務の範囲・管理対象財産〕
第2条　Kは、Uに対し、別紙「代理権目録」記載の後見事務（以下「本件後見事務」といいます。）を委任し、その事務を遂行するための代理権を与えます。
2　Uが本件後見事務に基づいて管理する財産は、Kの所有する全財産とし、別紙「財産目録」のとおりです。

〔任意後見監督人の選任〕

第３条　この契約を結んだ後、Ｋが精神上の障害により判断能力が不十分な状況になり、Ｕがこの契約による後見事務を行うことが必要だと判断したときは、Ｕは、家庭裁判所に任意後見監督人の選任の審判を申し立てます。

〔ライフプラン〕

第４条　Ｕは、後見事務を遂行するに当たってＫが作成した別紙「ライフプラン」を本人の意思として尊重します。

〔書類の作成〕

第５条　Ｕは、本件後見事務を遂行するに当たり、次の書類を作成し保管するものとします。

①　この契約を締結した時の契約書及び財産目録
②　任意後見監督人が選任された時の財産目録及び証書等の保管等目録
③　本件後見事務に関する会計帳簿
④　本件後見事務に関する日誌

※①②については、司法書士などの専門家が作成することになるでしょう。③についても当初は専門家の助けが必要になることが多いと思われます。

〔費用の負担〕

第６条　Ｕが本件後見事務を遂行するために必要な費用は、Ｋの負担です。

〔報　酬〕

第７条　Ｋは、Ｕに対し、任意後見監督人を選任するための申立て報酬を150,000円とします。

２　Ｋは、Ｕに対し、この契約の効力が発生した後の後見事務の中で、別紙「代理権目録」における「1.継続的管理事務」の報酬として、月額金30,000円（消費税別）を支払うものとします。

※親子間であれば、報酬は０円でも10万円でもよいと思います。当事者の

意向をよく確認して常識の範囲内で作成してください。

3　Kは、Uに対し、この契約の効力が発生した後の後見事務の中で、別紙「代理権目録」における「2. その他事務」の報酬として、別紙記載の報酬規定のとおり支払うものとします。

〔報告等〕

第8条　Uは、任意後見監督人に対して、6か月ごとに、本件後見事務に関する次の事項について書面で報告します。

※第三者である司法書士などの専門家の場合と違い、親子間では監督人への報告期間は、緩めの設定でもよいと考えています。

①　Uの管理するKの財産の管理状況

②　Kの身上監護について行った措置

③　費用の支出及び使用状況

④　報酬の収受

2　Uは、任意後見監督人の請求があるときは、いつでも速やかにその求められた事項について報告します。

3　Uは、書面の作成においては、第三者に復委任することができます。

※専門家が書類作成の手助けができるように定めておきます。その際の報酬の支払が受任者の負担になって困らないように、第7条第2項の月額報酬は親子間であっても0円にしないことをアドバイスするとよいでしょう。

代理権目録（記載例）

代理権目録

1．継続的管理事務

①　本人に帰属する全財産及びこの契約を締結した後に本人に帰属する財産（預貯金を除く。）並びにその果実の管理・保存・処分

②　本人に帰属する全預貯金及びこの契約を結んだ後に本人に帰属する預貯金に関する取引（預貯金の管理・振込依頼・払戻し、口座の変更・解

約等)

③　預貯金口座の開設及び当該預貯金に関する取引（預貯金の管理・振込依頼・払戻し、口座の変更・解約等）並びに貸金庫取引

④　本人名義の投資信託の管理・解約・売却及び有価証券の管理・売却

⑤　定期的な収入（家賃・地代・年金・障害手当金その他の社会保障給付等）の受領及びこれに関する諸手続

⑥　定期的な支出を要する費用（家賃・地代・公共料金・保険料・ローンの返済金・税金等）の支払及びこれに関する諸手続

⑦　保険金の受領

⑧　生活費の送金

⑨　日用品の購入その他日常生活に関する取引

⑩　証書等（登記済権利証・実印・銀行印・印鑑登録カード）その他これらに準ずるものの保管及び事務を遂行するために必要な範囲内の使用

2．その他事務（上記の継続的な管理事務以外の事務）

①「1．継続的管理事務」に記載されている事項以外の本人の生活、療養看護及び財産管理（財産処分を含む。）に関する一切の法律行為に関する代理事務

②　行政官庁に対する諸手続（市区町村・日本年金機構に対する諸手続・登記の申請・供託の申請・税金の申告等）に関する一切の代理事務

③「1．継続的管理事務」及び「2．その他事務」に記載されている各事項に関する下記の行為

ⅰ　行政機関等に対する不服申立て及びその手続の追行

ⅱ　司法書士に対して簡裁訴訟代理等関係業務について授権をすること

ⅲ　弁護士に対して訴訟行為及び民事訴訟法第55条第2項の特別授権事項について授権をすること

3．その他前各号に付帯する一切の事務、前各号に関する復代理人の選任及び前各号に関する事務代行者の指定

報酬規定（記載例）

> **報酬規定**
>
> Ｋの任意後見事務に関し、Ｕが受領する報酬を次のように定めます。ただし、下記の金額には消費税は含みません。
>
> 各種手続の報酬（Ｕが行う継続的な管理事務以外の事務に関する報酬）
>
> ①　賃貸不動産に関する定期的な管理事務（他者に管理委託をする場合を除きます。）
>
> 基本報酬 50,000 円＋１か月の収入の合計額の３％以内
>
> ②　不動産に関する契約の締結（売買、増改築等）
>
> 契約価額　1,000 万円まで　　金 36 万円以内
>
> 1,000 万円を超える　　×３％以内
>
> ③　不動産に関する継続的契約の締結（賃貸借、管理等）
>
> 契約賃料、管理費等の３か月分

3 ≫ 任意後見の登記

(1)　任意後見の登記は公証人が申請する

公証人が「契約は無事に成立しました。これで本日の手続は終了です。」と言うと皆さん一様にホッとした顔をされます。ほとんどの方が公証役場は初めてで、慣れない公証役場での手続に緊張しているのがよく分かります。司法書士などの専門家がついているのは、精神安定剤の役割も果たしているかもしれません。

公証役場で任意後見契約が無事に締結できたら、公証人は東京法務局の本局に登記申請をします。任意後見契約書作成の公証人の領収証は２枚に分かれていて、１枚が契約書作成の費用でもう１枚が後見登記をするための費用になっています。

司法書士などの専門家が関わる場合、公証役場によっては東京法務局が登記を完了し登記事項証明書（登記簿謄本）が取れるようになると専門家に連絡をくれます。連絡がない場合は、契約後２週間から３週間後をめどに登記事項証明書取得の申請書を郵送します。専門家は、登記がきっちりできていることの確認のために登記事項証明書を取り寄せて、一字一字チェックをする必要があります。

公証人に登記申請の義務を課しているのは、登記申請の漏れを防ぐためです。

(2)　変更や終了の登記は当事者が申請する

一度、任意後見の登記がされるとその後の契約当事者の住所変更や氏名変更などを、公証人は把握できません。そのため、当事者が登記申請をする必要があります。住所の変更登記申請を怠っていると、任意後見契約を発効させるために家庭裁判所に申立てた際、任意後見監督人選任の申立書に記載した住所と登記事項証明書に記載された住所の不一致が生じてしまいます。そのため、慌てて変更登記を申請し、時間を要することになるので、変更の事実が生じるたびに変更登記の申請をしておくことが肝要です。

また、本人死亡による任意後見契約の終了についても、公証人は知る由もないので、受任者又は任意後見人からの登記申請が必要になります。

なお変更及び終了の登記申請に登録免許税はかかりません。

(3)　任意後見の発効の登記は、裁判所がする

残念ながら本人の認知機能が衰えてきたときは、家庭裁判所に任意後見監督人の選任の申立てをします。その審判には、異議の申立てができないため即時に確定します。任意後見監督人の登記は、裁判所の嘱託です。これも登記申請の漏れがないように裁判官に義務を課しています。

受任者である司法書士などの専門家は、審判後、登記が完了したであろう頃合いを見て登記事項証明書を取得する必要があります。また、就任後最初の財産目録と収支の予定表を作成して任意後見監督人に報告するために、銀行等で残高の記帳が必要になります。通帳の名義の記載の仕方は銀行によって異なりますが、通帳の名義を任意後見人に変更する際には、登記事項証明書が必要です。証券会社での取引残高一覧の取り寄せにも登記事項証明書な

どが必要になります。施設に入居している場合は、毎月の利用費の請求書や内訳明細書などを依頼する際にも必要になるかもしれません。金融機関が多い場合で、変更のための書類を一気に集める必要があるときは複数枚の登記事項証明書を取得しておく方がよいでしょう。

なお、登記事項証明書以外の必要書類は金融機関等によって異なることがあるので、事前に電話などで確認して二度手間を防ぎましょう。

(4) 任意後見の登記は、法定後見に優先する証

公証人や裁判官に、登記申請の義務を課して登記申請の漏れを防いでいるのには理由があります。任意後見契約がされているにもかかわらず法定後見人選任の申立てが家庭裁判所に出てきたときに、任意後見契約がされていることを確認できるようにするためです。「任意後見は法定後見に優先する」それを具体的に担保するのが任意後見契約の登記ということになります。

前述したように登記を取り扱っているのは、東京法務局本局だけですが、登記事項証明書は最寄りの法務局で取得できます。ただし、四親等内の親族か任意後見の受任者、公務に必要な役所などに限られています。理由は、プライバシーに関わる個人情報の保護のためです。取引の安全を優先する不動産登記や商業登記と違い費用を払ったからといって誰でも取得できるわけではありません。

東京法務局　御中

登記申請書（変更の登記）

令和　年　月　日申請

1 申請人等

ア 申請される方（申請人）	住所			
	氏名	印		
	資格（本人との関係）		連絡先（電話番号）	

（注）申請人が法人の場合は，「名称又は商号」「主たる事務所又は本店」を記載し，代表者が記名押印してください。

イ 上記の代理人（上記の申請人から委任を受けた方）	住所	
	氏名	印
	連絡先（電話番号）	

（注1）代理人が申請する場合は，アの欄とともにイの欄にも記入してください（この場合アの欄の押印は不要です。）。
（注2）代理人が法人の場合は，「名称又は商号」「主たる事務所又は本店」を記載し，代表者が記名押印してください。

2 登記の事由

ア 変更の対象者	□成年被後見人，□被保佐人，□被補助人，□任意後見契約の本人，□成年後見人，□保佐人，□補助人，□任意後見受任者・任意後見人，□成年後見監督人，□保佐監督人，□補助監督人，□任意後見監督人，□その他（　　　）

（　　　　　）の

イ 変更事項	□氏名の変更，□住所の変更，□本籍の変更，□その他（　　　）

（記入方法）上記のそれぞれの該当事項の□に☑のようにチェックしてください。（例：「☑成年後見人　の　☑住所の変更」）

3 登記すべき事項

変更の年月日	平成・令和　年　月　日
変更後の登記事項	

（記入方法）変更の年月日欄には住所移転日等を記入し，変更後の事項欄には新しい住所又は本籍等を記入してください。

4 登記記録を特定するための事項

（本人（成年被後見人，被保佐人，被補助人，任意後見契約の本人）の氏名は必ず記入してください。）

フリガナ	
本人の氏名	

（登記番号が分かっている場合は，本欄に登記番号を記入してください。）

登記番号	第　－　号

（登記番号が分からない場合は，以下の欄に本人の生年月日・住所又は本籍を記入してください。）

本人の生年月日	明治・大正・昭和・平成・令和／西暦　年　月　日生
本人の住所	
又は本人の本籍（国籍）	

5 添付書類

該当書類の□に☑のようにチェックしてください。	①□法人の代表者の資格を証する書面（※申請人又は代理人が法人であるときに必要） ②□委任状，□その他（　　　）（※代理人が申請するときに必要） ③□登記の事由を証する書面（□住民票の写し（欄外注参照）□戸籍の謄本又は抄本）□その他（　　　） ④□上記添付書類は，本件と同時に申請した他の変更の登記申請書に添付した。

（注）住所変更の場合，法務局において住民基本台帳ネットワークを利用して住所変更の事実を確認することができるときは，住民票の写しの添付を省略することができます。法務局において住所変更の事実を確認することができないときは，住民票の写し等の送付をお願いすることがあります。

※登記手数料は不要です。

東京法務局　御中

登記申請書（終了の登記）

令和　　年　　月　　日申請

1 申請人等

ア 申請される方（申請人）	住　所			
	氏　名	印		
	資　格（本人との関係）		連絡先（電話番号）	

（注）申請人が法人の場合は，「名称又は商号」「主たる事務所又は本店」を記載し，代表者が記名押印してください。

イ 上記の代理人（上記の申請人から委任を受けた方）	住　所	
	氏　名	印
	連絡先（電話番号）	

（注１）代理人が申請する場合は，アの欄とともにイの欄にも記入してください（この場合アの欄の押印は不要です。）。

（注２）代理人が法人の場合は，「名称又は商号」「主たる事務所又は本店」を記載し，代表者が記名押印してください。

2 登記の事由

ア 終了の事由	□成年被後見人の死亡，□被保佐人の死亡，□被補助人の死亡，□任意後見契約の本人の死亡，□任意後見受任者の死亡，□任意後見人の死亡，□任意後見契約の解除，□その他（　　　　　）

（記入方法）上記の該当事項の□に☑のようにチェックしてください。

イ 終了の年月日	平成・令和　　年　　月　　日

（注）○死亡の場合は，その死亡日　○任意後見契約の合意解除の場合は，合意解除の意思表示を記載した書面になされた公証人の認証の年月日等　○任意後見契約の一方的解除の場合は，解除の意思表示を記載した書面が相手方に到達した年月日等

3 登記記録を特定するための事項

（本人（成年被後見人，被保佐人，被補助人，任意後見契約の本人）の氏名は必ず記入してください。）

フリガナ	
本人の氏名	

（登記番号が分かっている場合は，本欄に登記番号を記入してください。）

登記番号	第　　　－　　　号

（登記番号が分からない場合は，以下の欄に本人の生年月日・住所又は本籍を記入してください。）

本人の生年月日	明治・大正・昭和・平成・令和／西暦　　年　　月　　日生
本人の住所	
又は本人の本籍（国籍）	

4 添付書類

（該当書類の□に☑のようにチェックしてください。）

①□法人の代表者の資格を証する書面（※申請人又は代理人が法人であるときに必要）

②□委任状　□その他（　　　　　）（※代理人が申請するときに必要）

③□登記の事由を証する書面

ア死亡の場合（□戸籍（除籍）の謄抄本（**欄外注参照**），□死亡診断書，□その他（　　　　　））

イ□任意後見監督人選任前の一方的解除の場合（解除の意思表示が記載され公証人の認証を受けた書面＝配達証明付内容証明郵便の謄本＋配達証明書（はがき））

ウ□任意後見監督人選任前の合意解除の場合（合意解除の意思表示が記載され，公証人の認証を受けた書面の原本又は認証ある謄本）

エ□任意後見監督人選任後の解除の場合（上記イ又はウの書面（ただし，公証人の認証は不要）＋家庭裁判所の許可審判書（又は裁判書）の謄本＋確定証明書）

オ□その他（　　　　　）

（注）死亡の場合，法務局において住民基本台帳ネットワークを利用して死亡の事実を確認することができるときは，戸籍（除籍）の謄抄本の添付等を省略することができます。法務局において死亡の事実を確認することができないときには，戸籍（除籍）の謄抄本等の送付をお願いすることがあります。

※登記手数料は不要です。

登記事項証明申請書

（成年後見登記用）

＿＿＿＿法務局　御　中

年　　月　　日申請

□閉鎖登記事項証明書（閉鎖された登記事項の証明書を必要とする場合はこちらにチェックしてください。）

			収入印紙を貼るところ
請求される方（請求権者）	住　　所		収入印紙は割印をしないでここに貼ってください。
	（フリガナ）		
	氏　　名	㊞ 連絡先（電話番号　　－　　－　　）	
請求される方の資格	1 □ 本人（成年被後見人，被保佐人，被補助人，任意後見契約の本人，後見・保佐・補助命令の本人）		印紙は申請書ごとに必要な通数分を貼ってください。
	2 □ **成年後見人** 3 □ **保佐人** 4 □ **補助人** 5 □ **任意後見受任者（任意後見人）**	6 □ 成年後見監督人　7 □ 保佐監督人　8 □ 補助監督人 9 □ 任意後見監督人　10 □ **本人の配偶者** 11 □ **本人の四親等内の親族**　12 □ 未成年後見人 13 □ 未成年後見監督人　14 □ 職務代行者　15 □ 財産の管理者 16 □ 本人の相続人　17 □ 本人の相続人以外の承継人	
代　理　人（上記の方から頼まれた方）	住　　所		**収入印紙は１通につき550円です**
	（フリガナ）		
	氏　　名	㊞ 連絡先（電話番号　　－　　－　　）	（ただし，１通の枚数が50枚を超えた場合は，超える50枚ごとに100円が加算されます）
添付書類 下記㊟参照	□ 戸籍謄本または抄本など本人との関係を証する書面 （上欄中10，11，12，13，16，17の方が申請するときに必要。発行から３か月以内の原本） □ 委任状（代理人が申請するときに必要） □ 法人の代表者の資格を証する書面 （請求される方が法人であるとき，代理人が法人であるときに必要。いずれも発行から３か月以内の原本）		
後見登記等の種別及び請求の通数	□ 後見　□ 保佐　□ 補助　（　　通） □ 任意後見契約　（　　通） □ 後見命令　□ 保佐命令　□ 補助命令　（　　通）		
特別の請求	□ 氏名や住所等の変更履歴を必要とする場合はこちらにチェックして，必要な理由を記入してください。 理由：		

●登記記録を特定するための事項

（フリガナ）	
本人の氏名（成年被後見人等）	

（登記番号がわかっている場合は，記入してください。）

登記番号	第　　　　—　　　　号

（登記番号が不明の場合に記入してください。）

本人の生年月日	明治・大正・昭和・平成・令和／西暦　　年　　月　　日生
本人の住所（登記上の住所）	
または本人の本籍（国籍）	

本人確認書類
□請求権者
□代理人

□運転免許証
□健康保険証
□マイナンバーカード
□住基カード
□資格者証明書
□弁護士
□司法書士
□行政書士
□その他
□パスポート
□(　　　　)

□封筒

交付通数		交付枚数	手数料	交付方法	受付	
50枚まで	51枚以上	（合計）				年　　月　　日
				□窓口交付 □郵送交付	交付	年　　月　　日

記入方法等　１　二重線の枠内の該当事項の□に☑のようにチェックし，所要事項を記入してください。
２「登記記録を特定するための事項」には，登記番号がわかっている場合は，本人の氏名と登記番号を，不明な場合は本人の氏名・生年月日・住所または本籍（本人が外国人の場合には，国籍）を記載してください。
３　郵送請求の場合には，返信用封筒（あて名を書いて，切手を貼ったもの）を同封し下記のあて先に送付してください。
申請書送付先：〒102-8226　東京都千代田区九段南1-1-15　九段第２合同庁舎
東京法務局民事行政部後見登録課

㊟ 窓口請求の場合は，請求される方（代理請求の場合は代理人）の本人確認書類（運転免許証・健康保険証・マイナンバーカード・パスポート等）を窓口で提示していただきますようお願いいたします。
郵送請求の場合は，申請書類とともに，上記本人確認書類のコピーを同封していただきますようお願いいたします。
申請書に添付した戸籍謄本等の還付（返却）を希望される場合は，還付のための手続が必要です。

登記事項証明書

任意後見

任意後見契約
　【公証人の所属】大阪法務局
　【公証人氏名】
　【証書番号】令和　年
　【作成年月日】令和　年
　【登記年月日】令和　年
　【登記番号】第2013

任意後見契約の木人
　【氏　　名】
　【生年月日】昭和　年
　【住　　所】大阪府
　【本　　籍】大阪府

任意後見受任者
　【名称又は商号】勝司法書士法人
　【主たる事務所又は本店】大阪府大阪市西区立売堀１丁目３番１３号第三富士ビル９Ｆ
　【代理権の範囲】別紙目録記載のとおり
　　【従前の記録】
　　　【事務所変更日】令和　年　月　日
　　　【登記年月日】令和　年　月　日
　　　【変更前主たる事務所又は本店】大阪府大阪市西区立売堀１丁目２番14号本町産金ビル9F

上記のとおり後見登記等ファイルに記録されていることを証明する。

令和　年　月　日

東京法務局　登記官　　　　法　務　太　郎　印

［証明書番号］　　　　（　1／　6）

登記事項証明書（別紙目録）

代理権目録（１／４）　　任意後見

代理権目録

第１　継続的管理業務

１　　　　　　に帰属するすべての財産及び本契約締結後に
　　　　　　に帰属する財産並びにその果実の管理・保存

２　銀行等の金融機関、郵便局、証券会社、保険会社とのすべての取引

３　定期的な収入の受領及び定期的な支出を要する費用の支払並びにこれらに関する諸手続

４　生活費の送金や日用品の購入その他日常生活に関する取引

５　日用品以外の生活に必要な機器・物品の購入

６　保険金の受領

７　登記済権利証、実印、銀行印、印鑑登録カード、預貯金通帳、年金関係書類、各種キャッシュカード、有価証券、建物賃貸借契約書等の重要な契約書類・証書等の保管及び事務処理に必要な範囲内の使用

８　行政機関の発行する証明書の請求

９　介護、福祉サービスの利用契約の締結、変更、解除及び費用の支払

登記年月日　令和　年

［証明書番号］　　（　２／　６）

登記事項証明書（別紙目録）

任意後見

代理権目録（２／４）

10 復代理人及び事務代行者の選任

11 以上の各事項の処理に必要な費用の支払

12 以上の各事項に関連する一切の事項

第２ 個別的管理業務

１ に帰属するすべての財産及び本契約締結後に

に帰属する財産並びにその果実についての処分・変更

２ 不動産の売却、賃貸不動産の管理、賃貸借契約の締結、変更、解除。

尚、売却については、甥の△△△△の書面による同意を要する。

３ 金銭消費貸借契約・担保権設定契約の締結・変更・解除

４ 相続に伴う遺産分割や相続の承認・放棄、贈与又は遺贈の拒絶・受諾、寄与分を定める申立、遺留分減殺の請求

５ 登記・供託に関する申請

６ 税金の申告・納付

７ 要介護・要支援認定の申請並びに認定に関する承認又は異議の申立て

８ 福祉関係施設への入所に関する契約の締結、変更、解除及び費用の支払

登記年月日 令和 年

［証明書番号］ （ ３／ ６）

登記事項証明書（別紙目録）

代理権目録（３／４）

任意後見

9　福祉関係の措置の申請及び決定に関する異議申立て

10　居住用不動産の購入

11　借地契約及び借家契約の締結・変更・解除

12　住居等の増改築・修繕に関する請負契約の締結・変更・解除

13　医療契約の締結・変更・解除及び費用の支払

14　病院への入院に関する契約の締結・変更・解除及び費用の支払

15　行政機関等に対する諸手続に関する一切の代理業務

16　上記業務以外の、○○○○の生活、療養看護及び財産管理（財産処分を含む）に関する一切の法律行為に関する代理業務

17　上記「第１　継続的管理業務」「第２　個別的管理業務」の各事項に関して生ずる紛争の処理に関する下記の事項

①　裁判外の和解、示談並びに仲裁契約

②　行政機関等に対する不服申立て及びその手続の追行

③　司法書士法第３条第１項第６号及び第７号に定める手続の追行

④　弁護士に対して訴訟行為や民事訴訟法第55条第２項の特別授権事項についての授権をすること

18　復代理人及び事務代行者の選任

登記年月日　令和　年

［証明書番号］　（４／６）

登 記 事 項 証 明 書 （ 別 紙 目 録 ）

任意後見

代理権目録（４／４）

19　以上の各事項の処理に必要な費用の支払

20　以上の各事項に関連する一切の事項

登記年月日　令和　年

［証明書番号］　（ 5／ 6）

登 記 事 項 証 明 書

任意後見

任意後見契約
　【公証人の所属】大阪法務局
　【公証人氏名】
　【証書番号】令和　年
　【作成年月日】令和　年
　【登記年月日】令和　年
　【登記番号】第2013

任意後見契約の本人
　【氏　　名】
　【生年月日】昭和　年
　【住　　所】大阪府
　【本　　籍】大阪府

任意後見人
　【名称又は商号】勝司法書士法人
　【主たる事務所又は本店】大阪府大阪市西区立売堀１丁目３番13号第三富士ビル9F
　【代理権の範囲】別紙目録記載のとおり

任意後見監督人
　【氏　　名】
　【住　　所】大阪府
　【選任の裁判確定日】令和　年
　【登記年月日】令和　年

上記のとおり後見登記等ファイルに記録されていることを証明する。

令和　年　月　日

東京法務局　登記官　　　　法　務　太　郎　　印

［証明書番号］　　　　（ 1／ 6）

第2章 任意後見に付随する契約

1-1 >> 見守り契約の事例

(1) 家族関係

Oさんは結婚し子どももいましたが、15年前に離婚しました。その際に子どもは、妻と一緒に出て行ってしまいました。それ以来一人暮らしですが、元気に過ごしていました。あるとき、がんが見つかりこのまま一人暮らしを続けるのも不安になったため施設への入居を決心しました。

(2) 施設側の心配

そのOさんの入居の希望を受けた施設側は「Oさんは、今は元気で手術後も判断能力は問題ない」と考えていました。しかし、将来認知症になり介護が必要になったときの契約やその他法的な意思表示が必要なときの手続ができなくなるのではないか、自分でお金の管理がいつまでできるのかなどが心配です。施設のスタッフとのもめ事が起きたときに、Oさんのことについて誰と話をしたらよいのかという心配もありました。

Oさんが入居を希望している施設は、高齢者施設を幾つも運営していて、施設長が施設長会議で他の施設長に相談したときに、私たち法人の存在を知ったそうです。施設長から他の施設長へと口コミで伝わることで、Oさんとの面談になりました。

(3) 面　談

Oさんには、施設長から任意後見という制度があることが伝わり、私たち法人が詳しく説明することになりました。1時間半ほどかけて、見守り契約、財産管理等委任契約、任意後見契約、死後事務委任契約、遺言書についての説明をしました。

面談の際のOさんの考えは

1、別れた妻と一緒に出ていった子どもには一切頼りたくない。他に頼りにしている親族もいない。

2、現在は、お金の管理に不安はない。
3、一戸建ての自宅を空き家にしてあるが、現時点での売却は考えていない。
4、自分が死んだとき、子どもには残った財産を一切相続させるつもりはない。
5、葬儀は必要ない。
6、自分が死んだときは、子どもに死亡の連絡は不要
などでした。

(4)　私たち法人の現状認識

Oさんには、法定相続人はいるものの縁が切れている、相談できる親族もいないという状態です。

Oさんは、手術を控えているので、病院や施設からの緊急連絡先が必要です。それに加え手術の立会い・入院の手続などを本人に代わって行う人が必要です。今回の入院によって急激に判断能力が衰えるかもしれません。あるいは今後数年を経て次第に判断能力が衰えたときに頼れる人がいないという問題もあります。また、相続においては、法定相続人である子どもに相続をさせたくないという希望があります。Oさん自身は、病気で体についての心配はあるものの、判断能力については心配していません。

(5)　私たち法人からのアドバイス

この場合、相談を受けた側は、どのような契約を勧め、どのような注意点を伝えるべきでしょうか。

Oさんはおひとりの方ですから、まずは、将来の判断能力の衰えに備えて任意後見契約の必要性を理解してもらう必要があります。判断能力が衰えた後、財産管理や契約事の代理をしてくれる人は誰にするのかなど、任意後見が必要なことを説明しました。それに加えてOさんが、施設に入居した後は、一戸建ての自宅が空き家になります。その後、Oさんが認知症になったときの空き家の管理や将来の売却についての条件などを決めておく必要がある旨を伝えました。

次に、任意後見の受任者との関係が切れないように、見守り契約をしておくことが大切である旨を伝えました。それだけでなく、今回の見守り契約では、手術を控えていることが前提なので病院からの緊急連絡先を誰にするの

か、手術の立会い・手続などを誰にしてもらうのかを考える必要がある旨を説明しました。

並行して、財産管理等委任契約を結ぶ必要があるか否かを検討しました。現時点でOさんは自分の身体の心配はしても判断能力の衰えは心配していません。その上、お金の管理を人に任せるつもりはないとのことでした。そのため、Oさんが銀行に行くのがおっくうになったり、お金のことを考えるのがつらいと思うような状況になれば、改めて考えましょうということになり財産管理等委任契約については保留にしました。

(6) 死亡後についてのアドバイス

最後にOさんが亡くなった後のこととして、死後事務委任契約と遺言があります。

Oさんは、自分が死んだら、葬儀は不要、病院や施設から直接火葬場に遺体を運んで火葬をしてほしいと、直葬を希望されました。死んだことを子どもに伝えるのも不要とのことです。先祖の墓は改葬して引き上げ、宗教宗旨を問わず受け入れているお寺でOさんの生前に合祀しておくつもりとのことでした。Oさんのお骨も、そのお寺で合祀墓に納めてくれたらよいとのことです。

残った財産は、子どもには、一切相続させず、地元の社会福祉協議会に寄付したいとのことです。

私たち法人は、遺言として効力のある部分と、死後事務委任契約として作成しないといけない部分に分けて説明しました。

遺言について

1、遺言を執行する人が必要であるため遺言執行者を決めておく必要があること

2、遺言執行者は、子どもたちに相続財産がある旨を連絡する必要があること

3、地元の社会福祉協議会に対しては、遺贈による寄付を受け入れているのか事前確認しておく必要があること

4、遺留分について

死後事務委任契約について

1、葬儀をしないことは可能

2、直葬は可能だが火葬までの間は葬儀社に安置してもらう必要があること

3、子どもたちに連絡しないとすることは可能。しかし、遺言執行者は子どもたちに連絡する義務があるので、遺留分侵害額請求をされると地元の社会福祉協議会より遺留分の方が優先すること

(7)　受任者になる

Ｏさんは、説明を聞いた後、私たち法人に任意後見の受任者になってほしいと希望されました。そのほかに、見守り契約から遺言書作成まで一連の書類作成と遺言執行者になってほしいという依頼がありました。

今回のＯさんとの契約の特徴は、見守り契約です。手術を控えているため、病院からの緊急連絡先、手術の立会い・手続などを私たち法人に委任できるようにしておきました（下記記載例第３条参照）。

契約時当初の見守り契約書（記載例）

見守り契約書

令和　　年　　月　　日

委任者の表示
　本　　籍
　住　　所
　氏　　名　Ｏ
　職　　業　無職
　生年月日　昭和13年11月13日
受任者の表示
　所　　在
　職　　業　司法書士
　氏　　名　勝司法書士法人

第１条（契約の目的）

委任者Ｏさんと受任者勝司法書士法人は、令和　年　月　日締結した任意後見契約が効力を生ずるまでの間、勝司法書士法人がＯさんの生活や健

康状態の把握に努めることができる機会を保障し、もって将来の適切な任意後見事務に備えることを目的として、本契約を締結します。

第2条（訪問及び連絡）

勝司法書士法人は、4か月に1回Oさんの入居施設を訪問して、Oさんと面談するものとします。

2　前項の訪問日は、Oさんと勝司法書士法人との協議により、その都度適宜定めるものとします。

3　勝司法書士法人は、第1項に定める訪問日以外の日であっても、Oさんの要請があった場合は、随時訪問面談するものとします。

4　第1項の訪問をしない月は、勝司法書士法人は、Oさんに対し、毎月1回、生活と健康状態を把握するため、電話連絡をするものとします。

第3条（見守り義務）

勝司法書士法人は、前条に定める訪問と連絡を通じて、家庭裁判所に対する任意後見監督人選任の請求をなすべきか否かを、常に考慮し判断しなければなりません。

2　Oさんは緊急時の連絡先として、勝司法書士法人を指定できるものとします。

3　Oさんは手術時の立会い、入退院時の手続を勝司法書士法人に依頼することができます。

4　Oさんが意識不明の状態になった場合は、勝司法書士法人が、手術の立会い、入退院時の手続をすることができます。

第4条（報酬）

Oさんは、勝司法書士法人に対し、第2条第1項に定める定期的な事務処理等に関する報酬として、月額金1万円（消費税別）を支払います。同条第4項に定める定期的な事務処理等に関する報酬として、月額金3,000円（消費税別）を支払います。支払方法は、本契約締結時に12月末まで分を一括して支払い、以後毎年12月末日までに、1年分を一括して前払するものとします。

なお、本契約が終了したときは、月割り計算により報酬の精算を行うものとします。

2　Oさんは、勝司法書士法人に対し、別途報酬として第2条第3項に定める不定期の訪問に関する報酬として、1回の訪問につき金1万円（消費税別）を訪問後速やかに支払います。なお、交通費等の実費は、Ｏさんの負担とします。

第５条（契約の変更）

本契約の内容についてＯさん又は勝司法書士法人が変更の申出をしたときは、協議の上いつでも変更できるものとします。

第６条（契約の終了）

本契約は、次の事由により終了します。

① Ｏさんが死亡又は破産したとき

② 勝司法書士法人が解散又は破産したとき

③ Ｏさんについて後見開始、保佐開始、又は補助開始の審判が確定したとき

④ 任意後見契約が解除されたとき

⑤ Ｏさんについて、任意後見監督人選任の審判が確定したとき

第７条（守秘義務）

勝司法書士法人は、本契約に関して知り得た秘密を、正当な理由なくして第三者に漏らしてはなりません。

委任者

受任者

1-2 >> 見守り契約の変更

(1) 変更の依頼

Ｏさんの手術は成功し、他への転移もなかったようです。次第に元気になり体力も回復してきました。そうなると、施設の厳しい外出時間の制限による束縛がつらくなってきました。ある日施設を変わることを決め、出入りの自由な施設へと引っ越しをしました。

その後Ｏさんから、見守りのペースも減らしてほしいとの依頼がありました。私たち法人から見てもＯさんはあまりに元気なため、毎月の電話連絡と年３回の訪問までは不要だと感じられました。そのためＯさんの依頼

に対して合意することにしました。

(2) 変更の依頼書

変更について後日問題が生じないように、重要な部分については別途、変更の依頼書を作成しました。その上で新しい見守り契約を締結しました。

もちろん、覚書や変更契約書を最初に契約した原本に添付して一体にしておくという方法も一つだと思いますが、私たち法人は高齢者と接する仕事が多いため、理解力不足による後日の疑義を避けるためにひと手間かけて、注意を喚起することを意識しています。

見守り契約の変更依頼書（記載例）

見守り契約の変更依頼書

勝司法書士法人　代表社員　勝　猛一　様

私は、貴殿との間で令和　年　月　日付けで締結した見守り契約書における第５条（契約の変更）に基づき、第２条（訪問及び連絡）と第４条（報酬）を下記の内容に変更することを依頼いたします。

令和　　年　　月　　日

住所

氏名　　　　O

記

第２条（訪問及び連絡）

訪問日は、Oさんと勝司法書士法人との協議により、必要に応じて随時訪問面談し、定期訪問は行いません。

２　勝司法書士法人は、Oさんに対し、６か月に１回、生活と健康状態を把握するため、電話連絡するものとします。

３　第３項、第４項削除

第４条

Oさんは、勝司法書士法人に対し、第２条第１項に定める定期的な電話連絡に関する報酬として、年間６千円（消費税別）を支払います。支払方法は、本契約締結時に１年分を一括して支払い、以後毎年 12 月末日までに、１年分を一括して前払するものとします。なお、本契約が年の途中で終了したときは、電話連絡１回につき３千円（消費税別）として報酬の精算を行うものとします。

２　Ｏさんは、勝司法書士法人に対し、別途報酬として第２条第２項に定める不定期の訪問に関する報酬として、１回の訪問につき金１万円（消費税別）を訪問後速やかに支払います。なお、交通費等の実費は、Ｏさんの負担とします。

以上

変更後の見守り契約書（記載例）

見守り契約書

令和　　年　　月　　日

委任者の表示
　本　　籍
　住　　所
　氏　　名　Ｏ
　職　　業　無職
　生年月日　昭和 13 年 11 月 13 日

受任者の表示
　所　　在
　職　　業　司法書士
　氏　　名　勝司法書士法人

第１条（契約の目的）

委任者Ｏさんと受任者勝司法書士法人は、令和　年　月　日締結した任意後見契約が効力を生ずるまでの間、勝司法書士法人がＯさんの生活や健康状態の把握に努めることができる機会を保障し、もって将来の適切な任意後見事務に備えることを目的として、本契約を締結します。

第２条（訪問及び連絡）

勝司法書士法人は、６か月に１回Ｏさんへ電話をして、生活と健康状態を把握するものとします。

2　勝司法書士法人は、Ｏさんの要請があった場合は、随時訪問面談するものとします。

第３条（見守り義務）

勝司法書士法人は、前条に定める訪問と連絡を通じて、家庭裁判所に対する任意後見監督人選任の請求をなすべきか否かを、常に考慮し判断しなければなりません。

2　Ｏさんは緊急時の連絡先として、勝司法書士法人を指定できるものとします。

3　Ｏさんは手術時の立会い、入退院時の手続を勝司法書士法人に依頼することができます。

4　Ｏさんが意識不明の状態になった場合は、勝司法書士法人が、手術の立会い、入退院時の手続をすることができます。

第４条（報酬）

Ｏさんは、勝司法書士法人に対し、第２条第１項に定める定期的な事務処理等に関する報酬として、年額金６千円（消費税別）を支払います。支払方法は、本契約締結時に１年分を一括して支払い、以後毎年12月末日までに、１年分を一括して前払するものとします。

なお、本契約が年の途中で終了したときは、電話連絡１回につき３千円（消費税別）として報酬の精算を行うものとします。

2　Ｏさんは、勝司法書士法人に対し、別途報酬として第２条第２項に定める不定期の訪問に関する報酬として、１回の訪問につき金１万円（消費税別）を訪問後速やかに支払います。なお、交通費等の実費はＯさんの負担とします。

第５条（契約の変更）

本契約の内容についてＯさん又は勝司法書士法人が変更の申出をしたときは、協議の上いつでも変更できるものとします。

第６条（契約の終了）

本契約は、次の事由により終了します。

①　Ｏさんが死亡又は破産したとき
②　勝司法書士法人が解散又は破産したとき
③　Ｏさんについて、後見開始、保佐開始、又は補助開始の審判が確定したとき
④　任意後見契約が解除されたとき
⑤　Ｏさんについて、任意後見監督人選任の審判が確定したとき

第７条（守秘義務）
勝司法書士法人は、本契約に関して知り得た秘密を、正当な理由なくして第三者に漏らしてはなりません。

第９条（特約）
令和　年　月　日にＯさんと勝司法書士法人とで締結した見守り契約は、本日、この見守り契約の締結をもって終了するものとします。

委任者

受任者

専門家が注意すべきポイント

死後事務委任契約は、公正証書で作成することが多いと思います。

しかし、契約時の本人の年齢が60歳代と比較的若い場合や契約後に状況が変わることが予想される場合などがあります。その場合は必ずしも公正証書にこだわらず、私署証書で作成しておき、その後の変更時に備えておくことも選択肢の一つになると思います。

2 >> 財産管理等委任契約

(1)　判断能力のある間の財産管理等委任契約

財産管理等委任契約（以下「財産管理契約」といいます。）とは、本人の判断能力がしっかりしていて任意後見契約が発効しない段階で、本人の財産を預かり、お金の出し入れや記帳などの財産の管理を受任する契約です。あく

まで任意「後見」ではなく、判断能力がしっかりしている間の「委任」による財産の管理です。司法書士などの専門家が財産管理契約の受任者になるときには財産管理契約と任意後見は、ワンセットで契約すべきでしょう。本人の判断能力がしっかりしているにもかかわらず、財産管理契約をするということは、近い将来、判断能力が衰え、成年後見制度の利用が必要になると考えられます。そのため、財産管理契約だけでなく任意後見契約がセットである必要があるからです。財産管理をしている期間は、本人と受任者の信頼関係を強固にするための期間でもあります。

(2) 任意後見契約とセットで

もし、財産管理契約のみで任意後見契約をしないまま本人の判断能力が衰えると法定後見の申立てが必要になります。法定後見を避けたいという気持ちがあると、本人の判断能力が衰えているにもかかわらず、財産管理契約を継続するという違法状態になります。そのようなことを避けるためにも任意後見契約と財産管理契約は、ワンセットにしておく必要があります。

判断能力のしっかりしている間は、自分の財産は自分で管理したいと思うのが通常でしょう。そのため、当初から財産管理契約をすることは、そう多くはありません。とはいえ現実には、財産管理の依頼があることも事実です。

財産管理を委任する方としては、体調が悪く銀行に行くのもままならない方、目が悪く通帳や数字の管理が難しい方などが典型例です。他にも、夫が全てのお金の管理をしていて自分で通帳などの管理はしたことがなく、夫の死後に自分で財産の管理をすることが不安な高齢の女性などの例があります。

(3) 全ての財産でなくてよい

司法書士などの専門家が受任者として財産管理を委任された場合に、全ての財産を預かって管理する場合と、一部だけを預かって管理する場合があります。一部だけの場合は、特定の金融機関の通帳を預かるということが多いのではないかと思われます。受任者に預けた通帳以外は、本人が自分で管理しておくことになります。

受任者は、どの金融機関のものを預かっているか、預かり証を発行してはっきりさせておかないと「預けた、預かっていない」などの問題が起こりやすいので注意が必要です。また、預っていたものを一時的にでも返す場合は、受取書又は受領書を作成して署名押印してもらうようにしておきましょう。

(4)　金融機関の対応と本人への報告

財産管理契約は公正証書で作成します。金融機関からすると、第三者である公証人が本人の意思確認をしているという客観性が必要ですし、私署証書ですと毎回本人確認と意思確認が必要になるからです。財産管理契約をして通帳を預かった場合、当該金融機関に対しては、公正証書で作成した財産管理契約書の写しを提出し、最初は金融機関から本人に電話で本人確認や意思確認をしてもらったり、本人に金融機関に同行してもらうことがあります。その後は、受任者だけで金融機関に行くことになります。

私たち法人では、財産管理契約を受任した場合は、毎月訪問して報告することを原則としています。そのため、月末締めで月初に記帳をして収支報告書と財産目録とを作成し、月の半ば頃に訪問し報告しています。人によっては、そのタイミングで生活費として毎月○○万円を出金して持ってきてほしいとか、小遣いを○万円持ってきてほしいという人もいます。現金を持っていく場合は、必ず本人に領収のサインをもらっておくことが重要です。

(5)　高額のときは再確認

受任者である司法書士などの専門家だけで毎月の金融機関の入出金ができるようになっても、保険に入るなどの理由で百万円以上のお金を振り込んだりする場合は、金融機関から再度の本人の意思確認を求められることがあります。財産管理契約があるからといって、金融機関は専門家を全面的に信用しているということではないので気を抜いていてはいけません。

本人にとって、財産管理契約には本人の見守りという意味も含まれています。本人の判断能力が衰え始めていないかなどは、会話の中で意識しておく必要があります。数字についての認知能力や日付・曜日などの見当識が、しっかりしているかなど意識的に話をしたり、後見日誌を付けておいて気になるときには数か月前の日誌を見ながら比較することも必要です。

(6)　複数人で担当

私たち法人では、基本的に２名以上で訪問しています。複数で訪問する理由は幾つかあります。１名が会話に集中して本人の様子を見ている間に、もう1人が後見日誌を付けることができます。また、担当を決めていますので、毎月訪問するスタッフは本人の様子を継続的に見ておき、数か月ぶりに訪問するスタッフは、数か月前の本人の様子との変化を見る、というように見るべきポイントを意識的に分けることもできます。本人は高齢で行き違いが起こることも多く、複数人で状況や会話の内容、お金のことを確認するようにしています。他にも、相性があるので、担当者を代えてほしいと本人からの依頼があったときや、スタッフの退職などこちらの都合で担当者の交代がある場合でも、複数ですと、1名だけ代わればよいので変更によるショックが小さいなどのメリットもあります。

しかし、事務所の規模や体制によって複数にすることが困難な場合や、人件費の問題もありますので、それぞれの事務所で工夫できるとよいと思います。

(7) 公的なチェックがない

財産管理契約の弱点として、第三者による公的なチェックがないということが挙げられます。任意後見契約の発効後であれば、任意後見監督人が、本人に代わり任意後見人をチェックしてくれます。しかし、財産管理契約の間は、本人の判断能力がしっかりしているということが前提になっています。もし、本人の判断能力が衰え始めたときに受任者が、任意後見監督人の選任申立てを引き延ばしてしまうと、本人には、受任者をチェックすることができなくなります。

そのため、財産管理契約に第三者を監督人として入れるということも提案すると本人の安心感につながると思います。もちろん財産管理の監督人が第三者の場合ですと報酬は本人負担となりますので、本人の意見を優先させる必要があるでしょう。

同様に受任者を複数にすることが可能であれば、相互チェックが働くので任意後見監督人選任の申立ての時期の引き延ばしを防げるのではないかと考えます。

(8) 禁じ手契約

ある医療系の施設で任意後見の相談を受けた際に、その入居施設の前に本人が入居していた施設で任意後見契約をしていたとのことで、契約書を見せてもらったことがあります。その契約には、財産管理契約書と任意後見契約書がありました。どちらの契約書も受任者が施設になっていました。

本来、任意後見人は、施設側がしっかりとしたサービスを提供しているかなどをチェックする立場であり、場合によっては、本人のために施設側と戦うこともあり得ます。それにもかかわらず、施設側が受任者になるとチェック機能が全く働きません。その状態を指して、ある施設の施設長が「猫に鰹節の番人をさせているようなものだ」と表現していましたが、言い得て妙だと思ったものです。

本人の判断能力が低下した後も合理的な理由なく施設側が財産管理・身上監護（保護）を継続し、任意後見監督人の選任の申立てがなされないなど、本人や第三者の監視の目が行き届かない状態を意図的に作り出すことも可能です。結果として、財産的被害の発生や適切な身上監護（保護）がなされていない権利濫用の状況が継続することもあり得ます。

本人の財産を管理している施設が、本人の通帳から自分の施設への支払をすることになり、やりたい放題になるかもしれません。その意味で、施設が受任者になる契約は「禁じ手」になります。

財産管理等委任契約公正証書（参考）

財産管理等委任契約公正証書

本公証人は、委任者○○（以下「甲」という。）及び受任者勝司法書士法人（以下「乙」という。）の嘱託により、令和２年９月５日、本公証人役場において、次の法律行為に関する陳述の趣旨を録取し、この証書を作成する。

趣　旨

第１条（契約の趣旨及び発効）

甲は、甲の生活、療養看護及び財産の管理に関する事務（以下「委任事務」という。）を乙に委任し、乙はこれを受任する。ただし、本契約は、甲が傷病等により身体の不自由な状況となり、判断能力に衰えはないにもかかわらず、自己の財産を管理することが不十分な状況となった場合に、甲から乙に対し書面により本契約発効の意思が表示されたときに、その効力が発生するものとする。

※契約時でなく本人から財産管理をスタートしてほしいという書面での意思表示があったときにスタートする契約

第２条（管理対象財産）

乙が本契約により管理する財産（以下「管理対象財産」という。）は、甲に帰属する甲から管理を依頼された財産とする。なお、本契約締結時の管理対象財産は、別紙管理対象財産目録記載のとおりである。

2　本契約締結後に管理対象財産を変更する場合は、甲及び乙の合意によるものとする。

第３条（委任事務及び代理権の範囲）

甲は、乙に対し、別紙委任事務目録記載の委任事務（以下「本件委任事務」という。）を委任し、その事務遂行のための代理権を付与する。

2　本契約締結後に本件委任事務の範囲を変更し、代理権を追加する場合は、甲及び乙の合意によるものとする。

第４条（証書等の引渡し等）

甲は、乙に対し、本件委任事務遂行のために必要と認める証書等を引き渡し、乙は引渡しを受けた証書等について財産引渡し預り書を作成し、甲に対しこれらを交付する。

2　乙は、前項の証書等の引渡しを受けたときは、これを保管するとともに、本件委任事務遂行のために使用することができる。

第５条（注意義務等）

乙は、本契約の趣旨及び甲の意思を尊重し、甲の身上に配慮するとともに善良な管理者の注意義務をもって本件委任事務の遂行に当たらなければならない。

2　乙は、自らの訪問等を通じて、家庭裁判所に対する任意後見監督人選任の請求をなすべきか否かを常に考慮し、甲の判断能力が不十分な状況になったときは、甲の同意を得て速やかに任意後見監督人選任の申立てを行うものとする。

※受任者を複数にすることや任意後見監督人の選任申立てを受任者の義務として記載するなどして、甲の判断能力が衰えたときに任意後見監督人の選任申立てが確実にされる仕組みを提案することも、甲の安心感につながると思います。

3　乙は、本件委任事務を遂行するに当たって、甲の任意後見契約書と同時に作成したライフプランの内容を尊重しなければならない。

4　乙は、本件委任事務に関して知り得た甲の秘密を、正当な理由なく第三者に漏らしてはならない。

第６条（書類の作成及び保存）

乙は、本件委任事務を遂行するに際し、次の書類を作成するものとする。

①　管理対象財産目録（契約時、契約発効時、以後１年ごと及び終了時）

②　会計帳簿

③　事務遂行日誌

2　乙は、前項の作成書類を本契約終了後10年間保存しなければならない。

第７条（報告義務等）

乙は、甲に対し、面談又はその他適切な方法で本件委任事務の遂行について、報告をしなければならない。

※甲の親族に対しても報告をするなどの文言を入れるなどして、甲の安心感につなげる必要があります。財産管理の監督人を定め三者契約をすることで、甲の判断能力が衰えたときに任意後見監督人の選任申立てが確実にされるという、仕組みを提案することも甲の安心感につながると思います。

2　乙は、甲に対し、契約発効後１年ごとに作成する前条第１項第１号の管理対象財産目録を作成後速やかに提出しなければならない。

3　本契約が終了した場合、乙は、甲、甲の相続人、又は甲の法定代理人等に対し、遅滞なく清算事務に関する報告をしなければならない。

第８条（費用の負担）

本件委任事務の遂行に関する費用は、甲の負担とする。

2　乙は、前項の費用につき、その支出に先立って支払を受けることができる。

第９条（受任者等の報酬）

乙が、本件委任事務の遂行について受ける報酬は次のとおりとし、乙は、乙の管理する甲の財産からその支払を受けることができる。

①　定額報酬（別紙委任事務目録１の日常事務報酬）として、翌月中に限り

月額　金２万円（消費税別）

②　身上監護事務報酬として、当該事務の終了時に

介護・福祉サービス利用における基本契約の締結につき

金５万円以内（消費税別）

入院から退院までの事務、又は施設入居手続
金 10 万円以内（消費税別）

2　報酬額の変更の必要がある場合は、前項を基準として、甲・乙の協議により決定するものとする。

第 10 条（契約の解除）

甲は、いつでも本契約を解除することができる。

2　乙は、本契約の趣旨に照らし正当な理由がない限り、本契約を解除することができない。

第 11 条（契約の終了）

本財産管理等委任契約は、次の事由により終了する。

①　甲が死亡したとき又は破産手続開始の決定を受けたとき
②　乙が解散したとき又は破産手続開始の決定を受けたとき
③　甲が後見開始、保佐開始又は補助開始の審判を受けたとき
④　任意後見契約が解除されたとき
⑤　任意後見監督人選任の審判が確定したとき

第 12 条（契約終了時の措置）

乙は、本契約が終了した場合は、本件委任事務を甲、甲の相続人、又は甲の法定代理人等に速やかに引き継ぐものとする。残余財産及び預り証書等の引渡しについても、同様とする。

2　前項の事務遂行に要する費用は、甲の財産から支弁する。

3　甲の死亡により終了した場合に限り、第 1 項の事務遂行に対する報酬は、金 150,000 円（消費税別）とし、甲の財産から支弁する。ただし、乙が甲の遺言執行者に就任する場合は遺言執行報酬に含まれるものとし無償とする。

第 13 条（遺言執行事務）

乙が甲の遺言執行者である場合は、遺言書及び「ライフプラン」の趣旨に従い、誠実に当該遺言を執行するものとする。

第 14 条（規定外事項）

本契約に定めのない事項及び疑義のある事項については、甲及び乙協議の上これを定める。

以　上

専門家が注意すべきポイント

内容の変更や報酬の変更については、公正証書によるものとするとしておいてもよいと思います。

また、任意後見監督人選任の際に、財産管理中の業務について厳しくチェックされることもあります。誠実な業務を行うのは当然ですが、それに加え本人の判断能力が完全に衰えるまで財産管理を続けない方がよいでしょう。本人が積極的に任意後見の発効の同意ができる間に申立てをするべきだと考えています。

column

財産管理契約での金融機関ごとの窓口対応の違い

1、任意後見契約の場合

金融機関に対して、任意後見契約が発効した後に任意後見人としての登録に行く際に、どのような書類を準備していくのかという心配があるかもしれません。しかし、基本的には事前に当該支店に電話した上で確認したものを持参すればよいと思われます。

そうはいっても、金融機関の窓口の担当者は、後見業務に慣れているところとそうでないところの差が大きいですので、二度手間、三度手間は覚悟しておく必要があります。ただし、手間はかかっても任意後見契約が発効して任意後見監督人が選任され登記がされた場合には「手続ができない」ということはあり得ないと思います。

2、財産管理契約の場合

問題となるのは、財産管理契約の場合です。

財産管理契約は、後見ではなく、判断能力がある期間中の本人からの委任による財産の管理です。金融機関によって財産管理契約の状態での対応は、まちまちだと思ってください。支店レベルでもいうことが違うと思っておいた方がよいでしょう。幾つかの金融機関での当時の対応状況を書き出してみます。

A 銀行

財産管理契約書の原本と任意後見契約書の謄本、司法書士法人（法人の場合）の登記事項証明書、代表社員の本人確認書類、代表社員から窓口に出向いた担当者への委任状（実印押印）、印鑑証明書を持参し、届出印にする印鑑の登録をします。A 銀行では、マニュアルがあり、きちんと登録をすることができるので全支店で問合せをすれば答えてくれる環境があるでしょう。
（司法書士法人の登記事項証明書、代表社員の本人確認書類は、以下全ての金融機関で共通しているので以下、省略します。）

B 銀行

財産管理の状態では、ある支店では、全く受け付けてもらえませんでした。しかし、支店によっては、特に本人確認もなく 100 万円以内であれば通帳と印鑑があれば振込み、引き出しできる支店もあるので、支店レベルで対応が異なっていると思われます。代理人登録の制度もあるので、財産管理契約の公正証書を窓口に持参して財産管理の受任者が代理人として登録し、6 か月おきに更新していくのが原則になっていると思われます。

C 銀行

財産管理契約の公正証書を持参の上、本人と財産管理の受任者が窓口に同行し代理人登録するのが原則です。代理人登録制度があるので、基本的には財産管理契約だけでの対応はしてくれない可能性があると思われます。本人の状態によって同行できない場合は、司法書士などの専門家が受任者であれば、財産管理契約の公正証書を持参すれば、受任者だけで代理人登録をしてくれる可能性があるようですが支店によって対応は変わると思われます。

Ｄ銀行

財産管理契約書をもって委任状として対応してくれます。支店から一度本部に問い合わせた上での対応なので、全支店で同じ対応だと考えられます。ただし契約日付から６か月を過ぎると本人確認の電話連絡がありますが、本人が電話に出ることができれば問題ありません。問題は、判断能力がしっかりしていてもベッドから起き上がれず電話に出ることができないとか、耳が聞こえにくい状態になると難しくなります。その場合は、個別に委任状を書いてもらう方法もあります。

Ｄ銀行は委任状で一定の取引ができますので、財産管理を受ける際の金融機関が、Ｄ銀行のみの場合は、財産管理契約にこだわらず、委任状で取引をしてもらうのも一つの方法かもしれません。公正証書での財産管理契約を持参すると代理人登録制度が利用できると思います。

その他

他にも、特定の財産を引き渡して、財産管理を委任したということを記載した「財産管理のための財産引渡しの書類」を求める金融機関もあります。財産引渡し確認書を持って契約の効力が発効する場合は、必要書類として持参するべきです。

直接は経験していませんが、財産管理契約が解除されていないことを証する書面を求める金融機関もあるそうです。

ここ数年で、金融機関は「代理人届け」や「代理人登録」という制度が急速に進んだ様子です。財産管理契約と代理人登録などを並行して進めることが、業務を円滑に進めるために有効になりそうです。

3、金融機関の変更

財産管理をしようと思っている金融機関がどうしても対応してくれない場合は、本人の判断能力がしっかりしているのですから、対応してくれる金融機関に財産を移すことも一つの方法かもしれません。とはいえ、その金融機関の口座から、様々な支払いの自動引き落としをするようになっている場合は、変更は面倒な作業ではあります。

4、民事信託

財産管理契約をしようと思っていても金融機関がどうしても対応してくれない場合は、家族間であれば、民事信託で子どもに受託者になってもらい、ある程度の額を受託者名義の信託口座に移すことを考えることもあるのかもしれません。しかし、司法書士などの専門家が受任者のときは、信託の受託者にはなれません。そのため民事信託という選択肢が選べません。何とか金融機関と交渉して対応してもらえるように調整するしかありません。

ただし、民事信託をしても、信託口口座でなく信託口座の場合は、受託者が先に死亡すると、委託者の財産が受託者の固有の財産として、受託者の相続財産として扱われてしまうことがあるので注意が必要です。また、信託口口座だとしても、実際は受託者の相続財産として名寄せされてしまうことがあります。受託者の死亡時に、誰の名義に名寄せされるのかを当該金融機関に確認しておくとよいでしょう。

5、指定代理人

金融機関によっては、財産管理契約には対応していないが、指定代理人の登録ができる金融機関があります。場合によっては、その登録を考える必要があります。

3 >> 財産管理の実務での失敗事例

(1) 家族関係

Ａさんは夫と数年前に死別し、夫から相続した自宅がありました。Ａさんは体調を崩して入院した後は、一人暮らしができなくなったので、施設で暮らしていました。（亡）夫には、亡くなった前妻との間にＢさんという子どもがいます。Ａさんと養子縁組はしていません。Ａさんには亡兄が２人おりＣさんという他県に住んでいる甥がいます。Ａさんが亡くなった場合は、本来相続人は甥のＣさんだけですが、（亡）夫の子であるＢさんにも財産の一部を遺贈するという内容の遺言書を作成しました。

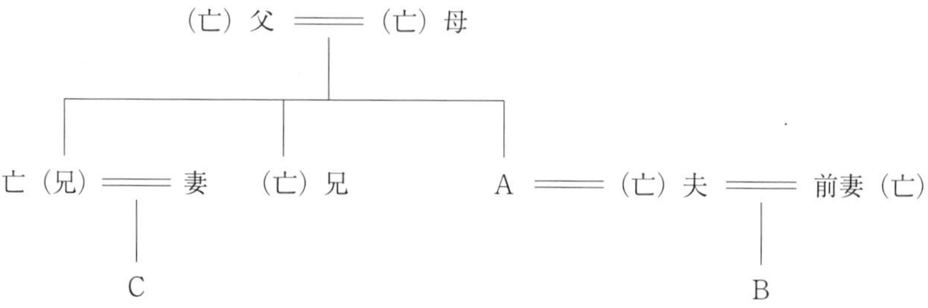

(2)　施設長からの相談

Ａさんと私たち法人とのご縁は、Ａさんが入居している施設の施設長が、任意後見人に就任してくれる法人の事務所を探しているとのことで、知人を通して紹介してもらったことです。なぜ、わざわざ法人を指定して探していたのかを聞いてみると、法人だと「人数がいて連絡がつきやすいのではないかと思ったから」、もう一つは「代表に何かあったとしても継続性があるのではないか」との考えがあったからということでした。

(3)　甥のＣさんも同席

初めてＡさんとお会いした頃は、Ａさんは施設で車椅子の生活でした。また、しばらくは銀行に記帳にも行っていないとのことでした。そこで甥のＣさんにも連絡を取り、同席してもらった上で任意後見契約と財産管理契約を説明したところ、どちらも希望されたので私たち法人が受任者として死後事務委任契約と遺言書の作成まで含めて契約することになりました。

(4)　急な死亡

担当者は、月に一度、財産管理の報告と、元気で過ごしているかどうかの確認のため訪問していました。Ａさんは行くたびに施設の不満をおっしゃっていたので、別の施設を探して転居しました。ところが、施設を変わった途端に吐血をされ病院で検査を受けたところ、複数のがんが見つかり、そのまま入院し数か月後に亡くなりました。高齢者との契約ですから、本人が急に亡くなるということもままあることです。

(5) 反省点

財産管理契約書に緊急連絡先や手術の立会い、入退院手続などを私たち法人ができるように記載しておけばよかったというのが反省点です。身上監護（保護）に当たる部分は、甥にお願いするので不要とのＡさんの意向でしたので、財産管理契約には、身上監護（保護）についての記載をしていませんでした。そのため後々、権限がなく大変やりにくくなりました。親族がいても遠方であるとか、非協力的な親族の場合には、緊急連絡先などは、あらかじめ受任者にしておいた方がよいという経験でした。少なくとも、身上監護（保護）についてもＣさんだけでなく私たち法人を含めて受任者を複数にしておけばフォローができたということが反省点です。

(6) 銀行が理解してくれない

Ａさんの死亡前に困ったことが２点ありました。１点目は、金融機関とのやり取りです。Ａさんは任意後見発効前で、財産管理契約の段階でしたが、なかなか金融機関の担当者が、財産管理契約について理解できなかったようです。財産管理契約は、公正証書で作成しても登記はされません。しかし、任意後見ではなく財産管理契約ということが理解してもらえず、財産管理契約の登記事項証明書の提出を求められたりしました。特に病院への入院時の一時金（現金）が必要になった際の出金に苦労をしました。

私たち法人は、財産管理契約を結ぶと、まず銀行に事前に電話をして事情を説明し、担当者を決めてもらい、その担当者に本部（法務部）と打合せをしておいてもらいます。その上で、公正証書で作成した財産管理契約書を持参し、最初だけ本人が同行できるときは、同行してもらいます。体力的に難しい場合は、電話での本人確認と意思確認をしてもらい、その後の手続は、私たち法人だけでできるようにしてもらいます。

銀行の担当者を決めてもらい手続を進める方法が一番スムーズですが、難点は金融機関の担当者は、異動が多いということです。今では、金融機関も後見の制度や財産管理契約などに対する認識が進み、以前よりは実務がしやすくなっていると思います。

(7)　司法書士などの専門家以外が財産管理契約をする場合

親族が受任者である親族後見などは、一般の人が金融機関に対する法的な説明ができずに、財産管理契約が事実上利用できていない事例も多くあると聞いています。そのため、司法書士などの専門家が契約の作成に携わり、金融機関に同行したり、受任者に代わって説明をするなどの役目を果たすことが重要です。

(8)　甥が身上監護（保護）について不協力

困ったことの２点目は、病院とのやり取りです。甥のＣさんの住居が遠方だった上に、あまり協力的でなく病院からの連絡にも対応してくれず、病院側は大変困っていました。Ａさんに親族がいないのであれば、その点を考慮し、財産管理契約書に私たち法人を緊急連絡先にしたり、入退院の手続を代行できる内容を盛り込むのですが、Ｃさんという甥がいたため、代行できるようにしてありませんでした。

そのため、実際にＡさんが亡くなったときにも肝心のＣさんと連絡がつかず、やっと連絡がついてもなかなか病院へ行ってもらえず往生することになりました。

(9)　前妻の子への敵意

またその後、ＣさんはＢさん（Ａさんの亡夫の前妻との子ども）とのやり取りにも非協力的で、大変困りました。親族などの身内がいたとしても、遠方に住んでいるとか疎遠であるなどのときには、本人の生前だけではなく、本人死亡後の死後事務委任、相続手続に至るまで支障が出ます。成年後見制度についてあまり知識がない場合や成年後見制度を知らないことによる不信感からコミュニケーションがとりづらいなどの場合は、親族のいない方と同様に考え、契約書の作成をしておくことが肝要だということを学んだ案件でした。

専門家が注意すべきポイント

遺言書に相続人以外の名前が出ることで、相続人が非協力的になったり、揉めることもあります。そのような時は生命保険が使えないか検討してみましょう。場合によっては、生命保険信託も一つの検討事項になるかも知れません。

4 >> 財産管理契約をしなかったことによる失敗事例

(1) 家族関係

Dさんは、数年前に妻を亡くし、持家のマンションに1人で住んでいます。子どもはなく、甥と姪が、本人の出身地である遠方にいます。

Dさんの最初の相談は、Dさん死亡後の葬儀と納骨の心配をしての死後事務委任についてでした。私たち法人のことを知る司法書士から「自分は成年後見業務をしたことがないので、相談に乗ってくれないか」ということで紹介がありました。

私たち法人から、死後事務委任契約以外に、亡くなる前に認知症になってしまったらどういうことに困るのかという説明をしたところ、任意後見契約の必要性を理解して契約に至りました。見守り契約、任意後見契約、死後事務委任契約を結びました。遺言書については、既に信託銀行で作成済みとのことでした。

(2) 緊急入院後、都度の委任状作成

見守り契約では毎月の電話と3か月に1度の訪問をするという内容でした。契約の当時、Dさんは自宅に一人暮らしで、銀行に行って記帳したり出金もしていました。そのため、財産管理契約は不要との意向でした。

その後、自宅で倒れて緊急入院となり、病院への訪問に変わりました。入院後は、寂しいとのことで、見守り契約を毎月訪問に変更しました。ただし、見守り契約のみで財産管理契約を結んでいなかったので、私たち法人としてできることは定期的な訪問と、毎回委任状を作成し病院でDさんに署名押印してもらった上で、Dさんから通帳と印鑑を預り、銀行の窓口からDさんに電話で本人確認と意思確認をしてもらって、依頼された額の現金

を出金するということでした。

(3)　見直すチャンスを逃していた

訪問すると元気な頃のいろいろな人生経験を話してくださり、担当者をなかなか帰そうとしませんでした。今思えば大変懐かしい思い出です。しかし、直接銀行と取引ができるようにするために財産管理契約を結び「訪問回数を増やし、合わせて報酬を見直す」などもう少し積極的な対応をすればよかったのかもしれません。また、遺言書についても、信託銀行で既に作成していましたが、内容を変更したい部分があるとのことだったので、公証人に出張をお願いすれば、Ｄさんの希望どおりの遺言書を作成できたのかもしれないと反省しています。

(4)　施設入居、自宅へのこだわり

その後、病院から入院期間に３か月の期間制限があるとのことで転院を勧められ、別の病院に転院しました。その後、病状が落ち着いたので病院が経営する施設に入居しました。Ｄさんは、とにかく自宅で生活したいと希望していて、せめて自宅を見たいと亡き妻の親戚と施設の担当者と私たち法人担当者が一緒に介護タクシーで自宅を見に行ったことが２回ありました。その後も家に帰りたいと希望されていましたが、ついにかなわず、施設に入居して３か月ほどで再入院となり、そのまま亡くなりました。

司法書士などの専門家としては、本人の状況の変化に応じて、適切な提案をして必要な契約をする提案をするべきだったと思います。

専門家が注意すべきポイント

司法書士などの専門家が客観的にみて、本人の体力では自宅での一人暮しなど不可能と思えるのに、本人はできると思っていることがあります。それも認知症の始まりかもしれません。

本人が希望しないと難しいのですが、財産管理については、本人の書面での同意がないと勝手にスタートしない内容にした上で契約をしておく方が、本人の体力が衰えた時に専門家が困らないと思われます。

column

あると使ってしまう方の財産管理契約の仕組み

1、人が良過ぎるのも問題

財産管理契約を行っている状態は、本人の判断能力はしっかりしています。お金の管理も自分でできるはずです。しかし、お金の管理をするのが苦手な方もいます。

Pさんは、身体も元気で頭もしっかりしています。ただし、周りから見て問題なのが、困っている人を見ると手を差し伸べないといられないという「人の良さ」です。困っている人がいれば、自分で交通費を出して会いに行き、優しい言葉をかけて元気づけて帰ります。行くときは、手土産を持っていったり、場合によっては、自分は元気だからといくらかのお金を渡したりします。人のお祝い事を聞くと、お祝いの品を準備して送ってあげたりします。そのようなPさんですが、年金生活をしていて他に家賃収入などがある特別に裕福な方ではありません。そのPさんを知る人たちは、何とかPさんの将来の最低限の生活だけは守ってあげたいと思っていました。

2、何と遺贈がきた

不思議なもので世の中には、そのようなPさんを見ている方がいるものです。Pさんがお世話をしていたうちの1人が亡くなりました。その亡くなった方は、遺言でPさんに遺贈してくれたのです。Pさんは、遺贈された旨を聞くと驚いて全額寄付をすると言い出したのです。周りは、それを思いとどまってもらうために、Pさんが信用している税理士のQ先生に相談しました。遺贈を受けた財産は、Q先生に預かってもらいPさんの将来に備えようという話になりました。

しかし、成年後見制度を専門としていないQ先生は、困ってしまい私たち法人に相談に来られました。そこで、Ｐさんと Q 先生で、財産管理契約、任意後見契約を結ぶことを Q 先生に提案しましたが「そのような大金を預かるのは困る」とのことでした。しかし、Ｐさんに大金を持たせたままにすると、人のために使ってしまいすぐになくなってしまうのは目に見えています。

3、士業支援信託

そこで、Q 先生に士業支援信託を提案しました。士業支援信託とは、任意後見の受任者である Q 先生が信託口口座を開設して、Ｐさんを受益者として信託することができる信託会社の仕組みです。

4、定期的な振込みの仕組み

Q 先生が、開設した口座にＰさんが遺贈を受けたお金を信託します。その信託したお金からＰさんがいつも使っている銀行口座に毎月７万円ずつ振り込むようにしました。Ｐさんが 100 歳まで生きたとしても大丈夫です。この額ですと、Ｐさんの年金にプラスすると生活に余裕ができます。年に２回くらいは大好きな温泉旅行にも行けそうな額だと喜んでいました。

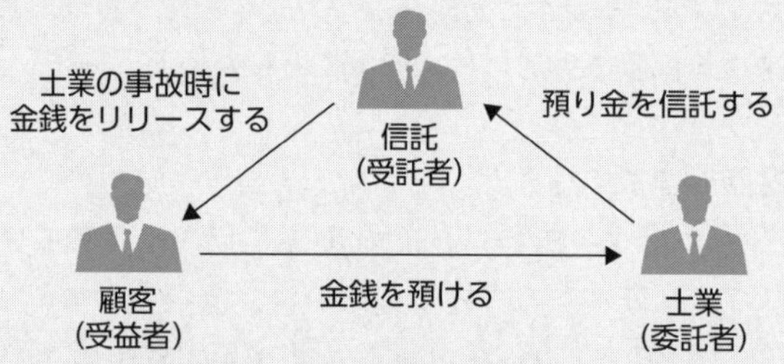

受託者からＰさんの口座への振込手数料は１回 1,000 円です。手数料がかかりますが、自動で毎月振り込んでもらえるのは大変助かります。このような仕組みを使えば、財産管理の受任者として定期的に本人に振込みが必要な場合に便利です。緊急で大きなお金が必要なときは、口座開設者である Q 先生の届出印での出金依頼書があれば振込依頼ができます。

5、福祉型信託としての商事信託の利用

障害のある子どものためにお金を残してやりたいが、高額の財産を相続させても、周りから騙されたり取られたりするのではないかという不安があります。

解決方法として民事信託を利用したくても、受託者として頼れる人がいないなど、民事信託組成のための候補者が足りないときがあります。そのようなときには、商事信託を利用し金融機関である信託会社に信託して、定期的に子どもに振り込んでもらうことも考えられます。商事信託を利用することで、親が認知症になった後や親が死亡した場合でも定期的に振り込まれます。

親は自分の亡き後の子どもが心配でなりません。その子どもがもし未成年者であれば、親権者として、子どもと司法書士などの専門家との任意後見契約をすることもできます（今のところ限られた公証役場でしか受けていません）。

親の認知症や死亡を条件に子どもの任意後見契約を発効させて子どもの身上監護（保護）をしておき、親の財産については親の死亡後も定期的な額が信託会社から子どもに振り込まれるという仕組みも考えられます。

6、司法書士などの専門家が士業支援信託を利用する場合の利点

例えば、本人や親族が、受任者である司法書士などの専門家に多額のお金を預けることに不安を感じていることがあるかもしれません。依頼者は、本当は不安があっても「あなたに大金を預けるのは不安だ。」とは面と向かっては、なかなか言えないかもしれません。

それならば最初から「うちは緊急用の数百万円以外のお金は、あなたを受益者として信託します。」、「定期的な振込みのためのお金以外は、代表である私の届出印を押印した書類を提出しないと出せない仕組みです。」と伝えます。「スタッフが知らない間に出金しているなどという間違いが起こりません。」とアピールするのもセールストークになるかもしれません。

他にも遺産整理や遺言執行業務で高額の「預り金」があるときな

ども、信託しておけば分別管理をして倒産隔離ができているので、依頼者からすると安心感があると思います。

ついつい出来心でという状況を作らない仕組みという意味でも利用価値があります。

第3章 認知症になったときの目的別での相談

1 >> 認知症対策の目的ごとの代理権目録

(1) 典型的な相談

代理権目録には、日常的なことの代理業務として「継続的管理事務」と、日常的にはないけれど代理権目録に記載しておかないとできないことを「その他事務（継続的管理事務以外の事務）」として、個別具体的に記載しておきます。所有者である本人の希望によって管理の仕方や処分方法、処分のタイミングが違ってきます。また財産の構成は人によって違います。そのため、代理権目録の作成をする専門家には、本人の希望を聞き出し文章に表現する力や聞き取りする経験が問われることになります。

認知症対策について司法書士などの専門家に対してよくある相談事例を列挙しておきます。代理権目録やライフプラン（又は指示書）を作成する場合の参考にしてください。

① 葬式や墓の心配
② 施設入居の心配
③ 認知症になっても親から子や孫への贈与をしたいという相談
④ 認知症になっても不動産の売却ができるようにしたいという相談
⑤ 所有する賃貸物件の管理や建て替えができるようにしたいという相談

(2) 葬式や墓の心配

日本には「立つ鳥、跡を濁さず」ということわざがあるように、高齢者からは自分の死亡後に周りに迷惑をかけたくないという相談が多数寄せられます。死亡した後の墓守りや納骨についての相談は典型例です。

しかし、この部分は本人が死んだ後のことなので、任意後見契約の代理権目録に記載しても生きている間のことしか効力を生じません。また、遺言書に書けばよいと思っている一般の人も多いのですが、遺言は財産の分配です。法律で定められたことにしか効力を生じないので遺言書に死亡直後の事務処理のことを書いても効力を生じません。

そのことを相談者や本人に伝えて、判断能力がしっかりしている間に、認知症になったときのことや亡くなった直後のこと（死後事務委任契約）、さらには財産の分配である遺言書まで一括して考える必要があることを理解してもらわなければなりません。任意後見の全体図（本編第１章の１参照）のような簡単な説明用の図表があるとよいでしょう。

自分が死んだら墓守りをしてくれる人がいない、永代供養の準備をしたが誰がお骨を墓に入れてくれるのかなどの相談は、死後事務委任契約で定めることが必要です。

死後事務委任契約書のひな形は、本編第６章の３を参考にしてください。

(3)　施設入居の心配

希望している施設があったり、希望する入居一時金の額を準備しておいても、認知症になると希望する施設に入ることができないのではないかと心配して相談に来られます。

(ア) 代理権目録の記載例　後掲代理権目録（記載例１）のうち第２項その他事務（上記継続的管理事務以外の事務）の④に対応しています。

④　介護が必要になった場合の入所契約及び入居の手続（入居一時金は、1千万円から２千万円以内とする。）

(イ) ライフプランの記載例（代理権目録を補完するものとして作成）

・入居の施設が決まっていない場合

私は、できるだけ自宅で生活をしたいと思いますが、介護が必要になり施設に入居することになれば、施設を探してください。場所は〇〇市か〇〇市で探してください。なるべく駅から近く、子どもや孫が来やすい場所が希望です。施設の入居一時金の範囲は、１千万円から２千万円以内とし、長男の〇〇に相談してください。

・入居したい施設が決まっている場合

私は、入居を考えている施設を見学して決めてあります。第一希望が〇〇で場所は〇〇です。第二希望が〇〇で、場所は〇〇です。第三希望が〇〇で場所は〇〇です。入居一時金が高くてもかまいませんが、月々の負担が小さい方を選択してください。

どれも都会の喧騒を離れて静かに過ごせる施設です。もし希望のこの３つの施設に入れないような場合は、私の希望の施設を基準に選んで費用的に同じくらいの額で判断してください。

(4) 親から子や孫への贈与の相談

資産の多い親から子どもへ生活費の補助ができるようにする場合や、孫の学費を補助する場合などの相談です。

代理権目録の記載例 後掲代理権目録（記載例１）のうち第２項その他事務（上記継続的管理事務以外の事務）の④に対応しています。

④ 私が認知症になっても、毎月長男の○○に扶養として金○○万円を振り込んでください。

④ 私が認知症になっても、孫が大学を卒業するまでの学費は扶養として私が負担しますので、請求書をもらって振り込んでください。あるいは子どもたちが立替払をしている場合は、その分を支払ってください。振込手続は、○○銀行の口座からお願いします。

④ 私の子と孫に次のようなことがある場合は、税理士の○○先生に相談の上、お祝い事１回につき 100 万円程度のお祝い金を振り込んでください。

孫の入学・卒業祝い
孫の結婚祝い及び孫に子どもが生まれたときの出産祝い
自宅の購入祝い、自宅の新築祝い

(5) 認知症になっても不動産の売却ができるのか

高齢になり施設へ入居する際、入居一時金を賄うために、自宅を売却してその入居一時金に充てる場合があります。しかし、本人が認知症になっていると自宅が売却できないということになりかねません。また、不動産を複数所有している場合の処分の順番を決めておくことや、処分を許さない旨を記載することも可能です。

また、「ライフプラン」という表現でなく「指示書」などとして、本人の希望をより強く表現することもあるでしょう。本人の意向をよく聞き取って表現も工夫してください。

(ア) 代理権目録の記載例 後掲代理権目録（記載例１）のうち第２項その他事務（上記継続的管理事務以外の事務）の④に対応しています。

④ 私が、介護状態になった場合は賃貸している不動産を売却してくださ

い。

④　私が、施設への入居が必要になった場合は、自宅不動産を売却してください。

(イ) ライフプランの記載例（代理権目録を補完するものとして作成）

例１：私に介護が必要になったら賃貸している不動産の管理ができなくなるので、賃貸不動産は売却してください。売却金額については、長男の○○に相談してください。

例２：私が、施設への入居が必要になれば自宅を売却してください。売却については、日頃から世話になっている○○不動産に相談してください。

(6)　所有する賃貸物件の管理や建て替え

賃貸物件の所有者が認知症になると、賃貸物件が空いた際に新しい入居者との契約ができなくなります。賃料の値引き交渉があった場合も対応することもできません。また古い賃貸物件などは、大規模改修や建て替えが必要になるかもしれません。

(ア) 代理権目録の記載例　後掲代理権目録（記載例１）のうち第２項その他事務（上記継続的管理事務以外の事務）の④に対応しています。

建物のメンテナンスが目的の場合

④　所有している賃貸物件の維持・管理等に関する一切の代理事務

ⅰ　入居希望者審査

ⅱ　維持・メンテナンスに関する委託手続

ⅲ　管理業務委託手続

ⅳ　リフォーム・リノベーションによる、価値向上プランの提案を受けること及びその請負契約締結

ⅴ　収入・支出の管理

(イ) ライフプランの記載例（代理権目録を補完するものとして作成）

私の所有する賃貸マンションである○○に空室がある場合は、○○不動産管理株式会社に相談してください。入居者が退去した後の改修や修繕については、株式会社○○建設に相談してください。

所有不動産の処分が目的の場合

④　所有している賃貸用不動産の建て替え及び売却に関する一切の代理事務

(7) 任意後見監督人に疑義を持たせない具体性が必要

所有不動産の建て替えや更地に新たに建築をする場合は、任意後見監督人に相談し家庭裁判所と協議をしてもらうことが必要になると思われます。そのため、任意後見監督人に疑義を持たせないような内容での代理権目録とライフプランを作成する必要があります。

本人の判断能力がしっかりしている間に、本人と受任者とが一緒になって設計や予算、請負業者、持っている預貯金で賄うのか金融機関から借入れをするのかなども確認しておくことが必要です。借入れの予定であれば、その金融機関との事前の打合せも済ませておくべきです。代理権目録に金融機関からの借入れをするようにとの記載があっても、実際に金融機関が融資をするか否かは別の問題だからです。

借入れをすることについて代理権目録に記載しておかないと、融資を受けての建て替えの際に、任意後見監督人の承諾を取りつけるのは、ほぼ不可能でしょう。そのためにも任意後見契約をして、代理権目録にできる限り物件を特定した上で予算や請負業者、借入れについてまで具体的に書き込む必要があります。

後掲代理権目録（記載例２）のうち第２　個別的管理業務の１～４の記載例を参照してください。

(8) 任意後見監督人との事前の打合せ

任意後見監督人に対して事前承認を得る義務はないはずだとの意見もあると思います。しかし、大規模修繕や建て替えが１か月や２か月で済むことはありません。建築途中で任意後見監督人への報告の時期が来て、大きなお金が動いていれば、任意後見監督人の知るところになります。そこから任意後見監督人が家庭裁判所と緊急に協議をして、「大規模修繕は必要ではない」「建築が妥当ではない」などとの判断がされたらどうなるでしょうか。

設計も済み、建築が着工しているのに中止しないといけないかもしれません。その状況になれば、任意後見人としてふさわしくないとの判断がされ、法定後見人が選任され、任意後見人は解任される可能性もあるでしょう。設計費用や建築に着手した際に払った着手金、請負の解約による損害賠償などを「被後見人に返還するように」との請求が、解任された元任意後見人に対してされかねません。

このようなことを避けるために任意後見監督人とは事前に打ち合わせた上で、設計や建築に着手するべきです。

(9)　民事信託との関係

民事信託を組成することで、本人（委託者）から財産を分離することができます。契約の定め方によって受託者の判断で信託された財産の管理・処分が可能です。これによって委託者が認知症になっても受託者が預かっている財産に影響を及ぼさないようにすることができます。

しかし、民事信託をしたから任意後見契約は不要だという思考に陥らないように気を付けてください。第５章の５を参考にしてください。

代理権目録（記載例１）

代理権目録

1．継続的管理事務

① 本人に帰属する全財産及び本契約締結後に本人に帰属する財産（預貯金を除く。）並びにその果実の管理・保存

② 本人に帰属する全預貯金及び本契約締結後に本人に帰属する預貯金に関する取引（預貯金の管理・振込依頼・払戻し、口座の変更・解約等）

③ 預貯金口座の開設及び当該預貯金に関する取引（預貯金の管理・振込依頼・払戻し、口座の変更・解約等）並びに貸金庫取引

④ 本人名義の投資信託の管理・解約・売却及び有価証券の管理・売却

⑤ 定期的な収入（家賃・地代・年金・障害手当金その他の社会保障給付等）の受領及びこれに関する諸手続

⑥ 定期的な支出を要する費用（家賃・地代・公共料金・保険料・ローンの返済金・税金等）の支払及びこれに関する諸手続

⑦ 保険金の受領

⑧ 生活費の送金

⑨ 日用品の購入その他日常生活に関する取引

⑩ 証書等（登記済権利証・実印・銀行印・印鑑登録カード）その他これ

らに準ずるものの保管及び事務遂行に必要な範囲内の使用

2．その他事務（上記継続的管理事務以外の事務）

① 「1. 継続的管理事務」記載事項以外の本人の生活、療養看護及び財産管理（財産処分を含む。）に関する一切の法律行為に関する代理事務

② 行政官庁に対する諸手続（市区町村・日本年金機構に対する諸手続・登記の申請・供託の申請・税金の申告等）に関する一切の代理事務

③ 「1. 継続的管理事務」及び「2. その他事務」記載の各事項に関する下記の行為

ⅰ 行政機関等に対する不服申立て及びその手続の追行

ⅱ 司法書士に対して簡裁訴訟代理等関係業務について授権をすること

ⅲ 弁護士に対して訴訟行為及び民事訴訟法第55条第2項の特別授権事項について授権をすること

④ （ここに、その本人の希望に合った個別的な代理権の内容を記載する）

3．その他前各号に付帯する一切の事務、前各号に関する復代理人の選任及び前各号に関する事務代行者の指定

代理権目録（記載例2）

代理権目録

第1 継続的管理業務

1 甲に帰属する全ての財産及び本契約締結後に甲に帰属する財産並びにその果実の管理・保存

2 銀行等の金融機関、郵便局、証券会社、保険会社との全ての取引

3 定期的な収入の受領及び定期的な支出を要する費用の支払並びにこれらに関する諸手続

4 生活費の送金や日用品の購入その他日常生活に関する取引

5　日用品以外の生活に必要な機器・物品の購入
6　保険金の受領
7　登記済権利証、実印、銀行印、印鑑登録カード、預貯金通帳、年金関係書類、各種キャッシュカード、有価証券、建物賃貸借契約書等の重要な契約書類・証書等の保管及び事務処理に必要な範囲内の使用
8　行政機関の発行する証明書の請求
9　介護、福祉サービスの利用契約の締結、変更、解除及び費用の支払
10　復代理人及び事務代行者の選任
11　以上の各事項の処理に必要な費用の支払
12　以上の各事項に関連する一切の事項

第2　個別的管理業務
1　令和2年8月1日付け請負者A株式会社との間で締結した請負契約（契約番号TRA140503）に基づく契約の履行及び契約履行に伴う金融機関からの借入れ
2　令和2年8月1日付け請負者A株式会社との間で締結した請負契約（契約番号TRA140601）に基づく契約の履行及び契約履行に伴う金融機関からの借入れ
3　自宅（三多摩市中南町三丁目4番地2家屋番号4番2の建物）に関してのリフォーム・賃貸・売却による処分
4　所有アパート（三多摩市中南町一丁目15番1、15番2、15番3の土地及び三多摩市中南町一丁目15番地2家屋番号15番2の建物）に関してのリフォーム・賃貸・売却による処分及び建物解体並びに新築建物建築
5　甲に帰属する全ての財産及び本契約締結後に甲に帰属する財産並びにその果実についての処分・変更
6　不動産の売却、賃貸不動産の管理、賃貸借契約の締結、変更、解除
7　金銭消費貸借契約・担保権設定契約の締結・変更・解除
8　相続に伴う遺産分割や相続の承認・放棄、贈与又は遺贈の拒絶・受諾、寄与分を定める申立て、遺留分侵害額の請求
9　登記・供託に関する申請
10　税金の申告・納付
11　新規銀行口座の開設及び管理

12　親族の学業の卒業・結婚・出産等に対するお祝い金（上限金1,000,000円とする）の支払
13　要介護・要支援認定の申請並びに認定に関する承認又は異議の申立て
14　福祉関係施設への入所に関する契約の締結、変更、解除及び費用の支払
15　福祉関係の措置の申請および決定に関する異議申立て
16　居住用不動産の購入
17　借地契約及び借家契約の締結・変更・解除
18　居住用不動産の賃貸借契約及び増改築・修繕に関する請負契約の締結・変更・解除
19　医療契約の締結・変更・解除及び費用の支払
20　病院への入院に関する契約の締結・変更・解除及び費用の支払
21　行政機関等に対する諸手続に関する一切の代理業務
22　上記業務以外の、甲の生活、療養看護及び財産管理（財産処分を含む。）に関する一切の法律行為に関する代理業務
23　上記「第１　継続的管理業務」「第２　個別的管理業務」の各事項に関して生ずる紛争の処理に関する下記の事項
　①　裁判外の和解、示談並びに仲裁契約
　②　行政機関等に対する不服申立て及びその手続の追行
　③　司法書士法第３条第１項第６号及び第７号に定める手続についての授権をすること
　④　弁護士に対して訴訟行為や民事訴訟法第55条第２項の特別授権事項についての授権をすること
24　復代理人及び事務代行者の選任
25　以上の各事項の処理に必要な費用の支払
26　以上の各事項に関連する一切の事項

※記載例１、２ともに、簡易裁判所訴訟代理権を持つ司法書士が受任者の場合は、自ら追行業務ができるように記載しておくとよいと思います。

2 ≫ ライフプランの具体例

(1)　ライフプラン（指示書）に記載すること

本人の判断能力がしっかりしている間に代理権目録に記載した内容について、本人の判断能力が衰え任意後見契約が発効した後に、任意後見人が具体的に行うことになります。しかし、代理権目録に記載できることばかりではありません。

確定していない将来の希望や個人の細かい希望をまとめたものを、ライフプランといいます。ライフプランには、本人の嗜好や趣味などを反映することができます。任意後見契約書の代理権目録に記載できないものなどを、別紙としてライフプランを作成します。

事業承継や経営に対する指示などが具体的に記載できるのであれば、「指示書」として表現してもよいと思います。

漠然とした希望ではなく、明確な意見を記載することで、より本人に寄り添った後見業務ができます。例えば、本人に介護が必要になったときの生活について、本人の希望を細かく記載する場合もあります。

私たち法人の依頼者では、株価の値動きにとても重きを置いている人がいます。そのような依頼者には、訪問時や月末などの決まった期日に、「株価の動向を伝える」などと本人に合わせて柔軟に対応した内容でライフプランを作成することが必要です。

また、葬儀やお別れ会については、本来、死後事務に当たりますが、ライフプランにも重ねて記載を要望されることがありますので、臨機応変に対応するとよいでしょう。

(2)　子どもとの関係が薄い例

75歳の女性のＮさんは夫に先立たれ、娘が一人います。その一人娘は、結婚して遠方に住んでいます。娘とは、そりが合わず、夫が亡くなってからは、ほとんど連絡をしていません。今後も、娘夫婦には世話になるつもりはないとのことです。Ｎさんは、自分で商売を営んできて、長い間姉妹のように付き合ってきた友人が数人います。自分が死んだときは、自分の財産は、ともに人生を歩んできた友人たちにもらってもらうつもりです。

Ｎさんは、自分が死んでも、娘は遺留分を主張してこないと考えていますが、念のため分けやすいように自宅は売却してお金に換えました。

(3) セミナーからの相談

Ｎさんは、認知症になってしまったら自分の生活を年齢が近い友人たちに頼むことは無理だろうと考えています。財産は現金化したので認知症になって騙されることも心配です。そのため、認知症対策のセミナーを探して参加している中で、私たち法人を知ることになりました。

Ｎさんのように、自分の今後についてしっかりした考えを持っている人はライフプランが重要です。Ｎさんには、ライフプランの説明として「自分の趣味や嗜好、将来の心配事については、どのように対処してほしいかなどを記載します。任意後見契約が発効した後は、任意後見人の行動の指針になるものです。」と説明をしました。

Ｎさんとは、任意後見契約を締結しライフプランを作成しました。他に見守り契約、死後事務委任契約、遺言書の作成をしました。

(4) お別れ会

Ｎさんは、葬儀は行わず、直葬にして「お別れ会」にしてほしいとの希望でした。

依頼があれば、お別れ会の案内はがき（往復はがき）などもその意向に沿ったものを作成します。実際にはがきを作成する場合は、本人とよく相談するようにします。簡素なものを希望している人もいますし、華やかさを希望している人もいるので、満足がいくように準備して作成していきます。

後掲の例は、「本人が死亡した際のお別れ会」の案内状です。好きな花などを具体的に示されたため、本人の希望に沿うものを作成することができました。契約書の作成と同時に案内はがき案も作成し、費用は、契約書の作成に含めました。

ライフプラン（記載例１）

ライフプラン

１．介護について

介護の希望（在宅か施設か）

・できる限り自分の力で頑張りたいと思っていますが、介護が必要になる際には○○さんに相談してください。

・終末期は施設の方を中心に介護をお願いしたいと思います。

２．医療について

治療方法について

・治療や介護のことで、私が判断できなくなった場合

１．△△さんと相談して決めてください。

２．介護施設アドバイザーの○○さんに指南をお願いします。

・入院した場合は、朝と夜の毎日２回着替えを用意してください。

手術の場合の同意者について

１．△△さんと相談して決めてください。

２．甥の○○か○○に頼んでください。

かかりつけの病院について

・かかりつけの病院は以下のとおりです。

内科：○○病院

眼科：○○眼科医院

歯科：○○クリニック○○分室

入院先の選定について

・△△さんと相談して決めてください。主治医の○○先生にも相談してください。

延命治療及び痛みの緩和治療に関して

・尊厳死宣言公正証書に従って、延命治療はしないでください。

ただし、私の痛みと苦痛を和らげるための緩和措置は最大限行ってください。緩和治療を行うことで、副作用等で死期が早くなっても

かまいません。

・献体及び臓器提供は希望しません。

3．葬儀・埋葬について

死後事務委任契約について

・締結しています。

4．生活について

・ドイツ産の白ワイン（やや甘口）が好きです。チーズも好きです。

・毎朝1時間かけて散歩しています。できるだけ続けられるように手配してください。

・病院で処方してもらった睡眠導入剤を服用することがあります。

・週に1回ヨガ教室へ行っています。

・1か月に1回、友人たちと食事会をしています。

・1か月に1回、書道教室に友人たちと通っています。

5．認知症になっても続けたい生活習慣

私が認知症になっても下記のことは続けていきたいので、できる限り手配をお願いします。

記

・月に1回、シェフの○○さんに来ていただき、お客様を交えてホームパーティーをしています。

・2か月に1回、○○さんと、○○温泉に1泊しています。帰りに道の駅で、果物を買って帰ります。継続できるように手配してください。1回の旅行の費用は○○万円以内であれば、かまいません。

・生活の中にお花を絶やさないようにしてください。

6．株式・財産について

・○○証券○○支店で保有している株式は、任意後見契約が発効した時点で全て売却してください。

・どの金融機関にまとめるかなどの手続については、勝司法書士法人に任せます。

7．趣味・志向について

・絵画を見に行くのが趣味です。

・自宅にいるときはお花を欠かしたことがないので、いつも新しい花を生けてください。

令和○年○月○○日

住所 ……………………………………

氏名 …………………………………… 印

死後事務委任（記載例）

死後事務委任

□ 葬儀の希望

・火葬場に直葬してください。葬儀は不要です。

・火葬場での読経は、○○宗の○○寺（住所：○○区○○○○○○−○−○、電話番号：○○−○○○○−○○○○）の住職にお願いしてください。

・法名は不要です。

・費用は、○○万円を上限とします。

□ お別れ会の希望（生前葬をしているのでお別れ会をしてください。）

・時期を見て以下の場所で行ってください。

場所：レストラン○○

（住所：○○区○○○○○○−○−○、電話番号：○○−○○○○−○○○○）

・事前に用意しておいた招待状を参加者に送ってください。

・別紙生前葬の連絡先リストを参照してください。

・飾る花は、百合、カーネーション、蘭、カラー、デルフィニウムを中心に選んでください。

・参加者には、お土産として、お店のお菓子を準備して、お車代として金○○万円を渡してください。

□ 埋葬の希望

・樹木葬を希望します。

・墓地については○○さんに頼んでいます。

・○○寺に永代供養代として金○○万円を寄付します。

・○○家のものは、西側 3-4 に入れてあります。

・○○家の墓守をしている親族へ報告をお願いします。

□ 死亡の場合の連絡先について

・別紙連絡先リストを参照してください。

○○○様お別れ会のご案内

皆様にはますますご清祥のこととお慶び申し上げます

さてこの度亡き○○○様お別れ会を下記のとおり執り行うこととといたしましたので、ご参席承りますようご案内申し上げます

また、生前賜りましたご厚情に対して亡き○○様に代わり厚く御礼申し上げます

敬具

日時：令和○○年○○月○○日（○）
　　　○○時　受付
場所：○○○○
　　　東京都○○区○○○○　○○－○－○

お別れ会への出欠の返信をご記入の上、
○月○日までにご投函ください。

(5)　生前葬の希望

自分の死後に人に集まってもらっても意味がない、それに大切な友人たちも同じように高齢になり、自分の葬儀に参列したくてもできない状態になっているかもしれない、それならば、生前葬をしておこうとする方がいます。

任意後見契約の締結後に生前葬を行う場合は、その段取りについて相談されることが多いと思われます。最近は、著名人の生前葬が話題になることもあり、会場を予定しているホテルに相談すればアドバイスをしてくれるでしょう。

ライフプラン（記載例２）

ライフプラン

１．介護について

□　介護の希望（在宅か施設か）

施設での介護を希望します。

□　施設に関する希望

現在入所しているサービス付き高齢者住宅（○○○○、住所：京都府○○市○○ 1-2-3　電話番号：○○-○○○○-○○○○）とのやり取りに不安がありますので、もし他に私の気に入る施設があれば、そちらへの入所を検討してください。

勝司法書士法人は、私の希望に当てはまる施設を探して、私に相談してください。

□　施設の場合、自宅をどうするか

自宅は売却するので、協力してください。

２．医療について

□　治療方法について

入居先の施設と提携している病院にお任せします。

歯科は○○クリニック（住所：京都府○○市○○町 4-5-6　電話番号：○○-○○○○-○○○○）にお任せしています。

□　手術の場合の同意者について

△△△△さん（住所：滋賀県○○市○○町７番８号　電話番号：○○-○○○○-○○○○）にお願いします。

□　病院の選び方

入所先の施設の方にお任せします。

□　延命治療に関して

私の症状が不治の状態で、死期が迫ってきたとしても、延命治療は望みません。その場合、できるだけの緩和治療は行ってください。緩和治療を行うことで、副作用で死期が早くなってもかまいません。

３．葬儀・埋葬について

□　葬儀の希望

家族葬で、50万円程度の葬儀を希望します。

東理寺（住所：京都府○○市○○町9-10　電話番号：○○-○○○○-○○○○）から授与された戒名があります。

□　埋葬の希望

夫のお墓が八角寺（住所：京都府○○市○○町2-3-4　電話番号：○○-○○○○-○○○○）にあるので、夫と一緒のお墓に入りたいです。

○○○○の同意がなければ、△△寺さんでの永代供養を望みます。（住所：鷲尾市○○町五丁目６番７号　電話番号：○○-○○○○-○○○○）

永代供養の費用は、△△寺さんに相談して相応の支払をお願いします。

□　死亡の場合の連絡先について

○○○○（住所：奈良県○○市○○町８番地９　電話番号：○○○-○○○○-○○○○）

○○○○（住所：滋賀県○○市○○町10番11号　電話番号：○○○-○○○○-○○○○）

４．死後事務委任契約について

締結する。

５．財産について

通常使用する通帳（○○銀行　△△支店　普通預金）に一本化した上で、保有している投資信託や株式は、換金するようにしてください。

自宅の動産は自宅を売却する際に処分してください。

通帳は、以下の順番で解約してください。

① ○○信用組合　△△支店　　定期預金
② ○○信用組合　△△支店　　普通預金
③ □□銀行　　　△△支店　　普通預金
④ ▽▽銀行　　　△△支店　　普通口座

令和　　年　　月　　日

住所 ＿＿＿＿＿＿＿＿＿＿＿＿＿＿＿＿

氏名 ＿＿＿＿＿＿＿＿＿＿＿＿　印

3 ≫ 身元保証と医療同意

(1)　任意後見と身元保証は同じなのか

任意後見業務の中で対応できないことの一つが身元保証の問題です。依頼者である本人は、任意後見契約をすると受任者に「当然に身元保証をしてもらえる」と思っている人もいます。

しかし、第三者の司法書士などの専門家が任意後見の受任者になる場合は、身元保証や身元引受けは利益相反に当たるため行うべきではないでしょう。身元保証人として本人に代わって何らかの支払をした場合は、本人に対してそのお金を請求することになります。任意後見の受任者として本人に対して何らかの請求があった場合、それが「正しい請求で、払うべきものなのか否か」を判断すべき立場の人が、身元保証人として立替金の請求をしてきたときに、その請求が「正しい請求なのか、支払すべきか否」を本当に客観的に判断できるのかという問題が生じてしまいます。本人が入居している施設が任意後見の受任者になる禁じ手契約と変わらなくなってしまうのではないでしょうか。

このような理由で任意後見の受任者が身元保証はできないと、きちんと説明する必要があります。とはいえ、実務上「本人に身元保証人や身元保証会社を探してきてください。」とほうっておくわけにもいかないでしょう。身元保証の会社を幾つか調べて勧められそうなところを紹介する必要もあるかもしれません。

私たち法人では、施設などに対して「病気や事故のときは、連絡をもらえれば訪問して対応します。」と伝えて、見守り契約書や財産管理契約書の中に緊急連絡先として私たち法人を記入しておくという方法をとっています。

(2) 身元保証人がいらない施設

私たち法人が見守り契約をしていて、私たちが身元保証人になれないことを知って、身元保証のいらない施設を探して入居した方がいます。その施設は、だんだん入居者が減って空室が多く、他の施設と比べると良い施設とは思えません。入居者を増やさない理由は分かりませんが、身元保証人がいなくても入りやすい施設ということは何か問題があったのかもしれません。

最近は、任意後見契約をしている場合は身元保証人がいなくてもよい施設も出始めました。しっかり本人の財産を管理して施設の費用や入院費などの支払ができて、緊急の連絡もできる任意後見人がいるのであれば、資産をあまり持っていない形式だけの身元保証人より安心だという考え方もあるようです。任意後見人が、本人が亡くなったときの遺体の引取りや死亡届出人にもなれるため施設側の対応も変わってきたのかもしれません。

(3) 身元保証の会社

私たち法人が紹介する身元保証の会社の一つでは、施設に対する身元保証や病院への入院時の身元保証だけでなく、本人が元気なときの見守りや緊急時の駆け付け、病院への同行など家族の代わりとして動くという士業が苦手なところを業務として行っています。また、生前から契約していると死後事務委任の緊急対応もやっています。

(4)　医療同意

本人が入院した際の医療同意を求められるときがあります。本来、本人以外は自分の身体に傷害を負わせるかもしれない医療の同意は、できないはずです。しかし、本人が意思表示できない場合は、親族であれば普段の本人の意向を知っているはずであり、それを医師に伝えてくれるものとして医療同意を求めてきます。しかし、親族でもない任意後見の受任者や任意後見人が、医療同意をすることはできません。

そうすると親族がいない、あるいは親族に頼れない、お一人の方の場合はどうすればよいのかという問題が生じます。私たち法人の場合は、病院に本人を見舞ったときや入院時に医療同意を求められたときは、任意後見人は医療同意をできる立場にないことを医師に伝えた上で、「医師の判断での必要な医療行為を行ってほしい」旨を伝えます。もし、医師の判断での医療行為で何かが起こったとしても、任意後見人として「医師や病院の判断に対して基本的には、責任問題をとやかく言うことはありません」というような趣旨も伝えます。

最近では、病院や医師も後見人は医療同意ができないということを理解しているところが増えているようです。ただし、できないことが分かっていても同意書に「サインをしてくれるのであれば、してほしい」というのが医療従事者側の思いだと思われます。

第4章 任意後見監督人との関係

1 ≫ 任意後見契約発効のタイミングと任意後見監督人との関係

(1) 任意後見監督人の存在意義

任意後見監督人は、判断能力が衰えた本人に代わって任意後見人の業務をチェックしてくれるので、本人にとっては安心感につながる存在です。任意後見人側から見ると、任意後見監督人がいることで、適正な業務を行っているだろうという推定が働くので、親族から疑われにくいという良い面があります。

(2) 選任申立てのタイミング

任意後見契約をした本人の判断能力が衰え始めると、任意後見監督人の選任申立てをする必要があります。任意後見契約についての質問で多いものの一つに、「どのタイミングで任意後見監督人の選任申立てをするのですか」というものがあります。

「任意後見監督人の選任申立書には、医師の診断書が添付書類になっているので、最終的には医師の診断によるということになるのかもしれません」。そのような回答をすると、さらに、どのタイミングで医師の診断を受けるという判断をするのかという質問になるでしょう。そこは、親族や施設の担当者、ヘルパーやケアマネジャーなどいつも本人の周りにいる方たちの判断ということになります。見守り契約や財産管理契約の受任者の判断も含まれると思います。

いつも本人と会っているわけですから、会話がちぐはぐになり、契約などの内容を理解できにくくなるなど、コミュニケーションがとれなくなったとき、銀行に預貯金の払戻しに行くのが面倒になるなど行動量が少なくなり、エネルギーの衰えが見てとれたときなどに医師の診断を仰ぐことになります。

(3)　本人の同意

任意後見監督人選任の申立て時には、原則として本人の同意があることが要件となっています。そのため、けがや病気で急速に判断能力が衰えて本人が意思表示をすることが難しい場合などを除いて、本人が同意のできる程度での任意後見監督人選任の申立てをする方が好ましいと考えます。任意後見人にとっても、家庭裁判所が選んだ任意後見監督人という公的なチェックが入っていることで、正しい業務を行っているだろうとの周りからの推定が働くことは良いことだと考えます。

親族の同意書は添付書類ではありませんが、親族関係図は添付書類です。そのため、申立書には「親族は任意後見契約の発効に対してどのように言っていますか」などという質問事項もあります。その意味では、普段本人の家や施設に出入りしている親族がいる場合は、申立てについて協力をしてもらう、あるいは話をして同意を得ておく方がよいと思います（下のチェックリストを参照）。家庭裁判所によっては、親族の同意書が添付書類になることもあり得るのかもしれません。

任意後見監督人選任申立てのためのチェックリスト

申立書類	□	任意後見監督人選任申立書
	□	申立書付票（本人以外用）
	□	本人に関する照会書
	□	本人に関する親族関係図
	□	本人の財産目録及びその資料 （資料：通帳、請求書・領収書、年金・保険料通知書等の写し）
	□	本人の収支予定表
本人についての書類	□	本人の戸籍謄本（3か月以内）
	□	本人の住民票　世帯全員省略なし（3か月以内）
	□	任意後見契約公正証書の写し
	□	登記事項証明書（3か月以内）
	□	登記されていないことの証明書 （「成年被後見人、被保佐人、被補助人とする記録がない」記載）
	□	診断書（大阪家裁は成年後見用で可）
	□	診断書付票

申立人及び任意後見受任者についての書類	□	法人の登記簿謄本
	□	任意後見受任者事情説明書
準備する印紙・切手※大阪家裁の場合	□	収入印紙　申立て費用 800 円（400 円×2 枚）
	□	収入印紙　登記費用　1,400 円（1,000 円×1 枚、400 円×1 枚）
	□	予納郵券　切手 3,700 円 (1,000 円×1 枚、200 円×4 枚、80 円×20 枚、20 円×5 枚、10 円×20 枚)

(4)　家庭裁判所の調査員との面談

任意後見監督人選任の申立てをすると、家庭裁判所の調査員が本人との面談に来ます。調査員によっては、任意後見契約をした理由や契約に至った経緯、受任者に今後の財産管理などを任せる意思があるかなどを、本人に対して何度も確認します。

親族が受任者である任意後見契約の場合で、任意後見監督人選任の申立てを私たち法人が手伝った際に、任意後見契約時の財産目録の提出を求められ、契約時から任意後見監督人選任申立てまでの期間に生命保険の受取人が受任者に変更されていないかということまで調べられた経験もあります。受任者が自分の利益のための行動をするような人ではないかを確認しているのだと思います。もちろん、本人の意思能力がしっかりしている間に作成した任意後見契約書に基づいて行っているわけですから「念のために確認に来ました」というスタンスの調査員もいます。

しかし、任意後見契約があっても「特に必要」と認めるときは、法定後見人を選任することも家庭裁判所の仕事です。家庭裁判所からすると本人と受任者に面談できる最初の機会ですから、受任者がしっかりとした業務を行うことができそうか否かを判断する義務があるともいえます。そのためには、任意後見監督人選任の申立て以前の受任者の行動なども含めて家庭裁判所は、判断能力の衰えつつある本人のために受任者をよく見ているのかもしれません。

任意後見監督人選任申立書（参考）

受付印	任意後見監督人選任申立書
収入印紙　円 予納郵便切手　円 予納登記印紙　円	(注意)登記手数料としての収入印紙は、貼らずにそのまま提出してください。 この欄に申立手数料としての収入印紙800円分を貼ってください(貼った印紙に押印しないでください)。

準口頭		関連事件番号　令和　年（家　）第　号

大阪家庭裁判所 御中 令和 ○ 年 1 月 29 日	申立人の 記名押印	勝司法書士法人 代表社員　勝　猛一　印

添付書類	（審理のために必要な場合は、追加書類の提出をお願いすることがあります。） ■本人の戸籍謄本（全部事項証明書）　■任意後見契約公正証書の写し ■本人の後見登記事項証明書　■本人の診断書（家庭裁判所が定める様式のもの） ■本人の財産に関する資料　□任意後見監督人候補者の住民票又は戸籍附票 □　（候補者を立てていただく取扱いの場合のみ必要です。）

申立人	住　所	〒 550 － 0012　電話 06（6940）6061 大阪府大阪市西区立売堀一丁目３番13号 （　方）	
	フリガナ 氏　名	カツシホウショシホウジン 勝司法書士法人	大正 昭和　年　月　日生 平成　（　歳）
	職業	司法書士	
	本人との関係	※　1　本人　2　配偶者　3　四親等内の親族（　） (4)　任意後見受任者　5　その他（　）	
本人	本　籍 （国籍）	大阪　都 道 (府) 県　大阪市中央区桃谷一丁目16番地	
	住　所	〒 533 － 0015　電話 06（9652）○○○○ 大阪市西区中山三丁目６番５号 （　方）	
	フリガナ 氏　名	○○ ○○	明治 大正 (昭和)　○ 年 6 月 6 日生 平成　（83 歳）
	職　業	無　職	

（注）太わくの中だけ記入してください。　※の部分は、当てはまる番号を○で囲み、３又は５を選んだ場合には、（　）内に具体的に記入してください。

任後監督(1/2)

申　立　て　の　趣　旨
任意後見監督人の選任を求める。

申　立　て　の　理　由
（申立ての動機、本人の生活状況などを具体的に記入してください。）
本人は、平成26年6月7日、勝司法書士法人との間で任意後見契約を結び、弊法人は現在まで
見守り契約にて、本人を見守っていた。今年9月、以前から発病していた子宮瘤膿腫がひどく
なり入院したが、本人が、手術を希望しなかったので処置のみ行い、施設に戻った。
会話は可能で、少しずつ食事の量も増えたが、病気の影響か、うつ病の症状が見られるように
なり、自室に閉じこもることが多くなり、現在は終日寝たきりの状況となっている。
施設のスタッフが車イスで散歩に連れていくなどをしてくれており、改善しつつあるが、本人は
財産の管理や書類の管理はできなくなりつつある。
本人の希望を確認の上、本件の申立てに至った。

任意後見契約	公正証書を作成した公証人の所属	大阪　法務局	証書番号	平成26年　第1234号
	証書作成年月日	平成 26年 6月 7日	登記番号	第2345－678910号
任意後見受任者	住所	〒 550 － 0012　電話 06 （ 6940 ） 6061 大阪府大阪市西区立売堀一丁目３番13号 （　　方）		
	フリガナ 氏名	カツシホウショシホウジン 勝司法書士法人	明治 大正 昭和 平成	年　月　日生 （　歳）
	職業	司法書士	本人との関係	任意後見受任者
	勤務先	電話　（　）		

（注）太わくの中だけ記入してください。

任後監督（2/2）

(5)　任意後見監督人選任申立て以前の期間も調査

受任者は、任意後見監督人選任の申立てのタイミングで、どのような調査がされて、どのような質問がされるのか、家庭裁判所はどのようなスタンスで臨んでくるのかを理解した上で、任意後見契約書を作成した時点から覚悟を持って過ごさなければならないことが分かると思います。

受任者は、任意後見監督人選任の申立てを遅らせたり、申立てを避けるようなことはするべきではないと考えます。

なぜなら、任意後見の契約書には「いつも本人の様子を見て必要なときは、受任者は任意後見監督人選任申立てをするものとする。」と受任者の義務として記載されているからです。本人の判断能力が失われてしまい、法定後見でいう後見類型になってから必要に迫られて仕方なく任意後見監督人選任の申立てをした場合、判断能力が不十分になってから判断能力が欠けてしまうまでの期間、財産管理や身上監護（保護）について「受任者はどのような判断で、何をしていたのか」という疑念が家庭裁判所側には芽生えるであろうということは容易に推測できます。

(6)　受任者の遵法精神もチェックしている

本人の判断能力が失われてから初めて申立てをするような受任者は、遵法精神が希薄ではないだろうかということになります。家庭裁判所からすると、本人の判断能力が衰えてから申立てまでの財産管理について過去に遡って厳しく調査をせざるを得ないということです。この受任者は、今後の任意後見業務をしっかり行い、任意後見監督人への報告を遅滞なく行うことができるのだろうかというスタンスで調査をするでしょう。そのようなスタンスで調査された受任者側は、裁判所や任意後見監督人に対して良い感情は持たないでしょうから、当初から関係が悪化し始めるという悪い連鎖に陥りかねないと考えています。

申立ての添付書類には、財産目録や目録の作成の根拠となる通帳や各種の領収書、年金や保険証券の写しが必要です。本人の収支予定表も添付書類ですから、家庭裁判所が疑念をもった場合は詳細な説明を求められると考えておいた方がよいでしょう。

(7) 専門家は特に意識して

特に司法書士などの専門家が受任者になる場合は、本人の判断能力が衰え始めたら、本人が任意後見契約の発効を望まないときを除き、早めに任意後見監督人選任の申立てをするべきです。本人の判断能力が残っている間に、任意後見監督人という客観的な第三者の目を通した上で、任意後見人としての業務をスタートする方がよいでしょう。

2 ≫ 任意後見監督人との付き合い

(1) 選任から初回の面談まで

任意後見監督人選任の申立てをすると、家庭裁判所は、本人と面談をして契約の発効が妥当だと判断すれば、任意後見監督人の選任に入ります。家庭裁判所の任意後見監督人候補者の名簿から選ばれた司法書士や弁護士、その他の専門家の中から案件ごとに適性を考えて候補者に打診し、候補者から同意が得られれば任意後見監督人選任の審判により任意後見監督人が決まります。

家庭裁判所から当事者に審判書が送付され、任意後見監督人は申立書などの閲覧（謄写資料の取得）をして状況を把握し、本人の施設などに任意後見人も同席の上面談に来ます。初回の面談では、本人の全ての通帳（原本）などを確認してもらいます。

本人との面談の前に、財産目録や収支予定表などの提出を求めたり、書類一式を提出した上で、事務所での事前面談を求める任意後見監督人もいます。また、任意後見人の心得のような話をしたり、財産を任意後見人の財産と分けて分別管理する指示や、報告書のひな形を指定する任意後見監督人もいます。

(2) 任意後見監督人も千差万別

任意後見人になる前の受任者の間に財産管理（任意代理）をしている場合は、本人に対して財産や収支の報告をする必要があるために、私たち法人では、文字を大きくしたりカラーにするなど、できるだけ本人に分かりやすく見やすいように努力しています。

しかし、任意後見発効後は、任意後見監督人によっては家庭裁判所のフォームに変えて作成するように指示を出す人もいます。任意後見契約が発効したからといって、本人（被後見人）に急に毎月の報告をしなくてよくなるわけではありません。本人が希望する以上は、報告も継続します。そのため、今まで使っていた書式で本人のために作成するものと、別途、任意後見監督人の指示に従って作成するものと、２種類作成することが必要なこともあります。

任意後見監督人によっては、家庭裁判所への報告のために任意後見監督人自身が作成すべき書類まで押し付けてくる人もいます。それとは逆に、家庭裁判所のフォームに合わせなくても、数字さえ分かればよく、特にこだわらない任意後見監督人もいます。このように、任意後見監督人も人ですから考え方も違えば、監督業務の慣れ不慣れの違いによる対応も千差万別だと思っておかないと戸惑うことがあります。

(3)　施設との連携

被任意後見人である本人が施設に入居している場合は、施設の担当者に任意後見契約が発効して、任意後見監督人が就任したことを伝えておくことが必要です。そうしないと施設側からすると本人との関係性が分からず、任意後見監督人が部外者と間違われるといったこともありますので注意が必要です。

(4)　熱心も度が過ぎるとクレームに

私たち法人が担当した案件ではありませんが、任意後見監督人が、本人に対して身上監護（保護）がしっかりされているか、任意後見監督人自身が確認をしないといけないと考えていて、任意後見人に連絡をせずに頭越しに本人に会いに行くことがあるようです。任意後見人は何年もかけて本人との人間関係を構築していることもあります。それにもかかわらず任意後見監督人が任意後見人の頭越しに現れて、財産の状況や身上監護（保護）のことを質問してしまうと判断能力が弱っている本人が混乱してしまい、施設からも本人からもクレームになったという話も聞きます。

(5)　専門家は任意後見監督人になることも想定

このようなクレームは、任意後見監督人が業務に対して熱心であるがゆえだと思いますが、司法書士などの専門家は任意後見監督人の立場になることもあります。自分が任意後見人として監督を受ける立場になったときは、今後、自分も任意後見監督人になることがあることを前提に任意後見監督人の行動を見ておくと勉強になるでしょう。

(6) 任意後見監督人の報酬

任意後見監督人の報酬は家庭裁判所の審判によるので、任意後見人はいくらになるのか分かりません。しかし、家庭裁判所によってはめどを示しているところがあります。月額で１万円から２万円くらいが多いのではないでしょうか。

家庭裁判所が１年分の任意後見監督人の報酬審判を出しますので、それに基づいて、本人の財産から、任意後見監督人の指定する口座に任意後見人が振り込むことになります。

(7) 任意後見監督人への報告書

任意後見人は、任意後見契約に基づき数か月に一度、任意後見監督人への報告を報告書として提出しますが、基本的に任意後見監督人への報告書のひな形は家庭裁判所のものと同じです。添付したひな形は、大阪家庭裁判所のものを使用しています。

しかし、任意後見監督人によっては、独自の書式に記入を求めてくる場合もあります。

任意後見監督人宛て報告書（記載例）

開始事件　事件番号平成・令和　　　年（家）第　　　　　　号

任意後見事務報告書

（令和２年９月末日現在）

令和２年10月17日
住　所　大阪市西区立売堀一丁目３番13号
　　　　第三富士ビル9F
任意後見人
氏　名　勝司法書士法人　代表社員　勝猛一
日中つながる電話番号
（06-6585-7666）

本人の生活状況について

1　前回報告以降、本人の住所・居所に変化はありましたか。

□　変わらない。（下に記入不要）　☑　以下のとおり変わった。（下に記入する）

【住民票上の住所】※住民票上の住所が変わったときは住民票を提出してください。

○○県○○市○○町○丁目○○番地○○号　（添付資料-⑪）

【実際に住んでいる場所】（※　入院先、入所施設などを含む。）

2　前回報告以降、本人の健康状態や生活状況に変化はありましたか。

□　特にない。　☑　以下のとおり変化があった。

令和２年３月　施設介護棟の居室内で転倒し、右大腿骨転子部骨折。手術及びリハビリを経て、７月に施設に戻られました。８月に両目の白内障手術を受けられました。骨折、白内障ともに順調に回復し、押し車を利用して一人歩きもできています。　（添付資料-⑫）

本人の財産状況について

1　前回報告以降、月々の定期収入と定期支出に変化はありましたか。

□ 特に変わらない。

☑ どちらかが変わった。若しくは両方とも変わった。

(「変わった」と答えた場合) 変わった時期、費目、理由及び変更前と変更後の月額を以下にお書きください。また、これらが確認できる資料を本報告書とともに提出してください。

変わった時期	費目	理由	変更前の月額(円)	変更後の月額(円)	資料番号
2·3·15	給付金	年金生活者支援給付金の受給	0	5,000	⑬
· ·					
· ·					
· ·					

2 前回報告以降、1回につき10万円以上の臨時収入がありましたか。

□ ない。 ☑ ある。

(「ある」と答えた場合) 以下にその内容をお書きください。また、これらが確認できる資料を本報告書とともに提出してください。

年月日	費目	理由	金額(円)	入金口座	資料番号
2·3·20	不動産売却代金	任意後見人就任前より検討の不動産売却が成立しました。	13,000,000	○○銀行 ○○支店 口座番号 1234567	⑭
· ·					

3 前回報告以降、1回につき10万円以上の臨時支出がありましたか。

□ ない。 ☑ ある。

(「ある」と答えた場合) 以下にその内容をお書きください。また、これらが確認できる資料を本報告書とともに提出してください。

年月日	費目	理由	金額(円)	資料番号
2·1·23	家財処分費	不動産売却のため、事前の家財処分を行いました。	310,000	⑮
2·3·23	仲介手数料	不動産売却の際、仲介手数料を支払いました。	495,000	⑯
· ·				
· ·				

4　前回報告以降、本人が得た金銭（定期収入、臨時収入の全てを含む。）は、全額、今回コピーを提出した通帳に入金されていますか。

☑　はい。　□　いいえ。

（「いいえ」と答えた場合）入金されていないお金はいくらで、現在どのように管理していますか。また、入金されていないのはなぜですか。以下にお書きください。

5　前回報告以降、本人の財産から、本人以外の人（本人の配偶者、親族、後見人自身を含みます。）の利益となるような支出をしたことがありますか。

□　ない。　☑　ある。

（「ある」と答えた場合）誰のために、いくらを、どのような目的で支出しましたか。以下にお書きください。また、これらが確認できる資料を本報告書とともに提出してください。

任意後見人報酬を支払いました。　（添付資料-⑰）

6　その他、任意後見監督人に報告しておきたいことがあればお書きください。

火災保険の解約に伴い、令和２年３月22日に出資金16,200円の返戻があります。　（添付資料-⑱）

※完成したら、任意後見監督人に提出する前にコピーを取って、大切に保管してください。

※記載された内容につき、追加の資料を求めたり、お問い合わせをする場合がありますので、ご協力ください。

第5章 民事信託との関係

1 >> 民事信託

(1) 民事信託の基本

任意後見契約の相談の際に、一緒に考えないといけないものに民事信託があります。

民事信託の基本的な考え方は、私の財産をあなたに託すので、託した財産やそこから生まれた利益を私に戻してください、あるいは私の指定する人にその利益を渡してくださいというものです。財産を委託する私は委託者、財産を託されるあなたは受託者、そこから生まれる利益や財産そのものの利益を受け取る人が受益者――このような民事信託の基本は、理解しているという前提で進めます。

(2) 民事信託の役割

この民事信託は、任意後見契約と同じような役割の部分があります。また遺言書とも重なる部分があります。

① 委託者の財産から分離して、受託者の判断で財産を管理・処分する契約ができます。これにより委託者の判断能力が衰えても受託者が預かっている財産に影響を及ぼさないことが可能です。

② 委託者の死亡が、預けた財産に影響を及ぼさない内容の契約が可能です。例えば、委託者兼受益者の死亡後に次の受益者や、更に次の受益者を決めることができます。受益者連続型信託といいます。

③ 預けた財産とそこから生まれる利益を分離できます。委託者の死亡後に不動産を共有にせず、そこから生まれるお金や居住権を利益として渡すことで、遺留分の対策にすることが可能です。

④ 委託者の死亡や受益者の死亡に左右されず、財産を誰に帰属させるのかを決めることが可能です。

⑤ 委託者が認知症になる前から契約をスタートさせることで、認知症対策になることに加え、委託者の死亡後も民事信託が続く内容にできます。

(3)　任意後見とセットで考える

勘違いしてはいけないことは、民事信託は任意後見制度に付随する制度、補完する制度でしかないということです。

その理由は、任意後見が本人の人生を広くカバーするのに比べ、民事信託は、一部の財産の管理や処分という部分に限られるからです。財産管理や財産の処分という部分では役割を発揮しますが、本人の日々の生活や介護や看護という、いわゆる身上監護（保護）に関する部分はカバーできません。また、譲渡禁止特約の付いた債権や年金などのように信託できないものもあります。

任意後見でカバーできる身上監護（保護）の範囲については、本編第３章１の代理権目録の記載例を参照してください。

(4)　遺言も検討する

遺言との比較でも同じことが言えます。遺言は遺言者の全ての財産に及びます。また、遺言書でしかできない法律行為もあります。死後認知や未成年後見人の指定、相続人から廃除することなどです。そのような制度を利用しなければならない事例は多くないかもしれませんが、検討した上で遺言をする必要がないことを確認しなければなりません。

民事信託で及ぼすことができるのは、契約した特定の財産のみです。本人の日々の生活のための少額のお金や小銭、衣類、電化製品やタンスなどの動産まで民事信託で分別管理をすることはできないでしょう。そうなると民事信託から漏れたものは、遺言書がないと遺産分割協議が必要になります。

そのため、民事信託を組成しておけば遺言書が不要になるとまでは言い切れません。遺言書を作成し、遺言者の全ての財産を包括した内容で考えた上で、特定の財産については民事信託で帰属権利者を考えることが必要です。

(5)　民事信託は万能ではない

認知症対策に民事信託は効果があります。本人（委託者）の財産から分離することができるため、委託者（本人）の認知症による判断能力に影響を及ぼさないことができるためです。だからといって、民事信託をすれば「任意後見も遺言も不要である」という説明には、問題があります。

任意後見では、上記にもあるように本人の財産だけでなく日々の生活という身上監護（保護）にまで及ぶような契約をすることができます。しかし、民事信託では、身上監護（保護）のように及ぼすことができない部分があります。任意後見契約をしていない本人が認知症になり、身上監護（保護）などの部分をカバーする必要性が生じたときはどうなるのでしょうか。

答えは、民法の原則に戻り「法定後見の申立てが必要になる」です。法定後見を避けるには任意後見契約をしておくしかありません。

(6) 財産管理以外の部分に法定後見が必要

間違っても、法定後見との比較で民事信託が優位であるなどという説明はしてはいけません。比較の対象ではありません。民事信託を必要とするような資産家が法定後見の申立てをすると、司法書士や弁護士などの第三者の専門家が法定後見人に選任されるでしょう。認知症対策で民事信託をしたにもかかわらず、法定後見の申立てが必要になり、第三者の法定後見人がつくとなると、家族の心情はいかがなものでしょうか。

民事信託の受託者には、親族が就任していることが多いでしょう。通常は、法律の専門家でも税務の専門家でもありません。その一般の人である受託者は、委託者の財産を分別管理し毎年の税務申告もできるのでしょうか。民事信託の組成をした専門家は、その部分も継続してフォローする必要があります。組成して終わりではありません。

委託者である本人の法定後見人として、第三者である法律の専門家が出てきます。法定後見人が、この民事信託が委託者のためになっていないと判断すると民事信託を否認するかもしれません。

そのため、任意後見契約と遺言書で大きくカバーした上で、本人の財産の中の「特定の財産のために民事信託も考える」というスタンスが必要です。

法定後見・任意後見・民事信託比較表

	法定後見（後見類型）	任意後見	民事信託
本人の状況	判断能力喪失後	判断能力がある間	判断能力がある間
開始時期	審判確定後	判断能力喪失後に発効	契約と同時（原則）
形態	措置（裁判所の審判）	契約（公正証書・要）	契約
後見人・受託者	裁判所の審判	任意に契約	任意に契約（基本的には親族）
報酬	裁判所の審判	任意に契約	任意に契約
監督人	付される場合あり	必ず付される	任意に契約
支援の内容	基本的に全ての法律行為（登記される）	契約により全ても可（登記される）	財産管理
財産の範囲	全て	契約により全ても可	選択した財産
贈与・相続対策	原則不可	契約で定める（監督人のチェックあり）	契約で定める
終了	本人の死亡	本人の死亡	契約で定める（数次も可能）

（筆者作成）

2 ≫ 受託者と任意後見人が同一という問題

(1)　受託者と任意後見人が同一の場合、本人には違和感がない

本人は将来の認知症を心配して、自分の一番信頼している人を任意後見の受任者として任意後見契約を締結したいと希望すると思います。その一方で、自分の所有する財産について民事信託を組成し、財産管理を受託者に委託するときも、大事な財産の受託者には自分の一番信頼している人に任せたいと思うのが人情でしょう。本人の中では、任意後見契約の受任者と民事信託の受託者が一致するのは、自然な感情で違和感はないと思います。

(2)　司法書士などの専門家から見たときの景色の違い

司法書士などの専門家から見たときはいかがでしょうか。民事信託は条件が付いていない限り契約と同時に受託者が本人の財産を管理しています。受託者に不正がある、あるいは信託契約に違反した行為があるというときは委託者である本人は、受託者に注意を促したり信託契約を解約することができるでしょう。一方で、任意後見契約は、後に本人の判断能力が衰えて任意後

見契約の効力が発効した場合、任意後見人は委託者である本人の代理人として、受託者の不正をチェックする立場になります。ときにはその行為が受託者の任に値しないとの判断に至れば、本人である委託者のために信託契約を解約することも検討しないといけない立場です。そのチェックされるべき立場の受託者とチェックする立場の任意後見人が同一であるならば、将来の利益相反の関係という景色が見えるはずです。受託者が暴走し始めた時に、誰がその暴走を止めるのでしょうか。

(3) 理屈どおりにはいかない

司法書士などの専門家からは「民事信託の受託者と任意後見契約の受任者は別人にしてください」とアドバイスすることになります。

ところが、実務ではその理屈どおりにはいかないので、いつも悩ましい問題として専門家は苦しむことになります。なぜなら本人の中では、心情的に受託者と受任者（任意後見人）は、同一でよいのです。しかし専門家からするとその将来の利益相反を看過するのなら、専門家としての存在意義はどこにあるのかという問題になりかねないのです。それに加えて、本人が将来の利益相反の問題を理解したとしても、受託者と受任者（任意後見人）を分けるほど複数の候補者が存在しているのかという現実的な問題にも直面します。

(4) どのような人が受託者になり受任者になるのか

民事信託の委託者である本人は、どのような人を受託者にしようと考えるのでしょうか。自社株を所有し代表取締役でもある経営オーナー[1]の場合は、次期社長として会社を託そうとしている後継者かもしれません。複数の不動産を所有し管理運用している地主・家主業であるならば、一族の次の惣領となるべき跡継ぎかもしれません。

では、もう一方の任意後見人となるべき受任者は、どのような人でしょうか。信託した財産を除き、本人の財産の管理をし本人の希望どおりに財産を使い、生活が滞りなくできるように気を配り、介護関係の手配をし、ときには施設なども検討し入所させてくれる身上監護人でしょう。さらには信託契

1 会社の株式の大きな割合を所有し支配権があり、代表取締役等で経営権も持つ人を経営オーナーと表現しています。

約の内容を理解し、受託者の業務内容の可否を判断してくれる人ということになります。そのような身上監護（保護）も財産管理もでき、受託者の業務に目を光らせることができる任意後見人の候補者が周りにいる人は少ないでしょう。

(5)　司法書士などの専門家が任意後見人になるという選択肢

利益相反を回避するための選択肢は限られてきます。民事信託の受託者に司法書士などの専門家はなれませんので、任意後見契約の受任者に専門家がなるという選択肢が現実的になります。

しかし任意後見契約の利点の一つは、自分に近しい信頼している方を将来の任意後見人にできることであり、実際に任意後見契約の７割から８割が、親族か知人・友人を受任者として契約しています。それにもかかわらず、司法書士などの専門家に受任者を依頼するという選択肢があるのかという問題があります。受任者側の専門家も、私たち法人のように積極的に任意後見の受任者として契約するところばかりではありません。事案によっては受けられないこともあり得るでしょう。

(6)　案件ごとに司法書士などの専門家が考えるしかない

司法書士などの専門家は、将来の利益相反を考えると受託者と受任者が同一という避けたい選択肢を避けられないことがあるのが実務ということになります。だからこそ悩み苦しみ、次善の策を考えることになります。

任意後見契約が発効したら任意後見監督人が付くのであり、利益相反が発生するような状況になれば、任意後見監督人が任意後見人に代わって本人を代理することになっているので、大きな問題は生じないと判断する専門家もいるかもしれません。そう判断をした場合、信託法31条により、受益者は本人の任意後見人と利益相反に当たる場面になっても信託契約で当該取引を許容しておく必要があります（下記記載例17条11号）。

その他に、本人の判断能力が衰えたときのために受益者代理人の定めや信託監督人を指定しておき、そこに司法書士などの専門家が介在することにより安全性を確保しておくことも考えられます。

ただし、依頼者の家族の意向や候補者の人数、財産内容などによって工夫するしかなく、これという決まったパターンや答えはないでしょう。

参考となるのは、受託者である子どもが任意後見契約の受任者である場合に、受託者としての業務を進めやすくしたいという意向が強い事例です。

信託契約のひな形（記載例）

（受益者代理人）
第15条　受益者（親権者以外の法定代理人を除く。）は必要がある場合、信託監督人の同意を得て受益者代理人を選任及び解任することができる。
2　受託者及び信託監督人は、受益者が意思表示できない状態である場合、各々が単独で受益者代理人を選任することができる。
3　受益者代理人は、努めて受益者の意思を確認し、受益者のために信託の目的の範囲内において、信託法に掲げる権利に関する一切の裁判上又は裁判外の行為をする権限を有する。
4　受益者代理人は、善良な管理者の注意をもって、前項の権限を行使しなければならない。
5　受益者代理人が受託者となった場合、その者の受益者代理人の職務は終了する。

（信託監督人）
第16条　本件信託の信託監督人として以下の者を以下の順位で指定する。
第1順位
住　　所　　大阪府大阪市西区立売堀一丁目3番13号第三富士ビル9F
名　　称　　勝司法書士法人　代表社員　勝　猛一

第2順位
住　　所　　東京都港区虎ノ門五丁目11番15号
名　　称　　一般社団法人民事信託監督人協会

2　本件信託の効力発効後に信託監督人が欠けた場合、受益者（親権者以外の法定代理人を除く。）又は受託者は、各々単独で新たな信託監督人を選任することができる。
3　信託監督人は、信託法に定める権限の他、本件信託に定める権限を持つ。

４　信託監督人への報酬は、受託者と信託監督人の協議の上、別に定める。

第３章　信託の方針

（信託財産の管理・運用・処分の方法）

第17条　信託財産の管理・運用・処分に関する事項は、本件信託に別段の定めがある場合を除き、次のとおりとする。

(1)　委託者及び受託者は、本件信託契約締結後、速やかに信託不動産につき、信託を原因とする所定の登記申請手続を行う。

(2)　信託不動産の維持・保全・修繕又は改良（以下「信託不動産の修繕等」という。）については、受託者が適切と認める方法、時期及び範囲において、自らの裁量で行う。

(3)　受託者は、受益者のために必要と認めたときは、受益者（親族以外の法定代理人を除く。）・信託監督人（以下「受益者等」という。）と協議の上、受益者等が指定する者を債務者として信託財産に抵当権、根抵当権、その他の担保権を設定することができる。

(4)　受託者は、信託の目的に照らして相当と認めるときは、信託不動産について（①～④については受益者等との協議を必要とする。）、以下の事項をすることができる。ただし、受益者（親権者以外の法定代理人を除く。）が反対の意思表示をしたときはこの限りではない。

①　賃貸借又は使用貸借

②　売却

③　新築・改築・増築又は大規模修繕（建物）

④　取壊し・滅失（建物）

⑤　建て替え

⑥　合筆・分筆（土地）

⑦　境界確定（土地）

⑧　地目変更（土地）・種類変更（建物）

⑨　その他、本件信託契約の目的を達成するために必要な事項

(5)　受託者は、受益者等との協議により、信託財産を用いて信託不動産となる土地・建物の権利を取得することができる。

(6)　受託者は、賃貸した信託不動産については、賃貸借契約に関して、賃貸人としての一切の事務を行う。

⑺ 受託者は、前項の場合、信託不動産から生ずる賃料収入から、次条に定める信託事務処理に必要な費用を差し引いた金額を限度として、受益者の指定する方法及び時期に従って、受益者に引き渡す。

⑻ 受託者は、信託金銭については普通預金等の口座に保管し、受益者及び受益者が扶養義務のある者の生活費、医療費及び介護費用等のため支出する。

⑼ 受託者は、信託財産の事務の一部の処理につき、必要な場合は専門知識を有する第三者に委託することができる。

⑽ 本条における協議は、受益者が意思表示できない状態で、かつ、受益者代理人が選任されていない場合は、受託者と信託監督人との協議のみで足りる。

⑾ 委託者と受託者が別途契約を締結している任意後見契約（年月日付東京法務局所属○○○○公証人作成）における任意後見人と本件信託の受託者との間で利益が相反する場合、受益者はあらかじめこれを承諾する。

⑿ 信託不動産を受託者に賃貸又は使用貸借させる場合、受益者はあらかじめこれを承諾する。信託不動産を担保に受託者が債務の借入れをする場合についても同様とする。

3 ≫ 会社の乗っ取り事例

(1) 会社の成り立ち

長野県で精密機械の製造販売をしている会社の社長は、創業から妻と２人で会社を大きくしました。社長は製造と営業、妻は経理を中心に仕事を分担してきました。現在は、技術系の従業員も採用して、社長の仕事は営業が中心になっています。一人娘は大学を卒業して、東京の会社に就職しています。

ある程度の規模になってきたので、銀行から紹介を受けた人を専務取締役にして会社を運営していました。会社の成長が社員のモチベーションアップにつながればと考え、自社の株式を専務を中心に役員や従業員に少しずつ持たせていました。取引先にも一部持ってもらっています。社長の持分は、過半数を少し割り込んでいます。

(2)　経営オーナーの脳梗塞

ある日社長は、働き過ぎがたたって倒れ脳梗塞で入院してしまいました。社長の妻は経理として会社にいましたが、「社長の看病に専念してください。」との専務からの言葉もあり、会社から離れていました。

専務は、社長の妻に対して「社長が倒れたので取引先との人間関係の希薄化を防止するため取引先との関係強化が必要。今後、社長の信用で融資をしてくれていた金融機関が、新規の融資を承認するか不明のため資本の増強を図る必要がある」という２つの理由を説明して、取引先に対して新株発行を繰り返しました（多くの定款には、議決権の過半数が出席し、出席した議決権の３分の２以上の賛成で第三者割当の新株発行ができるように定められていると思われます。）。

社長の持分が過半数を割り込んでいたので、第三者割当をする決議が可能でした。妻は、第三者に対する増資が社長の立場についてどのような影響があるかの知識がなく、専務からの説明で新株発行に同意をしていました。

(3)　専門家のアドバイスで専務が第三者割当増資

その一方で、専務は、顧問税理士に対して「社長は回復の見込みがなく、社長の妻は、会社に出てくる意欲がなくなった。」と伝えていたのでした。そのため税理士は、銀行への対応も考え早めに代表取締役を引き継ぐべきだと判断し、会社法に強い弁護士を専務に紹介したのです。専務は紹介された弁護士をあえて会社の顧問にせず、自腹で相談料を払いながら自分に有利なアドバイスだけを受け続けたのです。

(4)　回復時には乗っ取られていた

その結果、社長が脳梗塞で議決権の行使ができない間に、社長の持分比率を下げて社長は少数株主にされ、任期満了のタイミングで取締役から外されていました。

社長がある程度回復して会社に復帰しようとしたときには、会社は乗っ取られ自分が創業し育てた会社に戻る場所がなくなっていました。

(5)　事故や病気に備える

経営オーナーは、ある程度高齢になれば、判断能力が衰えたときの備えとして任意後見契約をしておく必要性が高いことが分かると思います。経営オーナーの家族が会社法に詳しい場合や子どもが会社に入っていて経営に全面的に関わっているような場合は、他の役員をチェックすることも可能かもしれません。しかしそうでなければ、経営オーナーの持分によっては、意思表示ができない間に会社を乗っ取られることがあります。

会社法に強い司法書士であれば、経営オーナーの任意後見人には最適です。顧問税理士と相談しながら、経営者一族のリスクヘッジとして司法書士との任意後見契約を積極的に提案してはいかがでしょうか。

(6) 受任者は専門家が良い

経営オーナーの任意後見受任者は、身上監護については家族、自社株の権利行使については専門家がなるべきだと考えます。若しくは、家族に加えて専門家も入れるべきだと考えています。今回の経営オーナーは、認知症ではなく急な病気ですが、判断能力がなくなるという意味では同じです。具体的な対策として、会社法に強い司法書士や弁護士を任意後見の受任者として任意後見契約をしておく必要があります。

その上で、代理権目録の新株発行決議の記載には、原則として反対してください。資本政策上、増資が必要な場合においても経営オーナーの持ち株比率が一定割合から下らないことなどの条件を記載することが必要です。代理権目録やライフプラン（指示書）に明確に記載しておきましょう。

(7) 定款変更も忘れずに

会社の定款も変更しておく必要があります。任意後見人は、本人の代理人として株主総会に出席して議決権の行使ができるように定款変更をしておくことを忘れてはいけません。なぜなら会社の定款には、総会屋対策として株主総会への代理出席は株主に限ると定められていることが多いからです。

商業登記を仕事としている司法書士であればこそ、任意後見契約と同時に会社の定款の変更も進めておく必要性に気が付くのです。そうしないと、せっかくの任意後見契約も会社に対しては効力を生じない可能性があります。

(8) 代理権目録の委任項目の記載例

株式会社〇〇の議決権の行使について

①　第三者割当の新株発行については、原則として反対すること。

②　司法書士の○○氏と弁護士の○○氏に相談しても、増資が不可避との判断であれば、株主割当の場合に限り賛成すること。

③　取締役の選任については、私の長男○○と次男○○を指名すること。

④　上記③の場合に、長男・次男のうち取締役として業務が行えない者がいる場合は、妻の○○を指名すること。

⑤　監査役の選任については、娘の○○を指名すること。

(9)　自社株の民事信託

会社オーナーが高齢になった場合や、病気などの心配に備えて後継者を受託者にして民事信託契約することがあると思われます。今回の事例のような場合は、後継者というわけにはいかないので、妻や娘を受託者にして自社株を信託することが考えられます。

その場合、委託者兼受益者が認知症などで意思能力を欠く状況が長期間続くと、受託者である妻や娘が会社の経営に関わっていない場合や会社法の知識がないときには議決権の行使について不安があります。どのような結果につながるのか理解できないうちに原案に賛成したり、棄権してしまうこともあり得ます。

そのような心配のある受託者の場合は、民事信託の契約書に議決権行使方法について、委託者の意向に添った内容を盛り込むとともに民事信託監督人、又は受益者代理人に会社法に強い司法書士や弁護士の就任を検討すると良いと思います。

4 >> 認知症による事業承継の失敗事例

(1)　会社の現状

Ｂ株式会社の代表取締役で100％の株式を所有している80歳の男性の甲は、典型的な中小企業の経営オーナーです。一人っ子で、結婚はしましたが子どもはなく数年前に妻に先立たれました。甲社長は、70歳後半から加齢により耳が遠くなり始め、体調も悪くなってきました。

そのため周りから背中を押されて会社の今後を考え、私たち法人に相談に来ました。甲社長は、耳が遠い上に記憶力も衰えつつあるため打合せの決定事項も、次回また同じ説明が必要なこともありました。そのため大事な点は、紙に書いて説明し、理解したことの確認のために甲社長にサインをしてもらいました。

(2) 代表取締役は辞任

何度かの説明で甲社長は、代表取締役を辞任して取締役会長となることに同意してくれました。しかし、この役員変更に納得してもらうのに半年の期間がかかりました。

何の準備もしないまま甲社長が認知症などになると、法定後見人が選任されるでしょう。甲社長に代わって法定後見人がＢ社の経営をすることになるのは避けたいところです。また、認知症になり遺言書が書けなくなると、甲社長の死亡後自社株が国庫に帰属することも避けたいところです。甲社長は、配偶者に先立たれ子どももなく兄弟もいないため、死亡後の個人資産は、100％所有している自社株式も含めて全て国庫に帰属することになります。

まずは、取締役の中から次の社長にしたいと思っている乙さんを、代表取締役にしてもらいました。次の社長を育てるには時間がかかるので、甲社長が元気なうちに経験を積ませる必要があるからです。甲社長は渋っていましたが、後任の乙さんがどうしても社長に向かないと判断したら「甲社長は社長でなくなっても100％の株主ですから、いつでも乙さんを解任できます。」と説明し、何とか乙さんを代表取締役社長とすることを承諾してもらいました。甲社長は、代表取締役を辞任して、平取締役の会長になりました。

(3) 会長の突然の死亡

次に、半年かけて遺言書の作成と任意後見契約の準備を進めました。次回は公証役場に行くというときです。土曜日で休日にもかかわらず、乙社長から電話がかかってきました。甲会長が入院したとの連絡で、手術をしたが危険な状態とのことでした。

私たち法人は、週明けに公証役場に連絡し、病院での公正証書遺言の作成に切り替えないといけないとの判断になりました。しかし、翌日曜日の晩に再度電話があり、甲会長の訃報を知らせてきました。1週間前に会ったばかりなのに、次回は公証役場に行くはずだったのにと、残念でならない出来事でした。

その後「相続財産管理人」として弁護士が選任されました。甲会長の会社に対する思いも会社の現状も知らない相続財産管理人の弁護士が、取締役の選任権限などの会社の支配権を握ることになったのです。株主総会も、経営陣の希望どおりには開催できない状態になってしまったのです。

甲会長が死亡する前に代表取締役の変更を済ませることができたのが、不幸中の幸いでした。乙社長が契約書など通常業務の関係書類への押印手続や銀行手続もできたので、業務は止まらずに済みました。

(4)　もう少し早く相談してほしかった

もう少し体力が衰える前で、耳もしっかり聞こえる間であれば、もっとスムーズに手続が進んだと思われます。判断能力がしっかりして決断が早ければ、任意後見契約と遺言書の作成ができて、甲会長の数億円の個人資産も国庫に納入されなかったでしょう。事業のために、甲会長の個人資産を乙社長やＢ社に遺贈することができたと思われます。それを思うと、何度思い出しても残念な事例でした。

この経験により、認知症が進む前に事業承継を考えて実行しておく必要性を思い知らされたのです。経営オーナーの判断能力が衰え始めたことで手続が遅延してしまい、その後に亡くなったため、次の社長への事業承継がスムーズにできなかった事例です。

(5)　教　訓

対策としては、任意後見契約をしておき、代理権目録やライフプランには、自社株の多くを所有する経営オーナーが認知症などで任意後見契約が発効した場合に、代表取締役及び取締役を辞任することについて記載しておく必要があるでしょう。法定後見と違い、任意後見契約が発効しても役員の欠格事由にならないからです。

加えて、後任の取締役・監査役の選任についての希望を具体的に記載しておくことも必要です。増資が必要になった場合の新株発行の可否など、議決権行使について自分の考えや希望を記載しておくことは、自分の会社に対する思いを承継するために重要です。

さらに遺言書を作成し、自分の死後に後継者に自社株を相続や遺贈できるように準備しておくことが必要です。特に相続人がいない場合は、経営オーナーの会社に対する思いや会社の状況を知らない、第三者である相続財産管理人に株主としての権限が移ってしまいます。場合によっては、会社が機能不全に陥る可能性もあるので、遺言書だけでなく、必ず任意後見契約を締結して事前準備をしておく必要があります。

(6) 信託の検討

そこまでしても、任意後見契約が発効すると任意後見監督人が出てきます。任意後見監督人によっては議決権の行使について意見を言う人がいるかもしれません。その点を考えると、会社経営の独立性の確保のために民事信託を組成し、後継者を受託者にして経営オーナーの自社株を財産から外すことも検討する必要もあり得ます。

2006年に信託法が改正されて民事信託（家族信託ともいわれます。）が始まりました。これにより、経営オーナーの資産をオーナーから分離して親族などに信託することができるようになりました。事案によって、司法書士などの専門家のアドバイスが必要になると思われます。

5 >> 経営オーナーの個人資産の凍結

(1) 経営オーナーの認知症リスク

会社の経営者も人間です。高齢化に伴い判断能力が不十分になることはあり得ます。会社の経営者としての取締役や代表取締役しての立場と会社の所有者としての株主の立場が一致する「経営オーナー」の権限は、株主総会を招集して誰を取締役に選任するか、というところから全てが始まります。

(2) 認知症になっても株主は役員の選任の権限がある

法定後見のうち後見類型と保佐類型は、取締役・監査役になることができないので役員から外れることになります（会社法331条）。任意後見では、欠格事由ではないとしても、経営判断が難しくなり代表取締役や取締役を退任し経営の最前線から退くことになるでしょう。たとえ認知症になって役員から退いたとしても、認知症である経営オーナーが役員の選任権限を持っていることは変わりません。

(3)　議決権の行使

法定後見のうち、成年後見人（後見類型）にはほぼ全ての代理権があります。そのため、成年後見人は経営オーナーの株主権を行使できます。その成年後見人の選任権限は家庭裁判所にあり、親族が後見人に選任される可能性は低いです。このように経営オーナーが任意後見契約をしていないことが、いかにリスクが高いか理解できると思います。

後継者として親族が指名されている場合でも、親族以外の第三者が、成年後見人として経営オーナーに代わって議決権を行使することになります。しかし、法律上議決権を持っていることと経営判断が妥当か否かは別問題です。会社の経営は、常に人・物・金と表現される経営資源を使って、いかに利益を上げるか等についての判断と決定の繰り返しです。経営オーナーとして長い経験に裏打ちされた高度な経営判断が、家庭裁判所に選任された第三者の成年後見人に期待できるのでしょうか。

任意後見契約においては、法定後見のように当然に議決権の行使ができるわけではありません。そのため、本人と受任者間の契約の管理対象財産に経営オーナーの所有している株式を入れておく必要があります。その上で議決権に関しても、任意後見契約書をできる限り経営オーナーの意向に沿うような内容にしておくことになります。合わせて、定款に任意後見人が議決権を行使できる旨の定めを入れておきます。

(4)　影響の大きさ

経営オーナーが自社の株式を持ったまま判断能力が衰えてしまうとオーナーの家族だけでなく、従業員とその家族、取引先、融資をしている金融機関までもが大きな影響を受けることになります。認知症などでオーナー自身とその家族が困ることも問題ですが、それ以上に会社の支配者としての立場のまま認知症になることは、個人と比較にならないほど重大な問題です。司法書士などの専門家は、そのことを経営オーナーに伝える必要があります。

(5)　経営オーナーの認知症

会社の株式を100％持ったまま、経営オーナーであった丙会長が認知症になってしまいました。既に丙の長男の丁が、社長として会社を切り盛りしています。丁社長は、丙会長所有の土地の上に新社屋を建築しようという計画を立てました。

銀行に相談に行ったところ、担保として丙会長所有の土地に抵当権設定が必要になるとのことでした。その銀行からは、丙会長は認知症で意思表示ができないため、法定後見人選任の申立てをするようにアドバイスされました。そこで後継者である丁社長を後見人候補として選任申立てしたところ、希望どおり丁社長を成年後見人（後見類型）とする審判が出ました。しかし、丁社長には、成年後見監督人が付きました。

丁社長は早速、設計書と見積り、請負契約書を準備して銀行に融資の申し込みをしました。新社屋と底地である丙会長の土地を担保に入れることを条件に融資承認が下りました。その後、着手金の支払のために融資金の一部実行を銀行に依頼しました。

(6)　利益相反

担保設定登記を担当する司法書士から、成年後見人である丁社長が、経営する会社のために丙会長の土地を担保提供することは利益相反に該当し成年後見監督人の押印が必要との指摘がありました。

そのため丁社長が成年後見監督人に相談に行ったところ、多額の借入れのための担保提供が問題視されて、ストップがかかりました。成年後見監督人は、家庭裁判所と協議の上、会社の債務不履行により競売にかけられるリスクを負ってまで、担保提供するべきではないと判断を伝えてきました。

その結果、新社屋の建築は丙会長の死亡後まで着手できなくなってしまいました。

この件は、成年後見人が後継者である丁社長であったため議決権の問題は生じなかったのですが、経営オーナーであった丙会長の個人資産の凍結という問題を起こしてしまいました。

(7)　遅過ぎた相談

その時点になって、丁社長は慌てて私たち法人に相談に来られました。私たち法人は、成年後見人がするべきことは「資産の保全が中心であり、積極的な運用や相続税への対策はするべきではない」ことを伝えました。しかし、納得いかない様子でしたので「あまりに強硬に主張すると成年後見人を解任される可能性もありますよ。」と話をすると、しぶしぶ引き上げられたということがありました。

このような案件の解決方法は、早期の任意後見契約です。今回は成年後見人に子どもが選任されましたが、2020年の１年間で、親族が選任されているのは19.7％です。法定後見で本人が資産家の場合、法定後見人等（成年後見人、保佐人、補助人）に親族が選任される確率は極めて低いと考えられます。親族が法定後見人等に選任されたとしても、成年後見監督人等（成年後見監督人、保佐監督人、補助監督人）が付くこともあります。

(8)　代理権目録

任意後見契約では、将来の任意後見人を指定できるのですから、後継者が決まっているのであれば、早めに後継者と任意後見契約を締結しておくべきでしょう。

不動産の有効利用などが予定されているのであれば、その具体的な内容を代理権目録に記載しておき、そのための融資の申込みや担保提供をする意思なども記載しておく必要があります。個人の金融資産に余裕があるのであれば、その金融資産から建築代金支払に充ててほしい額の上限も明確に記載しておくことが必要です。

(9)　民事信託の利用

ただし、任意後見契約の時点で「具体的になっていない金融資産の運用方法」や「有効利用の仕方が決まっていない不動産」などがあると、任意後見契約発効後に任意後見監督人との意見調整が難しいかもしれません。その結果、本人の判断能力がしっかりしているときの有効利用についての考え方を任意後見人が理解していたとしても、そのとおりにはできないかもしれません。そのようなときには民事信託も組み合わせることが有効になります。

(10)　どのような場合に民事信託が必要か

建物の建て替えなど資産の形が大きく変わる不動産の有効利用や、多額の株式投資や投資信託の購入という金融資産の運用について、任意後見監督人が納得できるだけの具体的な内容を代理権目録に記載することができない場合は、民事信託が有効です。

しかし、民事信託は形の変わる建物の建て替えや多額の金融資産の運用に向いているものの、あくまで財産の管理・運用・処分に関することです。民事信託を使っても任意後見契約の全ての部分に代わることはできません。本人の身上監護（保護）である日々の生活への支払や介護などは、民事信託には向いていません。任意後見契約をベースとして財産の内容によっては民事信託との組合せを考えることが有効です。あくまでも、本人が生きている間は「任意後見契約」がベースです。任意後見でカバーできる身上監護（保護）の範囲については、第３章１の代理権目録記載例を参照してください。

本人が亡くなると、使用していた衣類やテレビ、タンスなどの動産、日常の生活費や財布の中の小銭まで相続財産になります。死後認知や未成年後見人の指定といった身分に関することは民事信託では対応できません。そのため、死亡後は「遺言」がベースになります。任意後見契約と遺言の準備をした上で、財産の内容によっては、民事信託も考えるという順序で事前準備をすることが必要です。

第6章 任意後見契約の終了

1 >> 解約通知書（任意後見契約発効前）

(1) 解約通知書はいつ来るか分からない

任意後見契約の発効前は「本人からはいつでも解約ができる」という契約内容になっていると思われます。

任意後見契約の締結時には、判断能力がしっかりしているので、効力が発生するまでは、受任者が自分に合うのか否かを本人はじっと見ていると思っていてください。その相性以外にも自分が認知症などになったときに自分のことを本当に大事にしてくれるのか、依頼した内容をしっかり遵守してくれるのかを常に考えていると思われます。

親子間などの親族後見のときは、そのようなことはないのでしょうが、司法書士などの専門家が受任者になっている場合は、今日にでも解約の通知が来る可能性は否定できません。

(2) 見守り契約の説明の仕方

私たち法人のセミナーでは、任意後見契約発効前の見守りの期間は、結婚に例えると婚約中のカップルのようなものとお伝えしています。「この人と結婚して良いのか、人生を預けて良いのか、じっと婚約者を見ている、そんな期間と同じですよ。もし自分が認知症になってもこの受任者は信用できるかどうかよく見てくださいね」とお話しすると笑いが起きます。きっとイメージすることができるのでしょう。

婚約も破談になることがあるのですから、任意後見契約をしても発効までの間に解約されることはあるのです。

(3) 解約通知書の内容証明

あるNPO法人から電話がありました。77歳の女性とそのNPO法人との任意後見契約を私たち法人がお手伝いした案件についてです。契約当時、その女性は、夫に先立たれたところで、夫婦には子どもがいなかったため将来に不安を抱えていました。そのNPO法人のセミナーを聞き、自分に必要な制度だということを知り、任意後見契約をしようと決めたとのことでした。

契約から１年半ほど経った日、名前に見覚えのない、ある弁護士からそのNPO法人に内容証明郵便が届きました。その女性がNPO法人との任意後見契約を解約するという趣旨でした。

(4)　理由の究明

依頼者である本人が、判断能力のあるうちに解約の通知を出してきた以上、一方的だとはいえ受任者としては、受け入れざるを得ません。早速、そのNPO法人に出向き、なぜ解約をされてしまったのかについてミーティングをしました。

本人は大変元気で、施設に入居していました。契約した当時は、要支援もついていない自立の状態でしたので、しばらくは急な事故に備えての任意後見契約だけをしました。もう少し判断能力が衰えてきたら、施設と相談して見守り契約をするか任意後見契約を発効させるか考えましょうということでした。

(5)　見守り契約はしておくべき

本人と話ができないため推測の域を出ませんが、解約の理由は、見守り契約をしていなかったことにより本人との関係性が疎遠になってしまったのではないだろうか、その間に本人は、不安になり他の人に相談したり勉強会などで弁護士と知り会う機会があったのでしょう。そこで「連絡もしてこないNPO法人ではもしものときの任意後見もあてにできない」との結論になったのではないだろうかということでした。

専門家が注意すべきポイント

いくら本人が元気といえども、ある程度のペースで関係をつないでおく必要があると思います。そのため見守り契約を締結しておき、本人が不安にならない程度の期間で電話連絡や面談をする必要があります。

column

合意による解約

1、家族関係

結婚せず、子どももいない75歳の女性からの相談です。その女性には、姪が2人いるものの長い間、年賀状のやり取り程度の関係で「姪たちも結婚してそれぞれの家庭もあるから、世話をかけるわけにもいかないと思っている」とのことでした。自宅マンション以外に収益物件も所有していて、認知症になったときに物件の管理やお金の管理が不安だということでした。

任意後見制度を説明して私たち法人との任意後見契約に至りました。見守り契約を結び、毎月本人に事務所に顔を出してもらっていました。来所での見守りになったのは、本人の健康状態の把握と決まった日時に事務所に来ることができるのかという見当識障害の程度の確認のためと、本人の自宅が事務所に近かったということが理由です。

2、親族との関係が良好になる

本人は、大変元気な方で、ゴルフの打ちっぱなしに行ったりコースに出たり、週3回プールにも行って身体を鍛え体力を維持していました。ところが、ある時体調を崩し入院をしてしまいました。本人にとって意外なことに今まで疎遠になっていた姪たちが、かいがいしく世話をしてくれたのです。

そのタイミングで、姪たちは、私たち法人と叔母が任意後見契約をしていることを知りました。姪たちは第三者である私たち法人との任意後見契約に否定的な感情を抱いたようです。そこで、本人が事務所に定期的に来所する際に解約の意向を伝えてきました。

3、親族間の任意後見契約を勧める

私たち法人として、姪たちとの関係が復活したことに喜びを伝えるとともに、解約するのであれば姪たちと任意後見契約をすることを勧めました。そこからさらに数か月が経過しても、姪たちの意見は解約だけでよいと言っているとのことでした。本人は、せっかく復活した姪たちとの関係を崩したくないので、私たち法人との任意後見契約を解約したいとの意向でした。

「今は姪御さんたちに任意後見契約の制度の説明を聞いてくださいと言っても感情的に難しいかもしれません。でもいつか任意後見契約の必要性を姪御さんたちに説明する機会を作ってもらえないでしょうか。そこで制度の説明をして姪御さんたちとで任意後見契約をするようにしましょう。」と伝えた上で、公証役場で契約を合意解約しました。

専門家が注意すべきポイント

本人が、元気な間は、体調や親族関係の変化などで心情の変化や事情の変更が起こり得ます。それも前提に、受任者側も本人との関係が変わることを受け入れられるようにしておきましょう。

column

やっぱり解約通知が来た

1、家族関係

ある行政書士の紹介で、80 歳の女性の相談を受けました。この女性は結婚して子どもがいて孫もいます。ところが残念ながら息子が先に事故で亡くなりました。息子を頼りにしていただけに女性の夫は、息子が亡くなって間もなく後を追うように亡くなってしまいました。その女性もショックが続き、聴覚に障害が起こり目も不自由になりました。

夫死亡後の生活に不安を覚え、ある専門家と任意後見契約を締結していました。ところが、その専門家にある団体への寄付などを勧められたことがきっかけで、不信感を抱くようになり、結果、その専門家との契約を解約したそうです。

そこで知人を通して先の行政書士に相談があり、私たち法人を紹介してもらったとのことでした。

前の任意後見契約は既に解約されていたので、新しく私たち法人との契約を結びました。本人にお会いしたときには、目が不自由なため自分でお金の管理をするのは不安だということから、財産管理契約も結びました。毎月、通帳の記帳と一定額の生活費を下ろして訪問し、収支の報告と財産の残高の報告をしていました。

2、親身になった活動

通常の文字のサイズでは、見えにくいということもあり、担当者は、A4 サイズのものを A3 に拡大し、さらに毎回太いマジックで上書きしたものを作成していました。

また、本人から、以前は小説を読むのが好きだったということを聞くと、目の不自由な人のための専用のデッキを借りてきて、本人の自宅に置いておきました。さらに、毎月の訪問時に小説を朗読したCDをレンタルして持参していました。

それ以外のことも含めて、担当者は、本人により良い生活をしてほしいと考えて行動していることが、筆者の目からも感じられました。

3、青天の霹靂

しかし、ある時、契約解約の内容証明郵便が送られてきたのです。

担当者には、解約される心当たりはなく、本人の人生がより良くあればと努力していただけにショックを受けていました。

ただ、筆者は契約の当初から漠然とした不安を感じていたのです。私たち法人と契約する前の契約も、それなりの費用をかけてその専門家でよいかどうかを考えて契約しているはずです。その専門家を解約した理由もしっくりいっていませんでした。簡単に解約するのではなく、しっかり話をして不満があればその都度解消することができたのではないだろうかと思ったからです。

案の定、理由もよく分からないまま解約通知が届き、やはり「来たか」と心の中でつぶやいてしまいました。

4、後日談

その後しばらくして先の行政書士を通じて、再度、私たち法人と任意後見契約をし直したいという申入れがあったのです。

筆者としては、その連絡が来たときに「やはりそうだろう」と思いました。私たち法人の担当者ほど本人のことを考え行動し、寄り添ってくれる人がそう簡単に見つかるわけがないからです。きっと新しい担当者と、私たち法人の担当者とを比べると新しい担当者への不満が募るだろうと考えていました。

担当者にそのことを告げ「これからも自信を持って本人に寄り添った仕事をしてほしい」とお願いをしました。そのとき、担当者の目には涙がたまっていました。

話を持ってきてくれた行政書士には、正式に解約されているので再度の契約には改めて費用がかかる旨、また、同じことが繰り返される可能性が高いのではないかという旨の話をしたところ、同感だと納得していただきました。

専門家が注意すべきポイント

このように、任意後見契約が発効する前は、本人からいつでも解約ができるのですから、予期せぬタイミングで解約通知が来る可能性があります。そのことは、常に心に置きながら業務をすることは必要です。思い入れが強ければ強いほどショックも大きいのです。

なお、合意解約も一方的な解約も公証人の認証が必要です。参考にひな形及び登記の抹消の申請書を下記に掲載します。

解約通知書のひな形

通　知　書

私こと　　　　　　　は、令和　　年　　月　　日○○地方法務局所属公証人　　　　　　作成の令和　　年第　　号財産管理等委任契約及び任意後見契約公正証書により貴殿との間で締結した委任契約及び任意後見契約を解除することにいたしました。

よって、本書面により通知いたします。

令和　　年　　月　　日

住所

氏名　　　　　　　　　　　　　　　　　　㊞

○○県

殿

配達証明付内容証明郵便の謄本（公証人の認証の部分）

令和○○年登簿第○○○号

認　　証

嘱託人任意太郎は、本職面前で署名押印した。
上記認証する。
令和○○年○○月○○日本職役場において
○○県○○市○○町○○番地
○○地方法務局所属
公証人○○○○　印

契印

この郵便物は令和○○年○○月○○日第△△△△△号書留内容証明郵便物として差し出されたことを証明します。

日本郵便株式会社　日付印　郵便認証司印

※一方的解除の場合は配達証明付内容証明郵便で通知します。
任意後見監督人の選任前の場合は公証人の認証が必要になります。
任意後見監督人の選任後の場合は家庭裁判所の許可が必要になります。

※配達証明書（はがき）
見本（裏面）

郵便物等配達証明書

受取人の 氏　　名	任意　一郎　　様
お問い合 わせ番号	000－00－△△△△△－0　　号

上記の郵便物等は、3年4月25日に配達しましたので、
これを証明します。

日付印

日本郵便株式会社

※一方的解除の場合の登記申請には、配達証明付内容証明郵便の謄本のほか配達証明書（はがき）も必要になります。

任意後見契約の一方的解除による終了の登記申請を委任者本人が行う場合（記載例）

東京法務局　御中

登記申請書（終了の登記）　令和 元 年 5月 9日申請

1 申請人等

ｱ 申請される方（申請人）	住　所	東京都千代田区九段南１丁目１番１５号		
	氏　名	任意　太郎　㊞		
	資　格（本人との関係）	本　人	連絡先（電話番号）	090－○○△△－××□□

（注）申請人が法人の場合は，「名称又は商号」「主たる事務所又は本店」を記載し，代表者が記名押印してください。

ｲ 上記の代理人（上記の申請人から委任を受けた方）	住　所	
	氏　名	㊞
	連絡先（電話番号）	

（注１）代理人が申請する場合は，ｱの欄とともにｲの欄にも記入してください（この場合ｱの欄の押印は不要です。）。
（注２）代理人が法人の場合は，「名称又は商号」「主たる事務所又は本店」を記載し，代表者が記名押印してください。

2 登記の事由

ｱ 終了の事由	□成年被後見人の死亡，□被保佐人の死亡，□被補助人の死亡，□任意後見契約の本人の死亡，□任意後見受任者の死亡，□任意後見人の死亡，☑任意後見契約の解除，□その他（　　　）

（記入方法）上記の該当事項の□に☑のようにチェックしてください。

ｲ 終了の年月日	（平成）・令和　３１　年　４　月　２５　日	※（注）参照

（注）○死亡の場合は，その死亡日　○任意後見契約の合意解除の場合は，合意解除の意思表示を記載した書面になされた公証人の認証の年月日等　○任意後見契約の一方的解除の場合は，解除の意思表示を記載した書面が相手方に到達した年月日等

3 登記記録を特定するための事項

（本人（成年被後見人，被保佐人，被補助人，任意後見契約の本人）の氏名は必ず記入してください。）

フリガナ	ニンイ　タロウ
本人の氏名	任意太郎　※本人（成年被後見人，被保佐人，被補助人，任意後見契約の本人）の氏名

（登記番号が分かっている場合は，本欄に登記番号を記入してください。）

登記番号	第　２０１１　－　５５５５５　号

（登記番号が分からない場合は，以下の欄に本人の生年月日・住所又は本籍を記入してください。）

本人の生年月日	明治・大正・（昭和）・平成・令和／西暦　１５　年　７月　１２日生
本人の住所	東京都千代田区九段南１丁目１番１５号　※本人の登記記録上の住所
又は本人の本籍（国籍）	

4 添付書類

（該当書類の□に☑のようにチェックしてください。）

①□法人の代表者の資格を証する書面（※申請人又は代理人が法人であるときに必要）
②□委任状　□その他（　　　　）（※代理人が申請するときに必要）
③☑登記の事由を証する書面
　ｱ死亡の場合（□戸籍（除籍）の謄抄本（**欄外注参照**），□死亡診断書，
　　□その他（　　　　））
　ｲ☑任意後見監督人選任前の一方的解除の場合（解除の意思表示が記載され公証人の認証を受けた書面＝配達証明付内容証明郵便の謄本＋配達証明書（はがき））
　ｳ□任意後見監督人選任前の合意解除の場合（合意解除の意思表示が記載され，公証人の認証を受けた書面の原本又は認証ある謄本）
　ｴ□任意後見監督人選任後の解除の場合（上記ｲ又はｳの書面（ただし，公証人の認証は不要）＋家庭裁判所の許可審判書（又は裁判書）の謄本＋確定証明書）
　ｵ□その他（　　　　）

（注）死亡の場合，法務局において住民基本台帳ネットワークを利用して死亡の事実を確認することができるときは，戸籍（除籍）の謄抄本の添付等を省略することができます。法務局において死亡の事実を確認することができないときには，戸籍（除籍）の謄抄本等の送付をお願いすることがあります。

※登記手数料は不要です。

解除通知書（記載例）

解除通知書

○○県○○市○○町○○番地
（登記上の住所　東京都千代田区九段南１丁目１番10号）
（受任者）任　意　一　郎　殿

当方は、貴殿との間で、令和○○年○○月○○日○○地方法務局所属公証人○○○○作成令和○○年第○○号任意後見契約公正証書により任意後見契約を締結しましたが、本日、公証人の認証を得たこの書面により同契約を解除いたします。

令和○○年○○月○○日

○○県○○市○○町○○番地　養護老人ホームこうけん
（登記上の住所　東京都千代田区九段南１丁目１番15号）
（委任者）任　意　太　郎　㊞

※解除の意思表示を記載した書面（公証人の認証のあるもの）の一例
「配達証明付内容証明郵便の謄本[注]１頁目、解除通知書の部分」

注：謄本とは、契約の相手方に送付する文書（解除通知書に公証人が認証したもの）のコピーに、日本郵便株式会社が証明文を記載して、差出人に交付した文書です。

合意解除のひな形

委任契約及び任意後見契約の解約書

令和　　年　　月　　日付け、○○法務局所属公証人　　　　　　作成にかかる同年第　　号委任契約及び任意後見契約については、本日委任者　　と受任者　　　　　　が話し合った結果、本契約を解約することにいたしました。

上記相違ないので、この証として本書を作成します。

令和　　年　　月　　日

住所
委任者

住所
受任者

2 >> 任意後見契約発効前の本人死亡による終了（遺言執行）

Ｇさんとのご縁は、Ｇさんが入居している施設で私たち法人がセミナーをした後に、副施設長から連絡をもらったことでした。Ｇさんとは制度の説明と何回かの打合せの後、財産管理契約、任意後見契約及び死後事務委任契約を締結しました。私たち法人を遺言執行者にした遺言書も作成しました。その施設からＧさんが入院したとの連絡が入りました。Ｇさんに子どもはなく、妻は数年前に他界していました。

入院の手続に行った際に、元気な様子で安心していましたが数日後、病院からＧさんの病状が急変したとの連絡があり、見舞いに行くと数日前と打って変わって気力が落ちているのが分かりました。財産管理契約から任意後見契約の発効を念頭に入れ、準備を始めようとしたときに、病院から死亡の連絡を受けました。Ｇさんの死亡により、財産管理契約と任意後見契約は終了しましたが、死後事務委任契約をスタートさせて、その後の遺言執行へとつなげる必要があります。

すぐに担当者が、死後事務委任契約書に記載された連絡先である親族や生前によくＧさんの世話をしてくれていた近所の人に連絡を入れました。その後、私たち法人が行った遺言執行業務を８つのステップに分けて順番に説明します。

(1) 遺言書の内容確認

Gさんは複数の不動産を所有しており、特定の相続人に特定の不動産を相続させるとしてありました。それ以外の財産は、換金し経費などを支払って残った額から日本赤十字社へ寄付し、その残額を指定の割合で相続又は遺贈するという内容です。

(2) 財産の把握

不動産については登記事項証明書・所有者事項証明書・固定資産課税台帳の名寄帳・公図・地積測量図・住宅地図等を取得し特定しました。

金融資産については、私たち法人が財産管理契約に基づいて預っていたもの以外を担当者が預かってきて、通帳やカード、証券等を遺言書と照らし合わせました。遺言書には金融資産の対象として5つの口座が記載され、さらに「その他一切の遺言者名義の預貯金」という文言が付け加えられていました。預かった通帳は、遺言書に記載された銀行以外もありましたが、残高は5つの記載された銀行口座以外は少額でした。

口座残高が、振込手数料よりも少ない場合、銀行からあらかじめ手数料を振り込むように求められます。相続手続をすると、相続財産よりも振込手数料の方が多くなるケースもあります。しかし、発見した以上は、全ての資産の相続手続を行わなければなりません。

また、亡き妻名義の未解約の通帳も多数発見されました。金融機関にGさんの口座の相続手続を依頼した際に、先に亡くなった妻の口座の相続手続も早くやってほしいとの催促がありました。しかし、金融機関に対して、亡き妻の相続手続については受任していないため権限がない旨を説明し、後日亡妻の相続人に状況を説明することにしました。

(3) 就任通知書の発送

次に、法定相続人や受遺者に「遺言執行者就任通知書」を発送しました。私たち法人の応接室に集まっていただき、説明会を開催し以下の3点を説明しました。

① Gさんの死亡により相続が開始したこと
② Gさんは、公正証書遺言を作成し、私たち法人を遺言執行者に指定していること

③　これからＧさんの相続手続等の遺言執行業務を行うこと

※遺留分侵害額請求をすることができる相続人がいる場合は「遺留分侵害額請求ができる旨」も伝えます。

(4)　相続開始日時点での相続財産の確定

不動産については、当該年度の固定資産評価証明書を取得します。

金融資産については、銀行や証券会社等の金融機関の「相続開始日」時点での残高証明書を取得します（相続税申告がない場合は通帳での残高確認だけで済む場合もあります。）。残高証明書の発行費用の支払は、預金等取扱店での現金払、又は当該支店への振込みのみとしている金融機関もあるため、事前の確認が必要です。

年金事務所や保険会社にも、手続の進め方についての問合せをしますが、年金や保険については遺言執行者では対応できない手続もあります。

不動産については、遺言書での指定に従い相続登記を行います。

遺贈による寄付を、日本赤十字社へ申し出ました。すると「まず遺言書を送ってください。また、遺留分侵害額請求の権利者がいるかどうかの確認をお願いします」とのことでした。Ｇさんの場合、遺留分侵害額請求の権利者がおらず公正証書遺言であったので、すんなりと「受入れ可能」との返答があり、受諾書が届きました。

(5)　金融資産の相続手続

金融機関ごとに相続手続を行い、解約時での残高を私たち法人の預かり金口座で一旦預ります。

①　金融機関に相続が開始した旨の連絡を入れる。相続手続依頼書などの郵送を依頼。金融機関ごとに必要書類が微妙に違うため確認が必要。

②　郵送されてきた書類に必要事項を記入。遺言執行者として私たち法人の法人実印を押印。

③　私たち法人では一般的に以下の書類を金融機関に持参して提出。

・死亡の記載のある除籍謄本（相続が開始した旨の証明）

・遺言書（遺言執行者である旨の証明）

・私たち法人の印鑑証明書（遺言執行者として）

・私たち法人の履歴事項証明書

・代表社員の司法書士会会員証のコピー
・代表社員の運転免許証などの身分証明書
・遺言執行者が別に定まっていて、その遺言執行者から私たち法人が復委任を受けて金融資産の相続手続をする場合は、復委任状

④　書類を持込み後10日から数週間で、金融機関から「相続手続が完了した旨の通知」が届く。前後して執行者である私たち法人の預かり金口座に「相続財産から振込手数料が差し引かれた額」が振り込まれる。

私たち法人が手続書類を郵送せずに、直接持ち込む理由は書類が返送されるまでの1週間ほど他の手続がストップするのを避けるためです。書類を持参し原本還付を依頼すると、金融機関がコピーして原本をその場で返却してくれるため、期間の短縮ができます。

(6)　「相続財産計算書」の作成及び配分予定金額のお知らせ

相続財産が全て集まると、遺言書の指定に基づき相続人や受遺者に分配することになります。その前提として、私たち法人では、相続人や受遺者一人ひとりに配分予定金額を書面で知らせて、書面での承諾を取り付けます。具体的には、以下の①から④の内容を記載した計算書を郵送し、配分予定金額を知らせています。

①　相続開始時の種類別相続財産（不動産、現金、預貯金額など）
②　死後事務・遺言執行業務の実費（交通費・郵送費・登録免許税など）及び報酬額、相続開始時から解約時までの預貯金等の増減額
③　①から②を差し引いた額（配分可能総額）
④　遺言書の記載に従った割合で計算した各相続人や各受遺者への配分額

一番手間取るのは、②の死後事務委任契約業務の実費の把握です。死後事務委任契約は業務の範囲が非常に多岐にわたり、かつ期間も長いため複数人で担当します。各担当者が自分の行った業務の内容と実費の詳細を逐一記録し、他の担当者と情報共有できる仕組みを整えておくことが、実費の計算と回収のために非常に重要です。

(7)　配分予定金額の承諾書の受領

各相続人及び受遺者から承諾書が郵送されてきます。全員分の承諾書がそろうまで分配しないため、返送が遅い人がいるときは催促します。

(8)　相続財産の分配

全員の承諾書がそろうと、相続財産を分配します。

①　日本赤十字社には、指定された口座に寄付金額を振り込むと、後日受領証が郵送されてきました。

②　私たち法人の実費立替金及び報酬を受領しました。

③　各相続人及び受遺者に、承諾書どおりに相続財産を分配しました。

以上の８つのステップで、遺言執行業務を完了しました。

3 ≫ 任意後見契約発効後の死亡（死後事務委任契約）

(1)　本人の死亡

任意後見契約発効後に被任意後見人（本人）が死亡すると、死亡を原因として任意後見契約が終了します。代わって死後事務委任契約（以下「死後事務」といいます。）がスタートすることになります。

死後事務のスタートは、病院での遺体との対面からです。病院は被後見人（本人）が死亡すると早々に遺体の引き取りをするように言ってきます。死後事務の契約書に葬儀社の指定があれば、すぐにその葬儀社に連絡を取り葬儀社のアドバイスに従って進めればよいのですが、葬儀社の指定がない場合は、そこから考えなければなりません。私たち法人も、葬儀社紹介センターの連絡先や地域によっては、24時間直接連絡できる葬儀社などを把握しています。

(2)　死後事務のスタート

葬儀社が決まれば、次に医師からの死亡診断書を持って死亡届の提出です。戸籍法が改正され、任意後見人も任意後見が発効していない受任者でも死亡届の提出ができます。その上で火葬許可書をもらって火葬の日程を決めます。地域によっては、火葬場がいっぱいで、なかなか火葬ができないこともあります。このあたりの手続は、葬儀社の担当者が、代わりに役所に行ってくれたりアドバイスをしてくれることもあります。

(3) ときには喪主にも

人によって死後事務契約書の内容は違いますが、葬儀は不要だという人もいます。その場合は病院から火葬場に直葬することになります。しかし、現実には死亡から火葬まで24時間は間を空けないといけませんので、葬儀社に一時的に預ってもらうことになるでしょう。葬儀がある場合でも、参列者は少ないことがほとんどで、喪主を務めることもあります。また、有料老人ホームなどの施設に入居していた人が施設のホールなどで行う場合は、施設で共に生活していた多くの方が通夜式や告別式に参列されます。

(4) ロッカーで預かることも

その後、火葬をして納骨へと続きます。これも契約内容によって違います。指定のお墓があって、そこに納骨できるのか、その場合でも墓の所有者の承諾がもらえるのか、墓守をしてくれる人がいない場合などは、永代供養をして納骨堂に収めるのか、お寺の合祀墓に預けるのかなどの違いがあります。最近は樹木葬や海への散骨を希望する方もいます。これもしっかり決めておかなければ、司法書士などの専門家の事務所のロッカーにお骨を預かることになります。

死後事務については、被後見人（本人）が死亡してからでは、どう対処すべきか判断が難しいことが多くあります。そのため、契約の作成時に本人と話し合い、できる限り内容を固めておく必要があります。指定の葬儀社や菩提寺がある場合には直接連絡し、受入れの可否とある程度の費用についても詰めておく必要があります。このあたりを後回しにしたり緩く決めておくと、霊安室で本人のご遺体に「これからどうしたらよいのでしょうか。」と話しかけることになります。

死後事務については、任意後見契約と一緒に契約することが多いのですが、死亡のタイミングは決めることができません。筆者の経験でも、被後見人（本人）が3月28日に緊急入院したとのことで、午後からお見舞いに行き、翌29日の明け方に死亡、30日に葬儀をして31日に火葬ということがありました。私たち法人は、ある程度の規模があるので、手分けして年度末の不動産の決済が集中する日を乗り越えることができましたが、個人事務所や人数が少ない事務所で、年末や年度末に被後見人（本人）が死亡すると不動産の決済に穴が空きかねません。人の死に関わるという意味では、待ったなしのところがある業務といえるかもしれません。

(5)　監督人への報告書

任意後見の発効後は、本人の財産管理をしているため、本人の財産を相続人等に引き渡す必要があります。

任意後見人であったものは、本人死亡後の収支報告書や財産目録、相続人等への引継書などを任意後見監督人に提出することになります。これは事実上、任意後見監督人を通して家庭裁判所に提出されるため、家庭裁判所のひな形を利用することが多いと思われます。

死後事務委任契約書（記載例）

死後事務委任契約書

第１条　省略

第２条（委任事務の範囲）

Ｈさんは、勝司法書士法人に対し、Ｈさんの死亡後における次の事務（以下「本件死後事務」という。）を委任します。

①　菩提寺・親族等関係者への連絡事務

②　通夜、告別式、火葬、納骨・埋葬・永代供養に関する事務

③　医療費、老人ホーム等の施設利用料その他一切の債務弁済事務

④　家財道具や生活用品の処分に関する事務

⑤　遺体の献体に関する事務（献体が可能の場合）

⑥　行政官庁等への諸届け事務

⑦　別途締結した「財産管理等委任契約」における委任事務や別途締結した「任意後見契約」における後見事務の未処理事務

⑧　以上の各事務に関する費用の支払

２　Ｈさんは、勝司法書士法人に対し、前項の事務処理をするに当たり、勝司法書士法人が復代理人を選任することを承諾します。

第３条（通夜・告別式）

前条第１項の通夜及び告別式は、なるべく○○市の市営葬儀場を利用してください。予算は金50万円を上限とします。

2　Hさんの通夜及び告別式での読経は、真言宗のお寺に依頼します。

3　前項に要する費用は、諸費用含めて金30万円を上限とします。

第３条（通夜・告別式）

前条第１項の通夜及び告別式は、執り行いません。葬儀方法は直葬とし、○○市立○○斎場にて執り行います。

2　戒名は、生前に○○寺に依頼してもらっているので、それを使用してください。

第３条（告別式）

前条第１項の告別式は、下記にて行います。

○○キリスト教○○教会

所在　○○市○○町三丁目4-5

電話　06-3456-7890

2　告別式はできるだけ簡素に執り行い、前項に要する費用は、牧師に金20万円とします。また、オルガニスト（オルガンの演奏者）の費用が生じる場合は、金３万円とします。

第４条（納骨・埋葬・永代供養）

第２条第１項の納骨・埋葬は、次の場所にて行います。

○○寺

所在　大阪市○○寺区○○一丁目２番３号

電話　○○-○○○○-○○○○

2　第２条第１項の永代供養は、前項の場所にて行います。ただし、永代供養に関する事務は前項の寺に依頼することをもって終了します。

3　本条に要する費用は、納骨は金３万円、永代供養は金10万円を上限とします。

第５条（連絡）

Ｈさんが死亡したときは、勝司法書士法人は、速やかに、Ｈさんがあらかじめ指定する以下の者に連絡します。

妹　山田次子（○○-○○○○-○○○○）

弟　山田次郎（○○-○○○○-○○○○）

孫　山田孫次（○○-○○○○-○○○○）

　　山田孫三（○○-○○○○-○○○○）

ただし、孫２人については、納骨後に報告すること。

第６条　以下省略

任意後見人であったものが本人死亡後に任意後見監督人に提出する収支報告書

基本事件番号　平成・令和　年（家）第　号（本人　）

収支報告書（死亡後）

令和　年　月　日

☑　大阪家庭裁判所　後見センター　御中

☐　大阪家庭裁判所　堺支部　御中

☐　大阪家庭裁判所　岸和田支部　御中

成年後見人等　印

本人の死亡後の収支の内容について下記のとおり報告します。

記

年月日	収支の内容	収入	支出	備考・資料番号
				①
				②
				①
				②

				①
				①
				①
				②
				①
				②
				③
				③
				②
合計		円	円	

以　上

任意後見人であったものが本人死亡後に相続人代表等に財産を引き渡した上で任意後見監督人に提出する引継書

基本事件番号　平成・令和　年（家）第　　号（本人　　　　）

令和　　年　　月　　日

住所

氏名　　　　　　　　　　印

（相続人の方が署名・押印してください。）

引　継　書

亡＿＿＿＿＿＿の成年後見人等であった＿＿＿＿＿＿から、

別紙財産目録記載の遺産の引継ぎを受けました。

引継書の別紙としての財産目録

平成・令和　年　月　日　　　　　　　　本人＿＿＿＿＿＿＿＿

※提出する前に必ずコピーを取っておいてください。

※記載欄が足りない場合は、用紙をコピー等して複数枚にわたって書いてください。

財産目録

1　預貯金（普通・定期・定額・積立など）・現金　※通帳等を見て書いてください。

金融機関の名称	支店名	口座種別	口座番号	残高(円)	記帳を確認した日	資料番号
合　計				0		

2　有価証券関係（株式、投資信託、公債、社債など）　※直近の運用実績報告書等を見て書いてください。

種類	銘柄等	数量	評価単価	評価(円)	取扱金融機関	資料番号
合　計				0		

3　不動産（土地）　※全部事項証明書（登記簿謄本）を見て書いてください。

所　在	地番	地目	地積(m^2)	備考（持分・現状）	資料番号

不動産（建物）　※全部事項証明書（登記簿謄本）を見て書いてください。

所　在	家屋番号	種類	床面積(m^2)	備考（持分・現状）	資料番号

4　保険契約（本人が契約者又は受取人になっているもの）　※保険証書等を見て書いてください。

保険会社の名称	保険の種類	証書番号	保険金額（円）	保険掛金（月額）（円）	契約者	受取人	資料番号

5　債権（貸付金など）　※債権の額や内容が分かる資料を見て書いてください。

債務者名	債権の内容	当初の債権額（円）	債権の残額（円）	資料番号
なし				
合　計		0	0	

6　負債　※債務の返済額や内容が分かる資料を見て書いてください。

債権者名（支払先）	負債の内容	残額（円）	返済月額（円）	資料番号
		0		
合　計		0	0	

7　相続財産（本人が相続人となっている遺産）

無　・　有（別紙「相続財産目録」のとおり）

作成年月日　令和　年　月　日

記入者氏名　＿＿＿＿＿＿＿＿＿＿＿＿印

任意後見人であったものが家庭裁判所の事務連絡を参考に任意後見監督人に提出する書類

事　務　連　絡

成年後見人（保佐人、補助人、監督人）　様

令和２年○月○日
大阪家庭裁判所家事４部後見センター
裁判所書記官　○○　○○
電話番号　○○-○○○○-○○○○

本人死亡後に当センターに提出していただく書類は、別添フローチャート記載のとおりです。ご確認の上、必要な書類を提出期限までにご提出いただくようお願いいたします（既にご提出いただいているものについては不要です。）。

なお、別添フローチャート記載の書類の詳細については以下の※１～※３をご覧ください。

おって、東京法務局への終了登記手続も別途必要ですので、行っていただくようお願いいたします。

用語説明

※１　死亡時３点セット

本人死亡時までの後見等事務報告書（監督人の場合は、監督事務報告書も必要）、本人死亡日を基準日とする財産目録及び通帳写し等の裏付け資料

※２　収支報告書

死亡時以降の全収支を記載した報告書（５万円を超える収支についての裏付け資料を添付する。）

※３　引継関係書類

本人財産の相続人等への引継書及び引継書別紙の引継時を基準日とする財産目録

以　上

第7章 業務の管理表など

1 ≫ 時間の流れから見る任意後見業務

日常業務（月間定期業務）として、主に1か月単位で本人（被任意後見人）のために行う業務があります。

任意後見契約書においては、基本的に全ての資産を管理する記載になっていることが多いと思います。実務では日々の入出金に伴うお金の細かい管理も行います。特別な会計知識が不要なことも多く、日々の生活費等の管理は、家庭用会計アプリなどで管理する方が効率的なこともあります。

(1) 訪問のための確認作業（月の前半）

① 記帳の上入出金の確認、定期的な支払をします。月次報告書の作成、その他金融機関の手続

② 年金関連、社会保障関連の申請

③ 介護福祉関連の申請等の手続

④ 施設のスタッフへの連絡及び施設からの報告を受ける

⑤ その他、不定期業務の確認等、当月の業務確認

(2) 資料の管理・整理（月の中頃）

① 被後見人等（本人）訪問・報告

② ケアマネジャーや施設のスタッフと相互に報告相談

③ 介護福祉関連の申請等の手続の確認

④ 家族への報告相談

⑤ 各金融機関の手続確認

⑥ 各担当者間の業務相談ミーティング（本人が安定しているときは、毎月でなくても可）

⑦ その他不定期業務（財産の処分の手続や各申請）

(3)　翌月の訪問の準備（月の後半）

① 翌月訪問準備
② 各金融機関の手続
③ 介護福祉関連の申請等の手続
④ 家族からの相談対応
⑤ 施設の方との相談対応
⑥ その他不定期業務（財産の処分の手続や各申請）

(4)　管理のために分類しておく書類

① 後見業務（契約書等、業務日誌・各打合せ資料・経費・名刺・預り証等）
② 施設（契約書、会報等連絡書・領収証・請求書）
③ 支払（当月の支払分・来月の支払予定分）
④ 不動産（契約書、家賃明細・領収証）
⑤ 介護保険（契約書、通知申請書類・領収証・請求書）
⑥ 医療保険（契約書、身体状態報告書・申請書・領収証・請求書等）
⑦ 確定申告・税金（申告書類、準備書類・領収証・請求書）（納税通知書類、各申請書）
⑧ 生命保険・損害保険（証書、各通知書・申請書）
⑨ 金融機関（後見登録証明、通帳コピー・振込用紙・各通知書）
⑩ 公的年金（証書、各通知書・申請書）
⑪ 財産目録（財産目録・月間収支表）
⑫ 各報告書（家庭裁判所等）
⑬ その他の契約書
⑭ 昨年以前の旧資料（報告後の書類）

(5) 年間スケジュールのひな形

他にライフプランや本人の希望などに基づく予定を追加します。本人の判断能力で、年々変わっていくものだと考えておいてください。それに伴い本人と周りとの関係も変化していきます。

年間スケジュール

○任意後見

1度計画をして、年ごとに変更します。本人の体調や家族の希望で変更することも多くあります。

太字＝毎年、個人によって計画する必要があるもの（本人の判断能力や希望で毎年変わっていく。）

1月（正月）	2月（節分）	3月（彼岸・雛祭り）
・年始の挨拶 ・月間定期業務 **・年間計画 MT** **・家族への挨拶、連絡** **・今年の計画の報告** **・ケアマネとの MT** **・年間計画、情報共有 MT** ・緊急連絡先の確認 ・誕生日の確認 ・確定申告書類の提出	・月間定期業務 （利息確認等） ・家族への連絡報告 ・ケアマネとの MT ・周囲の方との MT ・確定申告 （2/18～3/15）	・月間定期業務 ・家族への連絡報告 （**お墓参り**等） ・年度末に関する業務 ・ケアマネとの MT ・その他業務 MT

4月	5月(端午の節句)	6月(衣替え)
・月間定期業務 ・家族への連絡報告 (**外出**等) ・年度始まりに関する業務 ・不動産評価額決定 ・ケアマネとの MT (**外出**等) **・周囲の方との MT** **・友人との会食**	・月間定期業務 ・家族への連絡報告 ・医療保険料額確認 (or 6月) ・介護保険料額確認 (or 6月) ・年金支給額確認 (or 6月) ・各種税金額確認 (or 6月) ・ケアマネとの MT ・その他業務 MT **・自宅の様子見**	・月間定期業務 ・家族への連絡報告 ・医療保険料額確認 ・介護保険料額確認 ・年金支給額確認 ・各種税金額確認 ・ケアマネとの MT (**衣替え**等) ・周囲の方との MT ・旅行の計画 **・友人との会食**

7月(七夕)	8月(夏祭り)	9月(彼岸・お月見)
・月間定期業務 ・家族への連絡報告 (**法要・暑中お見舞い**等) ・ケアマネとの MT (**旅行**等) ・その他業務 MT ・路線価額決定 **・旅行の計画** **・友人との会食** **・自宅の草抜き**	・月間定期業務 (利息確認等) ・家族への連絡報告 (**法要**等) ・ケアマネとの MT ・周囲の方との MT **・家族への贈与**	・月間定期業務 ・家族への連絡報告 (**お墓参り**等) ・ケアマネとの MT ・その他業務 MT **・友人との会食**

10月(衣替え)	11月(文化の日・立冬)	12月(クリスマス・年越し)
・月間定期業務 ・家族への連絡報告 (**外出**等) ・ケアマネとのMT (**衣替え**等) ・周囲の方とのMT	・月間定期業務 ・家族への連絡報告 ・ケアマネとのMT ・その他業務MT ・**旅行** ・**友人との会食**	・月間定期業務 (**お年玉の準備**) ・家族への連絡報告 (**年賀状、イベント**等) ・ケアマネとのMT (**イベント**等) ・周囲の方とのMT ・**友人との会食** ・確定申告の準備

※MT＝ミーティング、
※ケアマネ＝ケアマネジャー

年間計画が必要なもの

- □ 健診等受診スケジュール
- □ 医療保険に関するスケジュール
- □ 介護認定等介護保険関連スケジュール
- □ 福祉関連の申請スケジュール
- □ 郵送物の転居届の更新時期
- □ 年金関連の現況届の提出時期
- □ 個人保険契約の現況届の提出時期
- □ 確定申告の依頼時期
- □ 各種税金の支払時期
- □ 不動産会社等の契約更新時期
- □ 収益物件の賃借人との契約更新時期
- □ 食事の手配
- □ 面会計画
- □ 家族への報告、面会計画
- □ 習い事
- □ 趣味
- □ 友人との会食
- □ 家族との会食
- □ 家族への贈与
- □ 自宅の修繕
- □ 自宅の草抜き

(作成：佐藤活実)

(6)　管理一覧表のひな形

成年後見業務管理表（記載例）

管理番号	名前	状況※	発効	終了	管轄	請求月	開始日	終了日	報告月		担当者	定期スケジュール	請求金額	年間報酬
									裁判所監督人	親族				
1		法			大阪	4月請求			3	3･9	A	毎月訪問		¥250,000
2		見守			大阪	12月請求			―	1	A	毎月電話 4か月毎訪問	¥10,000/月	¥120,000
3		終了		○	大阪	1月請求			9	1･7	B	死亡		¥250,000
4		見守			大阪	3月請求			―	1	B	電話 年2回	¥3,000/1回	¥6,000
5		未発効			東京				―	11	C			¥0
6		任	○		大阪	毎月請求			3･6･9･12	3･6･9･12	B	毎月訪問	¥30,000/月	¥360,000
7		法			東京	1月請求			3	6･12	D	毎月訪問		¥250,000
8		終了		○	大阪	毎月請求		R1.6.21 解約通知	―	3･6･9･12	A	解約	¥30,000/月	¥360,000
9		財産管理			大阪	毎月請求			―	3･6･9･12	B	毎月訪問	¥30,000/月	¥360,000
10		遺産整理（後）			大阪	2月請求		R3.3.15	2	3･9	A	死亡		¥250,000
11		遺言執行（後）		○	大阪	毎月請求 5月清算		R1.12.28	―	―	A	R1.12.28 死亡	¥10,000/月	¥120,000
12		法（信託）			大阪	3月請求			12	4･10	B	毎月訪問		¥250,000
13		財産管理			東京	毎月請求			―	5･8･11･2	E	毎月訪問	¥30,000/月	¥360,000
14		任			大阪	毎月請求			1･4 7･10	1･7	A	毎月訪問	¥50,000/月	¥600,000
15		見守			大阪	8月請求			―	8	A	毎月訪問	¥10,000/月	¥120,000
16		保佐			大阪	4月請求			4	5･11	B	毎月訪問		¥250,000
17		財産管理			大阪	毎月請求			―	2･5･8･11	A	毎月訪問	¥50,000/月	¥600,000
18		任	○		大阪	毎月請求			2･5 8･11	2･8	A	毎月訪問	¥50,000/月	¥600,000
19		法			大阪	11月請求			11	5･11	A	毎月訪問		¥250,000
20		法			大阪	4月請求			4	5･11	B	毎月訪問		¥250,000

★＝請求月　●＝裁判所報告月　◆＝監督人報告月　▲＝親族報告月　完了欄には定期訪問日、連絡日入力

	2021 年　予定／結果																							
	1 月	完了	2 月	完了	3 月	完了	4 月	完了	5 月	完了	6 月	完了	7 月	完了	8 月	完了	9 月	完了	10月	完了	11月	完了	12月	完了
	訪問 ▲		訪問		訪問 ★●		訪問		訪問		訪問		訪問 ▲		訪問		訪問		訪問		訪問		訪問	
	TEL ▲		TEL		訪問		TEL		TEL		TEL		訪問		TEL		TEL		TEL		訪問		TEL ★	
	▲																							
	訪問 ★		訪問 ★		訪問 ★◆ ▲		訪問 ★		訪問 ★		訪問 ★◆ ▲		訪問 ★		訪問 ★		訪問 ★◆ ▲		訪問 ★		訪問 ★		訪問 ★	
	訪問		訪問		訪問 ★●		訪問		訪問		訪問 ▲		訪問		訪問		訪問		訪問		訪問		訪問	
	訪問 ★		訪問 ★		訪問 ★▲		訪問 ★		訪問 ★		訪問 ★▲		訪問 ★		訪問 ★		訪問 ★▲		訪問 ★		訪問 ★		訪問 ★	
	訪問		訪問 ★●		訪問 ▲		訪問		訪問		訪問		訪問		訪問		訪問 ▲		訪問		訪問		訪問	
	訪問		訪問		訪問 ★		訪問 ●▲		訪問		訪問		訪問		訪問		訪問		訪問 ▲		訪問		訪問	
	訪問 ★		訪問 ★▲		訪問 ★		訪問 ★		訪問 ★▲		訪問 ★		訪問 ★		訪問 ★▲		訪問 ★		訪問 ★		訪問 ★▲		訪問 ★▲	
	訪問 ★		訪問 ★		訪問 ★▲		訪問 ★		訪問 ★		訪問 ★▲		訪問 ★		訪問 ★		訪問 ★▲		訪問 ★		訪問 ★		訪問 ★	
	訪問		訪問		訪問		訪問		訪問		訪問		訪問		訪問 ▲		訪問		訪問		訪問		訪問 ★	
	訪問		訪問		訪問		訪問 ★●		訪問 ▲		訪問		訪問		訪問		訪問		訪問		訪問 ▲		訪問 ▲	
	訪問 ★		訪問 ★▲		訪問 ★		訪問 ★		訪問 ★▲		訪問 ★		訪問 ★		訪問 ★▲		訪問 ★		訪問 ★		訪問 ★▲		訪問 ★▲	
	訪問 ★		訪問 ★▲		訪問 ★		訪問 ★▲		訪問 ★		訪問 ★		訪問 ★▲		訪問 ★		訪問 ★		訪問 ★▲		訪問 ★		訪問 ★	
	訪問		訪問		訪問		訪問 ▲		訪問		訪問		訪問		訪問		訪問		訪問 ▲		訪問 ★●		訪問 ★●	
	訪問		訪問		訪問				訪問 ★●		訪問		訪問		訪問		訪問		訪問		訪問		訪問	

※状況欄
法……………………法定後見の後見類型の遂行中
保佐…………………法定後見の保佐類型の遂行中
補助…………………法定後見の補助類型の遂行中
法（信託）………成年後見支援信託案件の法定後見の後見類型の遂行中
遺産整理（後）…法定後見終了後、遺産整理受任中
見守…………………任意後見契約に付随する見守り業務の遂行中
財産管理…………任意後見契約に付随する財産管理（任意代理）契約遂行中
未発効……………任意後見契約後、契約未発効
任……………………任意後見契約が発効し業務遂行中
遺言執行（後）…任意後見契約終了後、遺言執行中
終了…………………本人の死亡又は解約等で業務が終了しているもの

2 >> 身上監護の面から見る任意後見業務

不動産登記は、短期集中的な瞬発力の必要な仕事が多くあります。しかし任意後見業務を始めると、時間の流れの違いに気が付きます。また、１人の人間の人生を背負うかのような責任の重たさと、登記業務と違う新しい知識が必要なことで、当初は途方に暮れるときがあります。

ここでは、本人との面談や財産管理以外の身上監護（保護）を中心として任意後見人として行う業務についての概要を記載します。

(1)　身上監護（保護）面での体調管理について

①　本人の医療情報の作成、共有

・かかりつけ医へ診療情報を問い合わせる。

・医師からの説明を親族等関係者へも報告。本人の体調を悪化させる薬、調剤、検査、術式等があれば関係者で共有しておく。

・ライフプランを踏まえて訪問医療などの機関の選択。場合によっては、医療のセカンドオピニオンの必要性の確認と、医療機関の選択。

・歯科についてのかかりつけ医の有無と、歯のメンテナンスの確認と計画。

・本人の身体に関する基本情報（身長・体重・血液型・靴や服のサイズ）の共有。

②　薬について

・服薬指導、服薬管理についての内容の確認、計画の共有。

・調剤薬局の選択（過度な服薬を防ぐためにお薬手帳の管理。自宅の人は薬の配達が可能かどうかの確認）。

③　施設住まいの人の身上監護（保護）の注意点

・施設側の医療体制の確認と服薬管理方法についての確認。
・訪問医療がある場合は、計画を確認し、定期的な診察結果の確認。
・施設側の健康維持管理や認知症への取組等についての確認。
・ケアマネジャーとケアプランへの反映内容を確認。
・自宅から施設へ転居する場合の担当医師への情報の引継ぎ。

④　自宅住まいの人の身上監護（保護）の注意点

自宅の人は健康管理ができていないことが散見されます。できるだけ地域の訪問医療・訪問看護との連携を考えてみてください。人によっては、服薬管理をするだけで、体調の改善が見られることもあります。

⑤　本人の生活リズムの確認、習慣と好みの確認

本人の生活リズムを確認し、習慣と好みも確認した上で体調管理や健康の維持ができるように考える。

例）歩数計を付けてもらい、日記に歩数も記録してもらう。できれば血圧や体温も日記に記録を付けてもらえるとさらによい。

⑥　住む場所と、医療関係、介護福祉関係の方との面談調整

自宅に最期まで住むことを希望しているときは、訪問医療と看護、訪問介護等の手配が重要になります。自宅での看取りなど終末期には、大変な費用がかかります。それなりの資産がある人でないと難しいと思われます。

自分でできる間は自宅で、家族や周りに負担をかけるようになれば施設へ入居するという人もいます。その場合は、体調と資産、親族との関係に注意して、早めに何度となく転居の話を切り出しておくようにします。切羽詰まってからでは、希望の施設が空いていなかったり、本人の体調や介護度の問題で入居できないこともあります。

住居の変更は、本人の健康状態に大きく影響するので、いつも以上に住居変更後の本人の状態に気を付けてください。

(2)　外部の専門家との連携も必要

本人が生きている間により良い人生を過ごしてもらうために、本人の財産はあるのだと思います。本人のためであれば、専門外の部分は外部に委託してもよいと思います。

かかりつけ医が必要になった、若しくは変更した方がいいと思慮する場合

は、保健福祉センター等の行政の医療機関紹介サービスに相談したり、民生委員に評判の病院などを尋ねるのも一つの方法です。

他にも、本人に疾患がある場合は、より良い医療を受けることができないのか調べることもあります。高齢になると遠慮がちになる人が多いため、遠慮なのか、本当に不要なのかの判断に注意を払いましょう。

3 >> 人間関係からみる任意後見業務

(1)　人間関係のスタート

セミナー営業や紹介により、相談者から任意後見契約の受任者になってほしいと依頼されることがあります。その場合、契約書作成の準備段階から公証役場で契約書を作成するまでに、多くの時間を割くことがあります。制度の説明や資産の把握、本人の判断能力だけでなく、どんな人であるかを知り理解しようとするための期間です。

(2)　人間関係の維持・管理・メンテナンス

契約締結から定期的な訪問が始まります。財産の管理がある場合は、財産の管理状態を伝えるために収支報告書や財産目録（残高一覧表）などを持参して報告します。その報告のための時間がある程度必要です。見守り契約だけで訪問するときは、コミュニケーション能力が重要になってきます。本人の好きな話題も持っておく必要があります。

任意後見の契約をする人は、契約の時点では判断能力がしっかりしていて、活発に社会的活動をしている人もいます。そのため、当たり前のことですが服装など身だしなみにも気を付ける必要があります。

筆者は、大手監査法人にいた税理士の先輩から、身だしなみは相手に「敬意を払って付き合う意思がある」ことを伝えるメッセージだと教えられました。さらにその税理士の先輩は、チーフをプレゼントしてくれました。言うだけでなく行動まで伴うその先輩の姿勢には、任意後見業務に力を入れる上で、多くの学びをもらいました。

ちなみに、私は任意後見業務をするようになってから、スーツの胸ポケットにはチーフを入れるようになりました。自宅や施設の部屋にお伺いする際に靴を脱ぐことも多いので、靴や靴下にも気を付けるようにしました。

(3) 別れ・卒業

そのような期間を経て信頼を得られると、訪問を心待ちにしてくれるようになります。金銭や物を受け取ることは避けるべきだと思いますが、コーヒーやお菓子を用意して心待ちにしてくれるのはうれしいことです。こちらも社員旅行のときなどは、お土産を持参してお話することもあります。本人の趣味や家族のこと、若いときの仕事ぶりなどは、大変勉強になり尊敬できる人生の先輩との至福の時間にもなります。

しかし、この期間に信頼を失うと、判断能力や意思表示もしっかりしているので、解除通知が届くこともあり得ます。

（本編第６章１を参照ください。）

信頼関係も築かれ頼りにしてもらえる頃には元気な頃と比較して、次第にお金についての判断能力が衰えてくるのが分かります。そして、認知症が進み始めると任意後見の申立ての時期が近づいてきます。そうすると受任者以外の第三者の任意後見監督人のチェックが入る方がよいことを伝え始める時期になります。

(4) 人間関係は継続的なお付き合い

相談が始まってから契約をするまでの頃は、お互いの人間性や考え方を知るための時期です。その後の定期的な面談の時期は、本人のことに興味をもち関係を維持管理する期間です。契約を通した疑似的な親子関係にも似ています。本人が最後のときまで安心して過ごせるように、本人の人生に並走している感じでもあります。

このような継続的な業務は、税理士や弁護士の顧問業務と似ているように思います。不動産登記のように案件ごとに単発で報酬が発生する業務から、顧問料収入的な報酬へと目線を変える必要があります。新たな業務形態だと考えた方がよいでしょう。言い換えると「安定した事務所経営への転換」と表現できるかもしれません。

第8章 相談を受けた際の流れ

1 >> 相談業務から始まる

任意後見についての相談を受けるときに感じるのは、年々、成年後見制度の知識を持つ方が増えてきたということです。少しずつ、成年後見制度の利用が広まり、高齢者も増えてきているからだと思います。とはいえ、当事者が専門的な知識を持っていることは、ほとんどありません。そのため、まずは相談を受けて、その人の心配していることに耳を傾け、その上で必要な制度を提案するのだと考えておいてください。

登記のように、「この登記をお願いします。」というような具体的な依頼は、任意後見については期待できません。

(1) どこから相談が来るか

任意後見についての相談は、私たち法人が成年後見に取り組み始めた頃は、知人や友人からの紹介が多かったです。次の段階で、施設や葬儀社紹介業者など、実際に困り事を抱えている方をお客様として抱えているところからの紹介が増えていきました。

その後に行政書士、ファイナンシャルプランナー、税理士などの士業などからの紹介が来るようになりました。士業などは、ある程度の実績がないと紹介してくれないのかもしれません。紹介した専門家が不手際を起こすと「紹介をした自分の仕事まで失うのではないか」というような心配が、無意識のうちにあるように思います。

現在は、成年後見業務で関わった方の紹介や、その身内の方からの相談が増えてきました。これは、しっかりとした仕事をしている証であり、スタッフが信頼されている証であると考えています。

(2) これから任意後見業務を始める司法書士などの専門家は

司法書士などの専門家がこれから任意後見業務を始める場合は、自分の周りの人たちに声がけをしてください。家族や友人・知人、今までも登記を紹介してくれている不動産会社の営業員、付き合いのある士業の人たちや金融機関などです。

もちろん、任意後見のニーズを持っているであろう集団に営業をかけることができるなら、それに越したことはありません。しかし、そのような営業のための時間と人を割くことができない司法書士事務所も多いでしょう。

それでも現状は、認知症に関する困り事の相談を、誰にしたらよいか分からない方が圧倒的に多いのです。専門家は、自ら周りの人に「任意後見の相談を受けています」という発信をするだけで相談は来ます。

チラシやパンフレットの作成をしても驚くほど安いです。数ページに及ぶ事務所案内の作成費用もそれほど高くないでしょう。名刺に任意後見をしている旨を入れてもよいと思います。それを持って、交流会や懇親会に参加してアピールすることやセミナーをさせてもらうこともよいと思います。ホームページを作成するのも一つです。

(3)　安かろう悪かろうではいけない

任意後見は「安いから選ぶ」というようなものではないと考えています。生身の人間が、「これからの人生を一緒に並走してくれる人」を探しているのです。ですから、友人や知人などに専門性を知ってもらうことです。そうすれば友人・知人が自分の周りの困っている方に「私の知り合いの司法書士が相談に乗ってくれるよ。」と伝えてくれます。これより強いつながりはありません。

チラシ程度のものを作成して、常に持ち歩き、周囲に伝えておいてください。登記の営業と比べると、成年後見業務についてはすぐに反響があると思います。

(4)　よくある相談の例示

相談が来たときに、こちらが何の準備もしていなかったというと、信頼を失いますので、どのような相談が来るのかは想定しておいてください。よくある相談例を列挙しておきます。

一つ一つの相談の例示に、任意後見契約やそれに付随する契約をどのような方に使うのか、相談に応える自分をイメージしながら自分なりの答えを作っておくとよいでしょう。

そのうち自分専用の相談事例集が出来上がると思います。

① 子どもがいない
② 子どもはいるが、頼りにできない
③ 身内の相続が想像以上に大変だった、事前に何か対策はないか
④ 子ども又は甥・姪は、自分の生活でも大変なのに、私のことで迷惑をかけたくない
⑤ 自分のことはできるだけ自分で行いたい。家族に迷惑をかけたくない
⑥ 自分が将来認知症になったときの生活のために、今、何をしたらよいのか
⑦ 介護のことを考え、いつまで自宅なのか。いつ施設入所を検討したらよいのか
⑧ テレビなどで言われている、認知症等で預貯金が使えなくなるのは防ぎたい
⑨ 認知症になると自宅が売れなくなると聞いた。売却代金で施設に入居したい
⑩ 親のお金の使い方が荒く、親が亡くなるまでの生活費は足りるのか心配
⑪ 子どもの１人が親のお金を使い込んでいる。あるいは、１人が親を囲い込んでいる

(5) 任意後見が必要な方の例示

次のような方たちの中には、自分たちが認知症になったときのリスクに気付いていないことが多いものです。専門家から積極的にアドバイスをしてあげてください。

① 子どものいない夫婦
② 子ども同士の仲が良くない親
③ 収益不動産を持っていて、管理や入居者との契約が必要な方
④ 会社を子どもに継がせたいが、自社株を自分で持ったままの方
⑤ 障害のある子が、将来住む場所や生活費に困らないようにしたい方
⑥ 高額な相続税がかかってしまう地主の方

2 ≫ チェックシート・事前質問書（エンディングノートとの違い）

任意後見制度やそれに付随する制度の説明をしたときに、本人が「やる」と決断をした場合、「この後はどのように進んでいくのですか。」という質問を受けます。既にエンディングノートを書いている方からは、エンディングノートをお預かりして、契約内容に該当する部分はそのまま使わせてもらいます。

しかし、エンディングノートに任意後見契約や付随する契約書を作成するのに必要な内容が全て含まれているということはありません。そのため、エンディングノートを読ませてもらって、足りない部分は後日質問させていただきますという返事をします。

(1)　チェックシートでどのようなことを決める必要があるか理解してもらう

ほとんどのケースが、エンディングノートを書いていないか、書き始めても途中で放置している場合です。その場合は、契約書作成に必要な内容を本人から聞き出す必要があります。私たち法人では、それをチェックシート又は事前質問書と呼んでいます（後記チェックシート（事前質問書）のひな形を参考にしてください。）。

司法書士などの専門家は、任意後見契約の内容全体を把握、理解した上で、本人から情報を聞き出す必要があります。付随する契約についても同じことがいえます。何度か経験しないと一度で聞き取ることはできないでしょう。本人に何を聞けばよいのか、聞いた内容に漏れがないのかなどは簡単に習得できるものではないからです。しかし、チェックシートがあれば、何度か同行して見ていれば１人で聞き取りができるようになります。

相談者側もチェックシートを見ることで、どのような情報を司法書士などの専門家に伝える必要があるのか、理解できるという利点があります。

(2)　本人や家族に書ける範囲で書き込んでもらう

可能であれば、チェックシートを事前に渡しておき、本人に書き込んでもらう、あるいは家族と一緒に見ながら書き込んでもらうことが理想です。その場で聞き取りをするのは時間がかかりますし、もともと考えたことのない項目については、答えを考える時間が必要です。ある程度考えていたことであっても、言葉にして他人に伝えるということは、高齢者にとって非常に疲れる作業になります。質問内容や趣旨を伝える司法書士などの専門家の側もとてもエネルギーを必要とします。

「できれば次回までに書いておいてください」と渡してゆっくりと書き込んでもらうことは、高齢者にも専門家側にもメリットがあります。

(3) 書き込み済みのチェックシートで理解のすり合わせ

本人や家族に書き込んでもらったものを司法書士などの専門家が先に見せてもらえるのであれば、不明確な点や確認すべき項目についてメモして次回の面談に備えます。事前に読んで分かったつもりでも、本人の思っていることと専門家側の理解している内容が一致しているか、面談時には全て口頭で確認します。

司法書士などの専門家に任意後見の受任者になってほしいと依頼する方は、書いたものを郵送やファクシミリで送ることが家族がいないなどの理由で難しいことがあります。それどころか自分で書き込むことさえ面倒がる方もいます。そのときは面談時に1問ずつ読み上げて、返答をもらったものをこちらで書き込むということを繰り返すこともあります。

(4) 内容から任意後見と合わせて必要な付随契約を説明する

チェックシートには、元気なときのかかりつけ医のことから死亡時の看取りのこと、死後事務から財産の分配についても書いてもらう部分があります。自分の生き方から死に方、更には財産の分配の考え方まで分かります。それを読むことで、本人の心配事が何かを知ることができます。その心配事に合わせて、どの契約が必要になるかを専門家側が把握して、その制度の説明と必要性の説明をすることになります。

(5) チェックシートの活用

チェックシートは聞き漏らしを防ぐチェックリストになるほか、マニュアルや契約書の概要書にもなります。依頼者には、自分の考えてきたことを表現することで、残りの人生に覚悟を持ってもらうきっかけになります。

チェックシートのひな形

事前質問書

様

任意後見契約書等の作成に当たり、今後の希望についての事前質問です。できる限り、書いておいていただけますようにお願いいたします。

今後のことですが、全ての人がそうであるように、これから　　　様の心と身体も、だんだんこれまでとは違ってくると思われます。

そして今回は、ご自分で自分のことや、ご家族のことが分からなくなってしまったときに、　　　様がどのように生活したいのか、財産はどのようなことに使いたいのか、亡くなったときにはどうしてほしいのか、などをお聞かせください。

任意後見人は、　　　様とのお約束として　　　様の意思を、お守りするのが務めです。

任意後見人は、裁判所に選任された任意後見監督人に定期的（3か月に1回程度）に財産目録や収支、身上監護で行ったことを書面で報告します。

報酬は月額○万円程度が多いと思われますが、合意があれば契約で自由に定めることができます。

～以下、質問です。～

■現在の生活を継続していくために幾つかお聞かせください

Ｑ１．かかりつけの病院と歯医者を教えてください。

□　施設で頼んでいる

□　その他（　　　　　　　　　　　　　　　　　　　　　　　　　）

Ｑ２．治療ですが、植物状態になっても心臓が動く間は、延命治療を行いますか？

□　はい　　□　いいえ

ご自宅での看取りを希望されますか。

□ はい　□ いいえ

痛みを抑えるための緩和治療についてですが、痛みの程度によっては、薬によって身体的・精神的な意識を落とすことで苦痛を和らげる治療も考慮しますか。

また、その緩和治療をすることによって、寿命が縮まる可能性もあるのですが、かまいませんか。

□ はい　□ いいえ

献体を希望されますか。

□ はい　□ いいえ

臓器提供をされますか。

□ はい　□ いいえ

Ｑ３．これからもずっとこれは食べたい！と思う食事や飲み物がありますか。

□ はい　□ いいえ

Ｑ４．Q3で「はい」と答えられた場合、その食べ物や飲み物をどのくらいのペースでほしいかを教えてください。

飲食を続けたいもの

（　　　　そのペース　　　　）

（　　　　そのペース　　　　）

（　　　　そのペース　　　　）

（　　　　そのペース　　　　）

（　　　　そのペース　　　　）

Ｑ５．毎日行っていることや、気を付けていることがありますか。

□ ある　□ 特にない

Ｑ６．Q5で「ある」と答えられた場合、内容を教えてください。

内容（例：たばこを毎日５本程度吸っている／毎日〇時間程度散歩するのが好きだ　等）

（　　　　　　　　　　　　　　　　　　　　　　　　　　）

Q７．これから誰に面倒を見てもらいたいですか。

生活や身上配慮について

□　家　族（　　　　　　　　　　　　　　　　　　　　　）

□　施設の方が中心になって見てもらえばよい

□　その他（　　　　　　　　　　　　　　　　　　　　　）

金銭管理や契約事について

□　家　族（　　　　　　　　　　　　　　　　　　　　　）

□　その他（　　　　　　　　　　　　　　　　　　　　　）

Q８．もし、治療や介護のことで判断に困った場合には、誰に決めてもらったらいいですか。

□　　　　　　さんに任せたい

□　その他（　　　　　　　　　　　　　　　　）に任せたい

Q９．最近の楽しみを教えてください。

（　　　　　　　　　　　　　　　　　　　　　　　　　　）

Q10．お家を継がせるという考え方はありますか。

□　はい　　□　特に、考えていない

はい、と答えた場合、どなたに継いでもらいたいですか。

□　　　　　　さん　□　　　　　　さん　□　　　　　　さん

Q11．遺言を書くとすると、財産以外で、誰にどんなこと（家訓のようなものや考え方）を伝えたいですか。

○○さんへ

○○さんへ

〇〇さんへ

その他の方へ

Q12. 自分でお金のことが分からなくなったら、どうしますか。

□ 子ども（　　　　　　　　　　　　　　　　　　　）に任せたい

□ 判断能力がなくなっても、誰かがどうにかしてくれる

□ （　　　　　　　　　　　）と（　　　　　　　　　　　）に任せたい

Q13. それぞれの資産をどんなふうに運用していくのか、ある程度の方針を決めておきますので、お持ちの資産と内容を決めさせてください。※遺言書に反映させることもあります。

不動産A（　　　　　　　　　　　　　　）→

不動産B（　　　　　　　　　　　　　　）→

預金A（　　　　　　　　　　　　　　　）→

預金B（　　　　　　　　　　　　　　　）→

預金C（　　　　　　　　　　　　　　　）→

預金D（　　　　　　　　　　　　　　　）→

預金E（　　　　　　　　　　　　　　　）→

信託預金A（　　　　　　　　　　　　　）→

外貨預金A（　　　　　　　　　　　　　）→

株式A（　　　　　　　　　　　　　　　）→

株式B（　　　　　　　　　　　　　　　）→

株式C（　　　　　　　　　　　　　　　）→

投資信託A（　　　　　　　　　　　　　）→

投資信託B（　　　　　　　　　　　　　）→

投資信託C（　　　　　　　　　　　　　）→

国債（　　　　　　　　　　　　　　　　）→

累積投資A（　　　　　　　　　　　　　）→

累積投資B（　　　　　　　　　　　　　）→

生命保険A（　　　　　　　　　　　　　）→

生命保険Ｂ（　　　　　　　　　　　）→
動産Ａ（　　　　　　　　　　　）→
動産Ｂ（　　　　　　　　　　　）→

■　　　　　様ご自身のことを教えてください。

Q14.　　　　　様にとって、大切なこととは何ですか。以下より３つお選びください。

□　ご自分のご家族への思い　　□　ご家族のご自身への思い
□　人とのつながり　　□　社会への貢献
□　　　　　家としての誇り　　□　家族との時間
□　資産を運用すること　　□　資産を守ること
□　家（督）を守ること　　□　仕事の経験　　□　仲間
□　目標・目的　　□　夢　　□　趣味
□　友人　　□　その他（　　　　　　　　　　　）

Q15. 今一番心配されていることは何ですか。何でも結構ですので教えてください。

（　　　　　　　　　　　　　　　　）

Q16. またその理由を教えてください。

（　　　　　　　　　　　　　　　　）

（作成：佐藤活実）

死後事務委任契約書　質問事項（参考）

【死後事務委任契約書　質問事項】

※お分かりになる項目を入力してください。

■お寺について

① 読経をお願いするお寺。お寺が決まっていない場合、家の宗派と、希望の地域があれば、教えてください。

名　称：
住　所：
連絡先：

② 読経の費用（お布施）の上限の希望があれば、教えてください。もしなければ、お寺さんに大体の相場を確認してから、再度ご相談させていただきます。

※全て支払わないといけないのではなく、お気持ちですので、ご自由に。

お通夜、告別式：
法事法要：
四十九日：
一 周 忌：
三 回 忌：

③ 戒名についてご希望を教えてください。

もらっている方へ

戒　　名：
保管場所：

亡くなった時にもらう方へ

□ お寺は読経のお寺と一緒でよい
□ 別途希望のお寺がある
（名称：　　　　　　　　場所：　　　　　　　　）

④　永代供養を希望される場合は、以下のことを教えてください。

永代供養は、お寺から金額を提示されるかもしれませんが、できるだけ希望の額を反映できるようにいたします。

期　間：

希望額：金　　　　　万円　～　金　　　　　万円

■お墓について

納骨のご希望を教えてください。

埋葬の方法：散骨／火葬／直葬／土葬／水葬／その他（　　　　　　　）

名　　　称：

住　　　所：

連　絡　先：

お布施上限：

墓石代上限：

■葬儀について

①　葬儀の雰囲気や、どのような葬儀をあげたいのか、ご希望があれば教えてください（例：祭壇はどんなお花をどれくらい、音楽は、絵を飾ってほしい…等）。

②　希望の葬儀社又は葬儀場があれば、教えてください。

葬 儀 場：

住　　所：

電話番号：

③　葬儀の費用の上限を大体で結構ですので、教えてください。

葬儀費用上限（飲食等の費用を含めた総額）：　　　　　万円

④　お位牌について教えてください。

□　お位牌は必要ない

お位牌の上限額：

勝司法書士法人　大阪事務所
〒550-0012　大阪市西区立売堀一丁目3番13号第三富士ビル9F
TEL：06-6940-6061　FAX：06-6940-6071

（作成：佐藤活実）

3 >> 業務日誌

(1) 定期的な訪問

財産管理契約や任意後見契約が発効すると、毎月又は2か月に1度のペースで本人を訪問して面談します。その際に大事なポイントを業務日誌（後見日誌・訪問日誌ともいいます。）にまとめておきます。私たち法人は基本的には2名で訪問するようにしていて、1名が積極的に話をし、もう1名がメモをする担当です。

複数で訪問するのは、相手が高齢で判断能力や記憶力が衰えていることがあるので「言った。言わない」になる可能性を防ぐこと、担当者が代わるときにあまり違和感がなくて済むこと、加えてオン・ザ・ジョブ・トレーニングの意味もあります。1名で行くと、話に夢中になってメモが疎かになりますし、メモをしても走り書きになって後で何を書いているか読めなくなることもあります。

(2) 業務日誌のひな形

業務日誌のひな形ができるまでは聞くべきことを忘れて帰ったり、本人が積極的に話す人でないときは、会話に困ることがありました。ひな形ができてからは、質問事項を流れに沿って話したり質問をすることで会話に困らない上に、聞くべきことを漏らさなくなりました。

また訪問時は、前回の訪問の際に清書した業務日誌を持参しておくと便利です。前回の体調や聞き取った内容から現在の状況を確認したり、体調の変化などの注意点を意識して本人のことを見たりできるので、質問するべきことが分かるからです。

(3)　担当者の変更時に役立つ

業務日誌を付けておくと、担当者が代わったときに、今までの会話や身上監護（保護）の状況のことが分かるためスムーズに引き継げますし、初めての訪問でも話すべきことをイメージしながら訪問できるメリットがあります。引継ぎのときばかりでなく、任意後見監督人に報告書を提出する際に、過去の業務日誌をパラパラとめくって読むことで、本人の判断能力の衰えや体調の変化が分かります。

現在は、私たち法人では、本人のところでメモをとり、事務所に帰って来て清書をしています。今後は、アプリケーションを導入するなどして、訪問先でスマートフォンやパソコンから入力し、帰って来たら打ち出してチェックするだけにできるはずです。

(4)　訪問時以外にも利用

定期的な訪問以外にも、本人が体調を悪くした際の臨時の訪問や、入退院の手続での訪問の際にも業務日誌をつけています。また、施設の人やその他の電話があったときも、できる限り連絡帳として使っています。任意後見では、報酬は契約で決まっていますが、法定後見の場合は、訪問回数や身上監護（保護）の内容を業務日誌に残すことで家庭裁判所が見ることができるようになり、しっかり付けておくことが報酬にもつながると思います。

訪問時報告書

訪問時報告書（手書き用）20210215

　　　　　　　　様

面会日時　　　　　　　　・　　　　：　　～　　：

面会者　　　　　　　　　・　　　　・

面会場所　　本人居室　・　談話室　・　その他（　　　　　　）

・本人の外見の報告

　姿勢は？

　行動は？

顔色は？

体調は？

服装は？

・本人の反応の報告

話しかけた時や顔を見せた時の反応は？

問いかけの返答は？

・施設スタッフからの聞き取り

体調、認知機能及び行動能力の変化は？

日常の過ごし方は？

食事は？

買い替え、買い足し、不足物はないか？

他に面会者があったか？

・ケアマネジャーとの打合せ

ケアプラン作成への要望を伝える。

関係者会議の必要は？

・その他

（作成：上林佐江子）

業務日誌

業務日誌

ご本人氏名：　　　　　　様　　管理番号：

定期訪問　　　　　　　　　　　　　　　　　訪問日：

■参加者／場所	参加者：　　　　　　　　／場所：
■内容	
■体調	
■検討事項　宿題	

（作成：佐藤活実）

4 >> 施設選びの事例（基準と葛藤）

(1) 自分の親だと思って考えてみる

任意後見契約の受任者として本人のために業務を遂行していく中で、施設選びも重要な業務の一つです。施設選びは、本人の終の住処になるかもしれないということを念頭に置いておかなければなりません。最期の時を少しでも穏やかに迎えてもらう、それが理想です。そのためにも施設選びは、最も神経を使う業務の一つであると、実務を通して感じています。自分の両親や祖父母の施設選びだったらどうかと考えながら探すと選びやすいのかもしれません。

(2) 施設を選ぶ際の基準と注意点

① 本人の年齢から入居期間を想定し、本人の財産を考慮して毎月の施設費の支払が可能か検討します。

② 施設の雰囲気、スタッフの雰囲気、スタッフの数、どのようなサービスを行っているのかなど確認します。

③ 本人の健康状態（胃ろうをしているなど）、介護度、認知症の程度によっても、入居できる施設も変わるので確認が必要です。

(3) Ｊさんとのご縁

自宅住まいのＪさんは、配偶者に先立たれ、夫婦には子どもがなく、連絡の取れる親族は遠方に居住していました。Ｊさんは、自分の葬儀について、葬儀社と事前に契約をして積立金を払っていました。しかし、自分が死んだ後の葬儀社との連絡や葬儀を、誰が執り行ってくれるのか心配になりました。知人に相談すると調べてくれて、司法書士がそのような業務をしていることが分かったのです。私たち法人がＪさんの自宅に近いことが分かり、連絡が入りました。私たち法人とＪさんは、見守り契約、任意後見契約と死後事務委任契約を締結しました。

(4) 施設探し

３か月に１度Ｊさん宅を訪問し、生活を見守っている状態でした。あるとき、Ｊさんは自宅で倒れ入院することになりました。容体は安定しましたが、自宅に戻り１人で生活することはできそうにないとのことで、病院のソーシャルワーカーと相談して施設を探すことになりました。

Ｊさんからは、施設の場所、部屋の間取りや大きさ、リハビリ対応が必要になるかなどの希望を聞きました。しかし、Ｊさんには持病があったため、受入可能施設も限られ、また空きがない施設も多く、すぐに入居できるところとなると、ほんの数件しか見つかりませんでした。また、入院中のＪさんでは施設の見学は難しく、代わりに私たち法人の担当者が見学に行きました。担当者からの写真や口頭での説明で、Ｊさんは施設を決めざるを得ず希望どおりというわけにはいきませんでした。

このときの施設選びで決め手になったのは、施設のすぐ近くに提携している病院があったことでした。施設に往診に来てくれる医師や看護師が、入院したときでも診てくれるため、Ｊさんにとって安心材料の一つになりました。

(5)　担当者の葛藤

担当者が見学に行き、施設長やスタッフと話をしても、実際に本人が入居してみないと分からないことはたくさんあります。ご飯はおいしく食べることができているのか、スタッフは親切にしてくれているかなど、施設入所後に本人を訪問するときが一番不安になります。

Ｊさんのように希望に沿った施設に入居できないことは、往々にしてあるのかもしれません。司法書士などの専門家はその中で少しでも希望に近く、かつ、自分の親が入居する施設を探しているつもりで本人に満足してもらえる施設選びを心掛けたいものです。

専門家が注意すべきポイント

❶　判断能力がしっかりしていても、体調によっては本人が施設を見に行けないこともあります。

❷　お試し期間のある施設が多いので、踏み込んで確認しそのような制度を利用することも考える必要があります。

❸　紹介業者を活用する場合は、本人に早めに会ってもらいます。司法書士などの専門家より、高い経験値での提案をしてくれます。

5 >> 施設の選択

(1) 施設探しは難しい

高齢者を対象とした福祉施設については、個々人の容体、費用、介護状況、介護保険等から次の〈施設一覧〉のように多様化しています。施設の紹介を業としていても詳細の状況把握は難しいと聞いています。また、施設側の経営者と現場勤務者とが距離的にも心理的にもかい離している施設もあり、施設のスタッフに話しかけてみたり入居者に質問してみないと判断できない点も多くあります。

〈施設一覧〉

まずはこの 4種類のちがい を把握！	介護老人保健施設 ※公的 (特別養護老人ホーム)	有料老人ホーム		サービス付き 高齢者向け 住宅(サ高住)	グループ ホーム
		介護付	住宅型		
入居条件	要介護 3〜5	自立・要支援・要介護			要支援 2 ・要介護 認知症状 あり
暮らしの イメージ	重度介護の方が 多い	居住空間、暮らし、生活の質を重視			認知症状 の方々の 共同生活
運営母体	社会福祉法人 地方自治体　等	社会福祉法人、民間会社、医療法人　等			
人員配置 (入居者に対する 職員の割合)	3：1 以上	3：1 以上	規程なし		3：1 以上
介護保険 の単位	一日 かけて 全単位 使い切り	一日 かけて 全単位 使い切り	サービス利用を選べるが 重度介護時に 自己負担増の施設あり		一日 かけて 全単位 使い切り
減額措置	年収により減額 (生活保護可)	なし（生活保護可の施設もあり）			
サービス内容	各施設ほぼ同じ 画一的	各施設によりかなりの差異あり			
かかる費用	入居前　0 円 月　額　8〜15 万円	入居前　0〜1 億円程度（特に自立入居の施設は高額な一時金が必要） 月　額　概ね 14 万円以上は必要			

(作成：株式会社アットウィル・清水稚佳子)

(2)　紹介業者を活用する

施設探しには、紹介業を運営する事業者を活用することを勧めます。紹介業者と関係構築を図り、本人が安心して住むことができる施設を提供することが必要です。紹介手数料は無料の上、入居後も紹介業者がアフターフォローに入るため、任意後見人と双方で確認できるメリットがあります。

また、紹介業者と提携することにより、提携事業者と関係構築ができている施設からの案件の紹介も考えられます。適切な施設の紹介ができると、任意後見人への信頼度が向上するほか、施設の調査や比較にかかるスタッフの労働時間削減等のメリットがあります。

6 >> 親族後見のフォローとしての復代理

(1)　親族後見を希望する場合の説明と資料の提供

本人と子ども又は本人と甥・姪などの親族間の任意後見の契約書の作成を依頼された場合、そのまま契約書作成に取りかかってはいけません。任意後見契約が発効した場合に、どのようなことを任意後見人がしないといけないのかを、受任者側である子どもや甥・姪に具体的に伝える必要があります。受任者側に財産目録の作成や後見日誌の作成という事務作業などができる環境がない、あるいは事務処理能力がないということもあり得ます。

とはいえ「あなたに任意後見人は、できないでしょう。」とは面と向かって言えないので、具体的な仕事内容を伝えることで、自ら「自分にはできない」ということを悟ってもらう必要があります。実際に任意後見監督人に提出している財産目録・収支報告書や業務日誌、それらの内容を疎明する資料を見てもらいます。受任者になるつもりでいる子どもや甥・姪に、自分でこれを作成できるのかと、自らに問うてもらうことになります。

自らは受任者を引き受けずに、最初から司法書士などの専門家に受任者になることを依頼している方たちにも、具体的な資料を見てもらうことで、専門家に任せることへの安心感を覚えてもらえるはずです。

(2) 親族後見はフォローが必要になる

任意後見契約はすぐに発効するわけではありません。そのため、定期的に「本人の様子のお伺い」と称して受任者や親族に積極的に連絡をしておきます。任意後見の契約数は年間1万4,000件くらいありますが、実際に任意後見が発効している契約は、700件〜800件です。発効しないまま本人が亡くなることの方が多く、司法書士などの専門家が遺言執行者になっている場合、親族との関係が疎遠になっていると遺言の執行業務もやりづらくなります。

また、任意後見契約を発効させるべき状況であるのに、専門家が任意後見監督人選任の申立てのタイミングを把握できず、受任者にアドバイスできないことが起こります。専門家でない受任者や親族が、本人は完全に判断能力がなくなっているのに任意後見監督人選任の申立てをしていないということも起こり得るので、受任者や親族との関係をつないでおく方がよいでしょう。

(3) フォローを前提としての親族後見もあり得る

受任者として指名を受けた子どもや甥・姪の側が、受任できる環境にない、あるいは受任する能力がないと思っているにもかかわらず、本人が特に強い思いを持って指名していたり、第三者である専門家に任せるのを強く拒絶することがあります。受任予定者は自信がなく困惑しつつも、本人の強い思いに断れない様子が見てとれるときがあります。そのようなときには、積極的に提案する必要もあるでしょう。

具体的には、生活面を中心とする身上監護（保護）の面は受任予定者に重点的に行ってもらい、財産管理の報告部分については司法書士などの専門家が任意後見監督人への提出用書類の作成のお手伝いをするという提案になります。

(4) 親族後見であっても報酬は決めてもらう

親族後見の場合は、本人の死亡時に相続人として財産を受け取ることが多いでしょう。あるいは、相続財産を受け取るか否かはともかくとして、任意後見人として面倒を見るからといって、親子などの親族間で報酬を請求するのはいかがなものかという心情が働くのは事実です。そのため、報酬は「なし」にしてほしいとの意向を伝えてくることがよくあります。しかし、私たち法人では、基本的には司法書士などの専門家が受任する場合と同程度の報酬額を定めるようにアドバイスします。

その理由は、２つあります。１つ目は、子どもなどの親族が任意後見人になった場合には、任意後見人の配偶者の協力が欠かせません。その場合、実子と違い、任意後見人の配偶者からは、他の兄弟やその配偶者は何も協力してくれないなどの愚痴が出てきます。そのときに、満足できる額ではないにしても報酬があることが、任意後見人と配偶者との間でクッションになってくれるからです。

２つ目は、財産目録や収支報告書などに任意後見監督人に提出する書類の作成を外注せざるを得なくなったときに、報酬があれば、任意後見人の報酬の中から外注費を賄えるからです。親子間だからといって報酬をなしにすると、任意後見人は自らの身銭を切って外注費を払う必要に迫られるということが起こり得ます。

そのため、報酬はいらないという受任予定者には、報酬の定めがあっても任意後見人が請求しなければよいので、記載だけはしておきましょうというアドバイスをすることになります。

任意後見監督人への報告書（記載例）

※提出する前に必ずコピーを取っておいてください。

※記載欄が足りない場合は、用紙をコピー等して複数枚にわたって書いてください。

財産目録

1　預貯金（普通・定期・定額・積立など）・現金

※通帳等を見て書いてください。

金融機関の名称	支店名	口座種別	口座番号	残高（円）（R3.2.28 現在）	記帳を確認した日	名義人	管理者	資料番号
A 銀行	甲	普通	0123456	3,528,562	R3.3.2	本人	後見人	①
B 銀行	乙	普通	0998877	738,002	R3.3.6	本人	後見人	②
B 銀行	乙	普通	0066554	3,650	R3.3.6	本人	後見人	③
C 信託銀行	丙	普通	3787555	10,327	R3.3.6	本人	後見人	④
C 信託銀行	丙	定期	3787555	9,350,000	R3.3.6	本人	後見人	⑤
現　金				0				
施設等預入金（預入先：　　　）				0				
合　計				13,630,541				

2－1　有価証券関係（株式、投資信託、公債、社債など）

※直近の運用実績報告書等を見て書いてください。

種類	銘柄等	数量	評価単価	評価額（円）	取扱金融機関	名義人	管理者	資料番号
株式	○○組	200 株	2,551	510,200	D 証券（R2.12.30 現在）	本人	後見人	⑥
株式	○○工業	200 株	3,755	751,000	D 証券（R2.12.30 現在）	本人	後見人	⑥
株式	○○製作所	300 株	9,320	2,796,000	D 証券（R2.12.30 現在）	本人	後見人	⑥
株式	○○○	2,000 株	1,054.5	2,109,000	D 証券（R2.12.30 現在）	本人	後見人	⑥
株式	日本○○	600 株	5,780	3,468,000	D 証券（R2.12.30 現在）	本人	後見人	⑥
株式	○○商事	1,000 株	1,889.5	1,889,500	D 証券（R2.12.30 現在）	本人	後見人	⑥
株式	○○○○	100 株	1,872	187,200	D 証券（R2.12.30 現在）	本人	後見人	⑥
株式	○○○○	200 株	2,579	515,800	D 証券（R2.12.30 現在）	本人	後見人	⑦
株式	○○電機	1,000 株	1,557	1,557,000	D 証券（R2.12.30 現在）	本人	後見人	⑦
株式	○○電気	100 株	10,285	1,028,500	D 証券（R2.12.30 現在）	本人	後見人	⑦
株式	○○製作所	500 株	4,010	2,005,000	D 証券（R2.12.30 現在）	本人	後見人	⑦

種類	銘柄等	数量	評価単価	評価額(円)	取扱金融機関	名義人	管理者	資料番号
投信	累積投信 US ドル MMF	32,208 口	322.08US＄ ￥106.58/US＄	34,327	D 証券 (R2.12.30 現在)	本人	後見人	⑦
投信	投信 MRF	8,283,847 口	1	8,283,847	D 証券 (R2.12.30 現在)	本人	後見人	⑦
投信	投信 US ドル MMF	4,778,173 口	47,781.73US＄ ￥106.58/US＄	5,092,577	E 証券 (R2.12.30 現在)	本人	後見人	⑧
投信	投信 NZ ドル MMF	319,310 口	3,193.10NZ＄ ￥77.08/NZ＄	246,125	E 証券 (R2.12.30 現在)	本人	後見人	⑧
株式	○○化学	600 株	3,025	1,815,000	G 証券 (R2.12.30 現在)	本人	後見人	⑨
株式	○○エネルギー	2,200 株	2,112	4,646,400	G 証券 (R2.12.30 現在)	本人	後見人	⑨
株式	○○物産	1,080 株	3,735	4,033,800	H 証券 (R2.12.30 現在)	本人	後見人	⑩
MMF	外貨建 MMF 米ドル	1,755,724 口	17,557.24US＄ ￥106.58/US＄	1,871,250	I 証券 (R2.12.30 現在)	本人	本人	⑪
合　計				42,840,526				

2－2　有価証券（株式）

※各社配当金計算書における所有株式（評価額不明、または上記評価単価参照）

種類	銘柄等	数量	評価単価	評価額(円)	取扱金融機関	名義人	管理者	資料番号
株式	○○電力	10 株	973.7	9,737	J 信託銀行 (R1.12.30 現在)	本人	後見人	⑫
株式	○○製鋼	15 株	551	8,265	J 信託銀行 (R1.12.30 現在)	本人	後見人	⑫
株式	○○組	29 株	2,551	73,979	C 信託銀行 (R1.12.30 現在)	本人	後見人	⑫
株式	○○製作所	100 株	4,010	401,000	J 信託銀行 (R1.12.30 現在)	本人	後見人	⑫
合　計				492,981				

3　保険契約（本人が契約者又は受取人になっているもの）

※保険証書等を見て書いてください。

保険会社の名称	保険の種類	証書番号	保険金額 (受取額)(円)	契約者	受取人	資料番号
K 生命	終身保険	11-222333	10,000,000	本人	○○（妹）	⑬

4　不動産（土地）

※全部事項証明書（登記簿謄本）を見て書いてください。

所　在	地　番	地　目	地積（m^2）	備考（現状、持分等）	資料番号
L市M町東一丁目	1234番33	宅地	160.75	空き家	⑭

5　不動産（建物）

※全部事項証明書（登記簿謄本）を見て書いてください。

所　在	家屋番号	種　類	床面積（m^2）	備考（現状、持分等）	資料番号
L市M町東一丁目 1234番地33	1234番33	居宅	1階52.20 2階53.05	空き家	⑮

6　債権（貸付金、損害賠償金など）

※債権の額や内容が分かる資料を見て書いてください。

債務者名（請求先）	債権の内容	残額（円）	備考	資料番号
○○　○○（親族）	貸付金	360,000	30,000円/月	⑯
合　計		360,000		

7　負債

※債務の返済額や内容が分かる資料を見て書いてください。

債権者名（支払先）	負債の内容	残額（円）	返済月額（円）	資料番号
なし				
合　計				

8　その他（自動車など）

種類	保管場所・預り番号	数量	評価単価	評価額(円)	名義人	管理者	資料番号
金	A銀行　甲支店 0055777-001-001	200グラム	6,604円/g (R3.2.28現在)	1,320,800	本人	後見人	⑰
金	A銀行　甲支店 0055777-001-002	300グラム	6,604円/g (R3.2.28現在)	1,981,200	本人	後見人	⑰
金	C信託銀行　丙支店 貸金庫	500グラム	6,604円/g (R3.2.28現在)	3,302,000	本人	後見人	⑱
合　計				6,604,000			

9　相続財産（本人が相続人となっている遺産）

(無)・有（別紙「相続財産目録」のとおり）

作成年月日　　令和　3　年　3　月　6　日

記入者氏名　　勝司法書士法人
代表社員　勝　猛一　　印

収支報告表（月額で書いてください。）

1　本人の収入　　（年金額決定通知書、確定申告書等を見て書いてください。）

種　別		名称・支給者	金額（月額）	入金先通帳	資料番号
年金		厚生年金	0円		
		国民年金　老齢基礎	51,407円	A銀行	⑰
		その他の年金（共済年金）	108,435円	A銀行	⑱
給与等			0円		
家賃収入			0円		
その他（預貯金利息）			3円	A銀行、B銀行	①②
その他（高額介護サービス費）			4,107円	A銀行	⑲
その他（配当金）			112,802円	A銀行、B銀行	①②
その他（貸付金）			30,000円	A銀行	①⑯
収入月額合計			306,754円		

2　本人の支出　　（納税通知書、領収書等を見て書いてください。）

品　目	支払先	金額（月額）	小　計	資料番号
医療費				
病院代、入院費、薬代等	Nクリニック	2,465円		⑳
オムツ・日用品		0円		
その他（　　）		0円		
その他（　　）		0円	小計　2,465円	
日常生活費				
施設等入所費用	O老人ホーム	301,567円		㉑
ヘルパー代等		0円		
生活費（食費、衣料費等）		0円		
家賃		0円		
その他（通信費）	○○通信、NHK	4,673円	小計　306,240円	㉒

品　目	支払先	金額（月額）	小　計	資料番号
税金、社会保険料				
所得税	国税庁	8,008 円		㉓
住民税		0 円		
固定資産税	L 市	2,183 円		㉔
国民健康保険料など	N 市	5,337 円		㉕
介護保険料	L 市	3,941 円		㉖
生命保険料	K 生命	12,369 円		①⑬
個人年金保険料		円		
その他（　　　　　）		0 円	小計　31,838 円	
その他（後見報酬）	勝司法書士法人	66,000 円	小計　66,000 円	㉗
その他（後見事務費）	勝司法書士法人	2,060 円	小計　2,060 円	㉘
その他（金、貸金庫管理料）	A 銀行、C 信託銀行	1,301 円	小計　1,301 円	①④
支出月額合計		409,904 円		

3　収支予定

収入月額 306,754 円 － 支出月額 409,904 円 ＝ 月額 103,150 円 増・(減)

作成年月日　　令和　3 年 3 月 6 日

記入者氏名　　勝司法書士法人
代表社員　勝　猛一　　印

7 >> 公証役場とのやり取り

(1)　公証役場に行く前の事前チェックは欠かせない

任意後見契約は、公正証書での作成が義務付けられていて、1件の契約でも、公証役場とのやり取りは複数回にわたります。法人の設立などは、管轄の問題があるもののいつもの事務所の近くの慣れた公証役場を利用しますが、任意後見契約書の作成では依頼者の住所地の近くの公証役場を利用することが原則になります。そのため、過去にお願いしたことがない初めての公証役場とのやり取りが多くなります。最近は、メールアドレスを聞いてメールに資料を添付してやり取りできる公証役場がほとんどになってきていますが、ファクシミリで送ってほしいというところもあります。

また、公証人が資料のやり取りまで自らがする役場か、事務職員が介在してくれるのか否かでも、やり取りのスピードは変わってきます。

当日の読み合わせのタイミングでミスが見つかるということもあります。公証役場で読み合わせしているときにミスが見つかると、その場で訂正したものに差し替えてもらうことになるでしょう。

問題は、公証人に出張してもらっている場合です。基本的にはその場で公証人の訂正印で直すことになりますのでそのような訂正印のある公正証書はよろしくないと考える司法書士などの専門家は、事前にチェックして気を付ける必要があるでしょう。

(2)　公証人を決める

気遣いのあるなしは高齢の依頼者からすると大きな差となることもあります。そのため、距離的な問題がクリアできるのであれば、より気遣いの感じられる公証人を決めておき、その公証役場に依頼者に足を運んでもらうことも考えておくとよいと思います。

また、「公証役場なんて生まれて初めて」という高齢の女性などは、公証役場に行くだけで緊張しています。「何を聞かれたのか分からなくなってしまった」という方もいます。司法書士などの専門家が、依頼者と公証人のタイプをみて、どの公証役場にするか考えるのも専門家に求められる仕事に含まれているのだと考えます。

(3) 公証人はよき相談相手

公証人は、任期や定年で交替します。あてにしている公証人が１人だけですと、交替した際に慌てることになりますので、よい関係性を築いた公証人を複数人手当てしておく必要があります。しかし、地方ですと公証役場が少なく、選択肢が少ないこともあると思います。また、公証人が１人しかいない公証役場に依頼が集中すると、思うように予約が取れないこともあるので早目に日程を押さえておくことも必要です。任意後見の業務をする以上、公証人はよき相談相手でもあります。公証人と公証役場の事務職員とはよい関係を築いておきましょう。

第9章 任意後見業務を始める人の営業

1 >> 営業のノウハウ

(1) 営業に定義はない

司法書士などの専門家は、事務所の人材や時間などのツールを効率よく活用して、効果的に売上向上を目指すために「営業戦略」が必要です。

「営業戦略」は、目標を達成するために「短期的視野」と「長期的視野」を並行して複合思考で人材や資金を総合的に運用し、事務所が持っている力を活用して、やりたいことを実現するための最も効率のよい方法（計画）を考えることです。

計画に当たっては、「作戦・戦術・計画」に分けて、PDCA を回すことにより営業力の強化を図ることが基本となります。

(2) 作戦は「目標を達成するために使命感をもって実現すること」

事務所の業務を知ってもらう。（認知拡大）
興味を持ってもらい見込み客になってもらう。（興味づけ）
信頼し頼ってもらう。（信頼性向上）
お客様の課題、ニーズを知る。（リサーチ）
依頼するかどうか検討してもらう。（動機づけ）
実際に契約してもらう。（提案営業）
ファンになってもらう。（満足度向上）
課題を把握し次の提案につなげる。（課題発見）
などの項目を考えることが「作戦」です。

(3) 戦術は「使命を実現する方法のこと」

今自分にとって何ができるのかを選択し、見込み客から依頼者へどのように育成するか検討することです。達成するための指標を数値化して、定期的に PDCA を回し、外部の業者との連携も踏まえて検討します。

手段としてはチラシ、DM などの印刷物、WEB、展示会やセミナー、ファクシミリ等を活用します。ただし、属人的な営業にならないように、適時に改善が必要です。

(4)　計画は「戦術をいつまでに誰がするかを決めること」

目標をいつまでに達成するなどの計画で、効果の指標を見ながらPDCAを回すことが重要で、最低でも四半期に１回転させ注視することが必要です。

営業には、「売り手」である司法書士などの専門家と「買い手」である相談者とがおり、双方の目線で考える必要があります。「売り手目線」では、事務所の商品・サービスを依頼者に提案して依頼してもらう必要があります。相談者目線は、相談者が解決しなければならないことがあって初めて対価を払って依頼するという行動に出るため、営業には重要です。

売上げを継続的に拡大するには、顧客数を増やすことが重要です。新規の相談者を獲得する営業、既存顧客の契約種類数を増やす営業、そして休眠顧客からの再依頼を実現する営業戦略が必ず必要です。このような営業戦略を頭に入れ、限られた時間を生かしながら重点活動を実施します。

column

具体的な活動内容

1.　短期的視野

相談者が現在持っている課題を把握するために、タイミングのよい活動を進める必要があります。相談者が不満や不安（高齢になることでの不安、財産の管理、見守りなどの心配）を抱えて現在生活している居住場所への活動を優先する。例えば、自立型を主体としている有料老人ホームがその一つです。

活動の方法としては、施設経営者への接触は当然ですが、経営者が現場（施設ごと）の状況を完全に把握しているとはいえず、経営者には挨拶を忘れない程度でよいと考えます。

特に、施設の責任者、リーダークラスの担当者と懇意になり、従業員の悩みを聞き取り、協力するスタンスで臨むことが重要です。このような考え方で、各施設の責任者への説明、そして入居者の「不満や不安などの（悩み）発掘」のために、知識付与に主体を置いた「セミナー」を開催し、事務所のPRをします。

次に、入居者の不満や不安の発掘に向けた相談として「個別相談会」を定期的に実施します。訪問の都度、スタッフとの関係構築を図る目的を忘れてはいけません。また、知識付与のため、施設スタッフ、生活相談員への勉強会も開催して、事務所に関連する業務を知ってもらうこと及び幅広い知識の提供をもって信頼関係を強固なものにします。

入居者同士は情報交換をしている可能性があり、年月を経ることで入居者の年齢層も変化していくため、継続的に営業活動を行うことで、継続した相談者の獲得につながります。

相談者、関係者等の問合せ内容等も記載した一覧表を必ず作成し、タイミングを見て推し進めることが必須です。

施設の責任者を通じて他の施設紹介にもつながり、短期的視野での活動が広がります。

2. 長期的視野

長期的視野として、幅広く顧客獲得を行うために、自社の信頼度、知名度アップのためにも一般企業、行政に対しても活動することが必要です。

1、一般企業は、従業員とその家族の問題に対しては総務部門が主体となって相談を受けています。しかし、相談者は「会社に知られたくない」という意識から、会社側に相談しないケースが多くなっています。その代わりに、労働組合が親身となり相談を受けることが多くなっています。このような状況から、労働組合への営業活動も行い、相談時の対応提携先となることを進めます。また、労働組合も組合員から安心してもらえる施策を考えていることから、どのようにして相談を解決しているのか過去の解決方法も確認しつつ、営業活動を進めます。

2、ハウスメーカーのように、従業員以外にも物件購入顧客からの相談窓口を設置している企業があります。不動産の問題だけでなく、購入者の高齢化、若者の都市部移住に伴う高齢者特有の内容も課題となっている状況から、自社では対応ができずに専門業者に委託しているケースもあります。その相談窓口に対して専門家としての情報提供などの営業活動も重要でしょう。

3、次に地域の顧客情報を持っている「家電販売店」「リフォーム事業者」にも注視が必要です。顧客の自宅に入るという仕事柄、家庭内の事情まで把握して、多方面の相談（話）を受けています。その情報をキャッチして事業者と共同して顧客の不安の解決策を提案することにより、幅広く顧客獲得できることも考えられます。

4、司法書士などの専門家の事務所の認知度拡大のためには、行政との付き合いも必要となります。契約につながることは少ないかもしれませんが、関係部署との付き合いにより情報交換もできます。行政から委託されている社会福祉協議会との関係構築も図れ、新しい動向も把握できるなど、先行した情報が入手できる可能性もあり、定期的な訪問を忘れてはならないでしょう。

2 ≫ 営業の推進のための具体的方法

(1)　内部的な営業

パンフレットやチラシ、リーフレットの作成

パンフレットは、事務所案内として事務所の特徴をまとめた三つ折りにするとA4サイズになるものを作成してあります。しっかりした紙を使い、初めて来所してくれる方や初めての訪問先に持っていくため、オールマイティーに使えるようにしてあります。事務所の所在地や簡単な地図、代表の挨拶、事務所の特徴、事務所の沿革などを簡単にまとめています。

チラシは、売り出したい業務やその業務の特徴をA4サイズ１枚で表面

だけ、又は表裏両面にまとめたものです。チラシは直接渡すこともありますが、パンフレットに挟み込んで渡すことにも使えます。司法書士などの専門家は文字を「読み書き」することに慣れていますが、たくさんの文字量のチラシを読んでくれる方ばかりとは限りません。思い切って余白を多めに作るつもりで作成する方が、相手には訴求効果があると考えています。いろいろなスタッフのセンスを採用すると、見やすくポイントを突いたものができることが多いです。

リーフレットは、A4サイズを三つ折りにしたもので、所内だけでなく、外部の支援してくださる先や店舗に置いてもらえるように小さくしています。これも情報を詰め込むのではなく、提携先のお客さまが連絡先として手に取り、持ち帰りやすいものとして「事務所の売り」としているポイントを簡単にまとめておくものです。

文章は専門家の事務所側が準備しますが、デザインについてはできたらデザイン料を払って印刷会社にアドバイスを求めるか、クラウドソーシングでデザイン作成をしてくれる人を探し、作ってもらうのも一つの方法だと思います。

ファクシミリ通信・メールマガジン、カレンダー、年賀状・暑中見舞い

1999年の開業時は、ファクシミリ（FAX）通信をしていました。A4サイズ 1枚に時候の挨拶や法律の改正情報、豆知識などを記載し、2週間に1回程度送っていました。当時は、専門家でそのようなことをしているところはなかったので、反響は大きかったことを覚えています。今はFAXに代えてメールマガジンを発行しています。スタッフが交替で自己紹介文などを作っています。

年末には、事務所名や所在、連絡先を記載したカレンダーを作成して、継続的にお付き合いがあるところに持参しています。今までに何度か、カレンダーを見て相続人などから依頼が来たことがあります。

現在は、世間では時候の挨拶もメールやSNSに変わりつつあります。だからこそあえて紙媒体である年賀状や暑中見舞いを作成しています。宛名は、宛名印刷を使っていますが、裏面は書家の先生に頼んで、オリジナルのものを作っています。

ホームページ

できる限りホームページは作成しておく方がよいでしょう。ほとんどの依頼者は事前にホームページを確認してから来ます。ホームページがないと相談者は不安に思う可能性があるので、作っておくべきです。本来はホームページから集客までできるとよいのですが、最初からそこまでは期待しない方がよいと思います。

参考：勝司法書士法人　公式ホームページ
（https://www.katsujudicialscribe.com/）
相続遺言サポートセンター　勝資産承継（ゆずりは）ホームページ
（https://www.souzokutokyo.com/）

(2)　外部的な営業

交流会

開業当初は、自分で交流会を主催していました。現在は、参加することがほとんどです。開業したばかりの方は、運営の苦労を知るためにも人脈作りにもなるので、自分で主催してみるのは大変貴重な経験になると思います。

交流会は、不動産会社を中心としたもの、介護業界を中心としたもの、士業などの専門家の交流会、経営者の交流会などに参加しました。１度の参加では意味がありません、継続するつもりで参加してください。営業ですから最低は半年続ける必要があり、半年続けば気の合う仲間もできます。特に最初の数回までは、相手の名前も覚え切れず、何を話してよいのか話題にも困ります。だからこそパンフレットやチラシを持参しておいて、事務所の強みなどを会話の入り口としてアピールできるようにしておきます。保険のライフプランナーに営業を教えてもらうこともあり、今でも保険の営業の方に事務所に来ていただきスタッフ向けの営業勉強会をしてもらっています。士業などの専門家の中には、保険の営業の方を避ける方がいますが、営業のプロばかりですから大いに学ぶつもりでお付き合いしてみてはいかがでしょうか。

相談会・セミナー、ユーチューブ、ブログ、その他SNS

私たち法人は税理士など他の士業が行う相談会に同席させてもらう、高齢者施設の相談会に専門家のブースとして一席作ってもらうなどということもします。セミナーは2008年頃から自主開催を始めましたが、集客が大変難しいので今は、講師としての参加が中心です。最初から講師としての声が掛かることは少ないので、既存客へのアフターサービスの目的で自主開催として経験を積むとよいでしょう。回数を重ねて経験を積むことで「この専門家に講師をしてもらうと集客ができる」と判断されれば、企業から講師料を払ってでも依頼してくれるようになります。今は、セミナー専門会社やシンクタンクからの講師依頼もいただくようになりました。しかし、今後、多くの人を集めてセミナーを開催するということは少なくなるのかもしれません。インターネット上の広告方法を考える、出版に強みを持つなどが必要になると考えています。

参考：勝猛一 YouTube チャンネル　ネットで学ぶ。相続・認知症対策
（https://www.youtube.com/channel/UCvESOoUYu75TelHae01VSvQ）
勝司法書士法人「相続」「遺言」「成年後見」「民事信託」（ブログ）
―任意後見と民事信託の最新情報―（https://katu-sihousyosi.com/）

■著者紹介

勝　猛一（かつ　たけひと）

司法書士、勝司法書士法人代表社員、勝資産承継株式会社代表取締役

成年後見を中心とした遺言・信託・相続のセミナーや勉強会の依頼が年間50回を超える。事業承継、企業再編、上場準備等の会社法関連に強みを持つ。

【略歴】

1999年　司法書士登録、大阪事務所開設
2000年　公社）成年後見センター・リーガルサポート会員
2003年　法人化、東京事務所設置
2003年　簡易裁判所代理業務認定取得
2009年　相続遺言サポートオフィス「ゆずりは」（現・勝資産承継）開設
2014年　公社）成年後見センター・リーガルサポート　業務支援委員（2期）
2017年　横浜事務所設置
2017年　一社）民事信託監督人協会設立、理事就任
2018年　大阪市立大学大学院修士課程修了、修士論文「超高齢社会における成年後見制度利用促進のための一考察―任意後見制度の利用促進のための問題点と対策を中心に―」
2018年　大阪司法書士会綱紀調査委員

事例でわかる　任意後見の実務
専門職後見人が初めて受任する際のポイントと書式記載例

2021年 6 月 7 日　初版発行
2024年 12 月 11 日　初版第 6 刷発行

著　者　勝　猛　一
発行者　和　田　裕

発行所　日本加除出版株式会社
本　社　〒171－8516
東京都豊島区南長崎 3 丁目 16 番 6 号

組版・印刷・製本　㈱アイワード

定価はカバー等に表示してあります。
落丁本・乱丁本は当社にてお取替えいたします。
お問合せの他、ご意見・感想等がございましたら、下記までお知らせください。

〒171-8516
東京都豊島区南長崎 3 丁目 16 番 6 号
日本加除出版株式会社　営業企画課
電話　03-3953-5642
FAX　03-3953-2061
e-mail　toiawase@kajo.co.jp
URL　www.kajo.co.jp

ISBN978-4-8178-4732-4